대화로 철학하기

대화로 철학하기

사상사부터 예술철학까지
한국 철학의 현재와 미래를 말하다

초판 1쇄 펴낸날 2023년 8월 22일

지은이 김성민, 박민철, 김종곤, 김지니, 박종성, 박민경, 이원혁, 이진욱, 고주연, 이수연
펴낸이 이건복
펴낸곳 도서출판 동녘

편집 구형민 김다정 이지원 김혜윤 홍주은
디자인 김태호
마케팅 임세현
관리 서숙희 이주원

등록 제311-1980-01호 1980년 3월 25일
주소 (10881) 경기도 파주시 회동길 77-26
전화 영업 031-955-3000 편집 031-955-3005 전송 031-955-3009
홈페이지 www.dongnyok.com 전자우편 editor@dongnyok.com
페이스북·인스타그램 @dongnyokpub
인쇄 새한문화사   라미네이팅 북웨어   종이 한서지업사

김성민
박민철
김종곤
김지니
박종성
박민경
이원혁
이진욱
고주연
이수연
지음

대화로
철학하기

사상사부터 예술철학까지
한국 철학의 현재와 미래를 말하다

동녘

일러두기

· 본문에 사용한 기호의 쓰임새는 다음과 같다.
　《》: 책, 신문, 잡지
　〈〉: 논문, 단편, 예술작품
· 본문에서 김성민 교수의 말은 명조체로, 각 장별 대화자의 말은 고딕체로 표기
　했다.

들어가는 말

대화를 통해 사유를 나누는 시간

꼭 10년 전 건국대학교 철학과 창과 50주년을 맞아 발간된 기념집에 〈철학의 소명〉이라는 글을 실었다. 그 글에서 철학과 과학의 차이를 밝히면서 철학은 앎이나 지식을 추구하는 과학과 근본적으로 다르며, 따라서 철학은 '사유(Denken)'의 학이라 정의한 바 있다. 철학은 현상이나 세계에 대한 앎의 차원을 넘어 우리 시대의 위기들이 던지는 의미와 가치 그 자체를 삶의 관점에서 사유하려는 학문이라는 것이다. 그렇기에 철학은 과거 자신들이 살았던 철학자들의 텍스트를 읽는 것에서 시작하지만 결코 거기에 머무르지 않는다.

문제는 근대학문 체계에 편입된 분과학문으로서의 철학, 그래서 오늘날의 철학이 설사 실증주의적 과학주의를 거부하더라도 '지식의 학'이라는 테두리를 벗어나지 못하고 있다는 점이다. 특히 대학이라는 상아탑 안에서 소위 철학을 한다는 사람들은 대가(大家)라 불리는 기성 철학자들의 텍스트를 정전(canon)으로 삼고, 그들의 생애나 이론, 사유방식 등에 대한 지식이 곧 철학인 것처럼 바꿔놓는다. 대학에서 철학을 전공하고 석·박사 학위를 받은 사람들에게 학위논문의 주제를 물어보면, 많은 이들이 소크라테스, 플라톤, 헤겔, 칸트, 마르크스 등 철학사에서 빼놓을 수 없는 철학자들의 '이름'으로 답한다는 것은 이를 방증하는 것으로 보인다.

기성 철학자들의 텍스트를 읽는 이유가 단지 그들의 개념이나 이론, 사유방식을 파악하고 그것을 지식으로 습득하는 것이라고 한다면, 거기에는 텍스트를 읽는 자의 사유가 들어설 자리가 없다. 그것은 '지식의 학'에 불과한 것이다. 하지만 철학은 '지금 여기'를 살아가는 존재의 의미와 가치를 묻고 그에 대해 '사유하는 자'의 학이다. 사유하는 자는 기성 철학자들이 그러하였듯이, 지금 여기의 문제를 숙고하고 그 문제를 극복하기 위한 사유를 전개하면서, 텍스트를 사유하기의 수단이자 매체로 사용하는 자들이다. 그러한 점에서 철학은 언제나 '사유'로서 명사형이 아니라 '사유하기'라는 동사형으로 '철학함'이어야 한다.

이런 맥락에서 또 하나 중요하게 드러나는 점은 철학이 철학자나 텍스트 그 자체가 아니라 우리 자신의 삶과 사회 또는 세계를 사유하는 학이기에 철학에서 사유의 대상은 바로 우리의 '현실'이라는 것이다. 물론 철학은 현실을 직접적으로 바꾸는 힘을 지닌 실천의 학이라고는 할 수 없다. 그렇지만 철학은 명징하게 파악되는 낮이 아니라 한 치 앞의 사물도 분간이 어려운 어두운 밤과 같이 가려져 있는 현실의 문제를 파악하는 것이자, 그 현실 너머의 잠재적인 것들의 세계를 예견하고 그 의미를 제시하며, 또 그 세계로 사람들의 삶의 방향성을 바꾸도록 촉구하는 것이라는 점에서 실천적이다. 따라서 철학자의 생애나 텍스트의 해석에 머무르는 지식의 학으로서 철학은 현실과 동떨어진 비현실적 학문일 수밖에 없다. 철학이 현실에 대한 사유의 학일 때 비로소 실천성을 지닐 수 있는 것이다. 사유하는 자는 무엇보다 천상의 철학이 아닌 현실에 발을 딛고 문제에 천착하는 지상의 철학을 하는 철학자다.

대학에 몸담고 있으면서 줄곧 학생들에게 강조했던 바가 바로 '현실'이었다. 누군가의 철학적 텍스트를 앵무새처럼 반복하는 것이 아니라 우리의 삶이 전개되는 '지금 여기'에서 문제점을 포착하고 그것을 극복하기 위한 방안을 '사유'하기를 주문해왔다. 하지만 현실의 문제를 사유하는 것은 일방적으로 지식을 전달하는 가르침의 영역이 아니다. 사유는 서로 소통하면서 대화를 통해 나누는 것이기 때문이다. 그래서 지난 10여 년이 넘는 시간 동안 대학원에서 공부하는 제자들과 정기적으로 세미나를 진행하면서 각자의 논문을 함께 읽고 토론하는 시간을 이어왔다. 그 자리는 말하는 이와 듣는 이가 따로 있는 것이 아니라 능동과 능동이 동시적으로 공존한 시간이었다고 자부한다. 또 어떤 일방의 결론을 전제하고 토론을 진행하는 것이 아니기에 우리의 언어는 어떤 목적을 향해 있지 않았다.

이 책은 서로가 사유를 나누었던 지난 시간들의 최종적인 결실이라고 할 수 있다. 이 책에 참여한 각각의 대화자들은 앞서 말한 정기적 세미나를 거쳐 같은 주제로 석·박사 학위논문을 썼던 바가 있다. 그리고 최근에 동일한 주제로 나와 대화를 나누고 그것을 기록하여 하나의 책으로 엮게 된 것이다. 책은 크게 3가지 주제로 나뉜다. 1부에서는 한국의 사상사와 코리언의 역사적 트라우마, 북한에 대한 인식론적 전환을 다루고 있다. 우선 〈한국 근현대사상의 지평과 서양철학의 자기화〉에서는 헤겔철학의 수용사를 따라가면서 헤겔철학에 내재된 변증법과 실천 등의 지향이 한국의 사회변혁 논리와 결합하는 양상을 분석하고 있다. 두 번째 〈역사적 트라우마와 한국인의 정신분석〉은 기존에 수사적으로 사용하던 '역사적 트라우마'의 개념을 철학적으로 재구성하고, 그 개념에 비추어 분단과 전쟁으로 인해 발생한 코리언의 역사적 트라우마에 적용하고 있다. 〈'북한'이라는 타자를 위한 인식론적 전환〉은 북한 주민이 인민대중으로 거듭나는 과정을 추적하고, 이에 대한 역사적 인식이 남북의 공존적 관계를 열어줄 수 있는 하나의 방안이라는 점을 논의한다.

2부는 한국 사회의 정치적 문제를 들여다보면서 정치철학의 관점에서 나름의 해법들을 제시하고 있다. 2부의 첫 번째 장 〈유일자라는 이름의 존재론〉은 막스 슈티르너의 유일자 개념과 자유로운 개인들의 연합이 억압적 국가권력에 대항하는 정치적 힘이 될 수 있는지에 대해 토론하고 있다. 두 번째 장 〈예술과 해방, 미학적인 것의 정치성〉은 헤르베르트 마르쿠제의 미학론을 통해 예술의 해방적 기능과 정치성에 대해 이야기를 나누고 있다. 2부의 마지막 장 〈근대국민국가와 생명 그리고 권력〉은 근대 생명정치를 단순히 생명 자체가 통치의 대상이 되는 것을 넘어 생명 자체가 권력을 재생산하는 통치의 주체가 된 것으로 해석하면서 현대 민주주의의 의미를 재고하고 있다.

마지막으로 3부는 예술철학의 해방적 기능에 초점을 맞춰 대화를 진행한다. 3부의 첫 번째 장 〈사진철학, 그 실현과 확장의 가능성들〉은 사진과 같은 기술적 이미지의 등장과 함께 커뮤니케이션의 주도적 매체로서의 역할이 문자에서 이미지로 이행하고 있다는 빌렘 플루서의 사진철학을 다루면서, 이미지로의 이행이 현대인의 삶에 미치는 문제점들에 대해 고찰하고 있다. 〈무엇이 예술을 예술답게 하는가〉는 예술의 외연이 극도로 확장된 오늘날, 그모든 다양성을 포괄하는 새로운 예술 정의가 요구된다는 점에서아서 단토의 예술철학을 비판적으로 해석하고 예술의 고유한 존재방식에 대해 이야기하고 있다. 마지막 장 〈예술철학의 의미와경계〉는 21세기의 철학과 예술은 어떤 관계를 맺고 있으며, 예술에서 철학은 어떻게 작동하는가 하는 물음을 던지고, 예술가가 세상을 바라보는 태도와 관점은 작품에 어떻게 반영되는지 그리고어떤 의미를 만들어가고 있는지 이야기를 나누고 있다.

이처럼 이 책은 부제 "사상사부터 예술철학까지 한국 철학의현재와 미래를 말하다"와 같이 다양한 영역의 주제를 다룰 뿐만아니라 '한국적 철학함'을 보여주고 있다. 한국적 철학함은 한국적 문제를 다룬다는 의미에 국한되지 않는다. 오히려 그것은 누군가의 사상을 답습하는 것이 아니라 철학의 본래적 의미인 사유하기를 통해 한국 철학의 독자적인 사유방식을 만들어감을 의미한다. 이 책이 한국 철학의 발전에 조금이라도 기여할 수 있으면 더할 나위 없이 기쁠 것 같다.

끝으로 대화에 동참해준 9명의 제자들과 특별히 이 책의 편집을 맡아 수고해준 김종곤 교수에게 감사의 마음을 전한다. 비록 선생과 제자의 관계지만 나 역시 이들과 공부하면서 교학상장(敎學相長)하였다고 생각한다. 또 이 책의 기획에 대해 흔쾌히 동의하고 출판을 위해 애써주신 도서출판 동녘의 이건복 대표님과 빠듯한 일정에도 좋은 책을 내기 위해 편집에 최선을 다해주신 오정원, 김다정 편집자에게도 감사의 말씀을 전한다.

2023년 8월
일감호가 내려다보이는 연구실에서
김성민

차례

1부   한국의 사상과
그 확장

1장

한국 근현대사상의 지평과
서양철학의 자기화

대화자 박민철

한국 사회에서 헤겔철학에 대한
지속적인 관심과 연구가 가능했던 이유

제가 석사 과정에 들어와서 선생님과 처음으로 함께했던 대학원 수업
이 헤겔의 《정신현상학》 원전 강독이었던 것으로 기억하고 있습니다.
그 난해한 《정신현상학》 서문을 3, 4일 밤을 세워가며 강독을 준비했
던 것, 그럼에도 한 학기 동안 5페이지 정도 나갔던 것이 기억납니다.
참 힘들기도 했지만 그때만큼 열심히 공부를 했던 적이 있을까 싶습
니다. 어찌 됐건 저에게는 이 수업이 참 남다른데요. 헤겔철학으로 석
사학위를 마쳤고, 박사논문 주제도 '한국의 헤겔철학 수용사'로 정하
게 됐던 결정적인 계기였기 때문입니다. 그래서 우선 첫 번째 질문도
바로 이 지점에서 시작하려고 합니다. 선생님께서도 석사학위를 헤

겔철학으로 하셨던 것처럼 한국의 헤겔철학 연구는 20세기 한국 현대철학의 출발부터 오늘에 이르기까지 오랜 역사를 가지고 있습니다. 약 90년에 걸쳐 축적된 개별적인 연구성과를 가지고 평가했을 때 현재 헤겔철학은 칸트철학과 1, 2위를 다툴 정도로 수많은 연구가 이루어졌고요. 한마디로 헤겔철학은 20세기 한국 현대철학의 역사적 전개 과정에서 지속적이면서도 집요하게 수용되고 연구되어왔던 것 같습니다. 그렇다면 1세기에 걸친 한국 사회의 급격한 변화 그리고 다양한 철학 사조들의 유행과 쇠퇴에도 불구하고 헤겔철학에 대한 한국 사회의 관심이 끊임없이 이어져왔던 이유가 궁금해집니다. 그 이유는 무엇일까요?

박 선생이 방금 얘기한 그 수업은 저도 기억해요. 아마 2005년 2학기였던 것으로 기억하는데, 그 학기가 오랜만에 대학원 신입생들이 들어왔을 때였을 거예요. 그리고 운 좋게도 저를 지도교수로 생각하고 온 학생들이 많았던 학기였어요. 참 고맙죠. 박 선생한테 어려운 헤겔철학을 소개해서 미안하지만 좋은 연구주제를 알려준 거 같아서 뿌듯하군요. 질문에 제 생각을 답할게요. 정답은 아닐 수도 있어요. 그냥 제 생각을 말해볼게요. 저는 여기서 "도대체 헤겔철학의 어떠한 성격 때문에 그러한가?"라는 질문을 제기해보는 게 좋을 거 같아요. 한국 사회에서 헤겔철학에 대한 지속적인 관심과 연구가 가능했던 이유는 다른 무엇보다도 헤겔철학의 고유한 특성과 연결되어 있지 않나 싶어요. 그런데 헤겔철학의 고유한 특성을 이해하기 위해서는 우선적으로 헤겔철학으로 향하는 다양한 철학적 비판을 이해할 필요가 있어요.

예, 맞습니다. 저도 선생님의 말씀에 동의합니다. 특히 헤겔철학은 헤겔 사후 지금까지 그 어떤 철학보다도 다양한 철학적 비판에 직면해 왔다고 생각합니다. 19세기 중·후반에는 '거꾸로 선 변증법'이자 관념론 철학이라는 마르크스의 비판으로부터, 20세기 초반에는 현실국가를 절대화하는 반동적 철학이자 절대적인 관념론의 '닫힌 체계'라는 포퍼의 자유주의적 비판, 20세기 중후반에 들어와서는 '차이'를 억압하는 '동일성의 철학'이라는 들뢰즈의 포스트모더니즘적 비판에 이르기까지 언제나 헤겔철학은 비판을 받아왔거든요. 하지만 동시에 그 철학적 영향력을 지속해왔기도 했고요. 바로 그 지점이 중요한 것 같습니다.

그렇죠. 박 선생이 정확하게 실마리를 파악한 거 같아요. 방금 얘기한 마르크스·포퍼·들뢰즈의 논의로부터 우리는 헤겔철학 비판의 공통된 핵심을 짚어낼 수 있다고 생각해요. 이들의 헤겔철학 비판의 내용은 한쪽으로는 관념론적이고 목적론적인 한계, 모순율의 위배, 동일성을 전제로 한 차이의 부정과 같이 변증법에 대한 공격으로 정리할 수 있어요. 다른 한쪽으로는 현실을 정당화하는 보수적 철학, 전체주의를 옹호하는 역사주의적 철학, 생생하고 약동하는 현실의 모든 차이를 무화하는 실천적 보수성과 같이 헤겔철학의 실천적 의의를 거부하는 방향으로 구성되어 있거든요. 이들의 이론은 헤겔철학의 핵심 원리인 변증법과 실천성을 비판적으로 수용하거나 거부하는 것으로 요약될 수 있어요. 그런데 보다 중요한 것은 바로 이 지점이죠. 이들의 날 선 비판은 역설적으로 헤겔철학의 핵심이 변증법과 그에 근거한 실천성에 있다는 사실을 나타내주거든요. 맥락은 조금씩 다르지만 헤겔철학에 대한 마르크스의 문제의식은 절대정신의 체계에 갇힌 변증법을 구출하는 것이었고, 포퍼의 문제의식은 현실순응의 보수주의적 이데올로기로 기능하는 것에 대한 비판이었으며, 들뢰즈 역시 생동하는 현실을 파악하지 못하는 억압적인 철학적 원리에 대한 반대였기 때문이에요.

　　말씀 들으니까 기억나는 구절이 있습니다. "이성적인 것은 현실적이다. 그리고 현실적인 것은 이성적이다"라는 헤겔의 《법철학》 구절은 정말 유명하잖아요. 바로 이 명제와 관련하여 헤겔철학 연구사에서 볼 때, '존재하는 모든 것은 올바른 것'이라는 의미에서 기존 질서를 정당화하고 신성화하는 부정적 해석과 기존의 불합리한 현실을 변화시키려는 실천적 의의를 강조하는 긍정적인 해석이 공존하고 있고요. 예를 들어 포퍼는 이 명제로부터 모든 현실적인 것을 합리화하고 신성화하는 헤겔철학의 보수성을 이끌어내지만, 동시에 마르쿠제는 이 명제로부터 사회적 제도나 삶의 조건을 이성의 계기들에 맞게 일치시키는 인간행위의 실천적 의의를 이끌어내고 있기도 하고요.

맞아요. 그런데 그 명제는 기본적으로 두 가지 원리가 내재해 있어요. 그리고 그 원리들이 모순된 두 해석을 모두 가능하게 만들고 있고요. 무슨 원리일까요?

　　잘 모르겠습니다.

그건 바로 '역사성'과 '실천성'이라고 할 수 있어요. 이 헤겔철학
의 '역사성'과 '실천성'이 바로 끊임없는 비판에도 불구하고 헤겔
철학의 생명력을 잃지 않게 했던 이유였을 거예요. 그리고 그 두
가지 원리들은 헤겔철학을 유명하게 만든 하나의 원리로 집약되
죠. 바로 '변증법'으로요. 저도 대학원 때 그랬지만 한국 사회에서
헤겔철학은 시대적 요구와 요청에 실천적으로 응답할 수 있는 철
학사상으로 여겨졌어요. 특히 1980년대가 이를 대표했죠. 실제로
헤겔철학은 그 한국적 수용의 역사를 통해 확인할 수 있듯이 역사
적 상황 속에서 제기되는 시대적 과제 해결을 위해 다양한 방식으
로 수용되고 연구되어왔는데, 다른 무엇보다 90년에 걸친 한국의
헤겔철학 수용사는 헤겔 '변증법'에 대한 관심과 그에 기반에 둔
'실천성'을 부단히 환기시키고 있죠. 요컨대 그것이 현실순응의
보수적인 이데올로기로서 활용되었던지, 반대로 현실변혁의 실천
적 원리로 독해되었던지, 한국의 헤겔철학 수용사가 증명하듯 헤
겔철학에 내재한 실천적 힘은 좌우를 막론하고 헤겔철학의 핵심
으로 간주되었던 것은 사실이었잖아요. 이건 박 선생의 박사논문
주제이기도 하니 잘 알 거라고 생각해요.

┃ 1980년대 한국 사회, 그리고 헤겔철학과《정신현상학》

그래서 비슷한 질문일 수 있는데요. 제 전공분야가 한국 현대철학이어서요. 한국 사회에서 헤겔철학만큼이나 커다란 관심을 가진 철학이 있었을까 싶습니다. 특히 시대적 상황에 호응하는 헤겔철학에 대한 관심은 다른 시기보다 1970~1980년대에 가장 극명하게 표출되었다고 생각되고요. 구체적으로 1970~1980년대에 한국 사회에 널리 퍼진 불평등, 비민주, 인간소외, 그리고 독재 등 시대의 현실에 대한 참담한 체험은 본질적으로 사회변혁이론에 대한 전폭적인 학문적 관심을 낳게 하는 원인이 되었다고 보는 게 일반적이잖아요. 이른바 '보다 진보적인' 사회철학들에 대한 관심을 불러일으켰습니다. 그래서 1970~1980년대 학문적 분위기는 1970년대 네오마르크스주의로부터 시작해서, 1980년대 마르크스주의로의 수렴이 특징적으로 나타나고 있다는 게 일반적인 한국 현대철학의 연구경향이라고 알려져 있어요. 이러한 시대적 분위기를 헤겔철학이 대표적으로 이끌어갔다고 생각하는데, 그 시대의 철학함이라는 문제의식 속에서 헤겔철학이 어떻게 많은 연구자들에게 받아들여지고 있었는지 궁금합니다.

그런데 '헤겔철학의 부흥'을 이야기하기 위해선 우선 '마르크스주의의 귀환'을 먼저 지적해야 할 거 같아요. 1970~1980년대 철학연구자들에게 마르크스주의에 대한 관심은 해방 이후 한국 사회를 지배했던 극우·반공 이데올로기로 인한 사상적 편향성을 극복하며, 한국 사회의 변혁을 위한 이론적 기반에 대한 모색 속에서 시작돼요. 억압적인 정치구조와 자본주의의 급속화에 따른 한국 사회의 모순해결에 대한 철학적인 대응으로서 마르크스주의가 부각되었던 것이죠. 이처럼 1970~1980년대 철학함의 출발점이 되었던 것은 사회적 모순이 존재하는 '한국의 현실'이었어요. 이와 같은 시대적·학문적 분위기 속에서 1970~1980년대의 한국의 '헤겔 르네상스'가 본격적으로 시작되었던 거 같아요. 이 시기 헤겔철학은 한마디로 '시대의 모순'을 해결하고자 하는 '시대의 철학'이었거든요. 물론 마르크스주의에 대한 직접적인 연구가 아카데미즘이라는 틀 안에서는 조금 부자유스러운 상황에서 그 대안적 성격을 가진 것도 한 이유였지만, 마르크스주의의 이론적 토대로서 헤겔철학에 대한 관심도 상당히 컸어요.

예, 선생님의 말씀에 동의합니다. 실제로 제가 논문에서도 썼던 내용인데요. 어떤 연구에 의하면 1970~1989년 사이에 발행된 헤겔철학 연구물은 학위논문 162편, 일반논문 250편, 단행본 136권에 이른다고 합니다. 이 편수들은 1950~1960년대에 발행된 헤겔철학 연구물이 학위논문 19편, 일반논문 26편, 단행본(번역본 포함) 10권이라는 사실과 비교할 때 엄청나게 확대된 것이거든요. 이런 측면에서 볼 때 1970~1980년대를 '한국의 헤겔 르네상스'라고 부를 수 있는 이유를 발견할 수 있다고 생각합니다. 다만 그럼에도 불구하고 1980년대에 두드러진 시작한 헤겔연구의 새로운 부흥에는 아주 구체적인 어떤 계기가 존재한다고 생각합니다. 선생님께서는 이에 대해서는 어떻게 생각하시는지요?

박 선생의 지적이 맞아요. 아주 구체적인 계기가 있었을 겁니다. 그리고 그것은 다른 무엇보다 역사적인 상황 그리고 시대적인 요구와 밀접하게 연관되어 있을 거고요. 이는 단적으로 사회변혁을 위한 이론적 대안으로서 마르크스주의가 연구되기 시작했으며, 그에 대한 이론적 전사(前史)로서 다시금 헤겔철학이 주목받기 시작했다는 점이겠죠. 다른 누구보다 박 선생이 제일 잘 알겠지만, 연구사적 맥락에서 볼 때 이미 헤겔철학은 마르크스주의의 이론적 전사로서 수용되고 연구되었던 일제 강점기 당시의 역사가 있잖아요. 신기한 것은 일제 강점기 당시의 헤겔철학에 대한 관심과 요구가 있었고, 이것이 약 50년이 지난 1970~1980년대에 들어와 다시금 한국 사회와 철학계에서 반복된다는 점이에요. 역사는 반복된다고 하지만 철학의 연구에서도 비슷한 현상이 벌어지는 것은 굉장히 이색적이죠. 어찌 됐건 그 시대에 공부한 저 개인적으로 느꼈을 때 헤겔철학은 마르크스주의의 유물변증법으로 나아가기 위한 일종의 해석의 디딤돌 역할을 했던 거 같아요. 그러니까 사회에 대한 물질적이고 총체적인 이해를 위한 마르크스의 유물변증법은 헤겔의 변증법을 뒤집어놓은 것이기에, 변증법을 이해하기 위해 헤겔철학으로 돌아가야 할 이론적 필요성이 제기되었다는 것이죠.

앞서 선생님께서 말씀하신 헤겔철학의 역사성과 실천성이 이제 어느 정도 이해가 되는 거 같습니다. 1970~1980년대의 헤겔철학 연구는 어찌 됐건 결론적으로 헤겔 원전 텍스트 해석과 이해와 관련해서 보다 발전된 아카데미즘적 연구의 성과를 갖게 되었고요. 그것은 단순한 아카데미즘적 관심만이 아니라 현실변혁의 원리로서 역사성과 실천성을 담지한 헤겔철학 자체에 대한 관심 또한 그 이면에 지니고 있었다는 맥락으로 이해가 되기 시작했습니다. 하지만 이 시기 헤겔철학 연구는 실천적 관심과 전적으로 무관하지 않습니다. 실천적 관심이 다른 무엇보다 헤겔철학 연구를 부흥시킨 직접적인 계기가 되었다는 점을 인정하더라도 그 시기에 제출된 엄밀한 이론적 탐색과 연구 성과도 분명하게 특징이었거든요. 선생님께서는 그 부분에 대해선 어떻게 생각하시는지요? 그러니까 당시 헤겔철학 연구의 이론적 수준과 관심을 가장 상징적으로 드러내주는 장면은 무엇이 있었을까요?

그건 나보다 박 선생이 더 잘 알 거 같은데요. 방금 그 질문과 관련된 내용을 박 선생의 박사논문에서 본 기억도 나고요. 대략적으로 박 선생이 먼저 얘기를 하면 제가 보충하거나 추가하는 방식으로 할게요. 먼저 얘기해주세요.

하하, 기억하고 계셨나요? 딱 맞는 건지는 잘 모르겠지만 그 시기의 헤겔철학 연구의 특정한 흐름은 바로 《정신현상학》에 대한 실천적 관심, 다시 말해 헤겔철학의 '소외'와 '노동' 개념의 한국적 적용이 아닌가 싶습니다. 한국 사회의 발전과 함께 '노동'이라는 것이 다가오기 시작했고 그와 관련된 다양한 논의들이 본격적으로 시작된 거 같거든요. 제가 박사논문에서도 썼는데, 헤겔철학 연구사를 다룬 기존 연구들을 조금 정리하면 단적으로 《정신현상학》 관련 학위논문과 일반논문은 1965년부터 1996년까지 각각 80편, 83편이 발표되는데, 특이하게도 1980년대에 각각 44편과, 43편이 이 시기에 발표되거든요. 즉 1960년대부터 1990년대에 발표된 《정신현상학》 관련 논문 중 절반이 1980년대에 쓰여졌다는 점을 고려할 필요가 있어 보여요. 또 《정신현상학》과 관련된 대표적인 번역서 역시 1980년대에 본격적으로 번역되기 시작한 것도 눈여겨볼 필요가 있어 보입니다. 1981년 알렉상드르 코제브의 《역사와 현실의 변증법: 헤겔철학의 현대적 접근》을 비롯하여, 1984년 리처드 노만의 《헤겔 정신현상학 입문》, 같은 해 베르너 마르크스의 《헤겔의 정신현상학: '서문'과 '서론'에 나타난 〈정신현상학〉의 이념 규정》, 1986년 장 이뽈리뜨의 《헤겔의 정신현상학 Ⅰ, Ⅱ》에 이르기까지 불과 5년 동안 고전으로 평가받는 신헤겔리안의 저서들이 번역되었거든요. 그렇다면 선생님께서 이제 답변해 주실 차례인데요. 과연 《정신현상학》의 어떠한 성격이 이와 같은 학문적 관심을 이끌었던 것일까요?

아까 박 선생이 《정신현상학》 서문을 얘기했잖아요. 제 개인적인 생각도 그렇고 많은 연구자들이 동의하는 게 있어요. 아마도 《정신현상학》에서 헤겔철학 전 체계와 토대가 미리 선취되고 있다는 점에서 헤겔철학의 변증법적 원리를 가장 현실적으로 묘사하고 있기 때문이 아닐까 해요. 물론 《정신현상학》은 '의식'이나 '이성', '정신'과 같은 범주들도 다루고는 있으나, 우리가 같이 읽어봤지만 '의식'으로부터 마지막 '정신'에 이르기까지의 전개과정이 구체적인 역사적 사건과 현실들과 함께 설명되고 있다는 점에서 '변증법적 원리'의 구체적인 역사성 내지 실재성을 가장 잘 드러내주고 있기 때문일 거 같아요. 그 정신의 발달과정에 대한 헤겔의 서술이 정말 매력적이잖아요. 따라서 시대의 모순을 인식하고 이를 극복하기 위한 원리로서 변증법에 대한 관심은 당연히 《정신현상학》에 대한 관심으로 이어질 수밖에 없었겠죠. 그리고 이때 변증법은 인식론적 원리를 넘어 구체적인 현실을 변혁할 수 있는 실천적 원리로서 주목받았을 거고요. 한마디로 《정신현상학》을 통해 실천적 원리로서 변증법을 이해하고자 했던 흐름이 1970~1980년대 주도적으로 자리 잡게 되었다고 생각해요.

예, 그건 저도 전적으로 선생님과 의견을 같이합니다. 그렇다면 방금 말씀하신 '실천적 원리로서 변증법을 이해하고자 했던 흐름'을 대표할 수 있었던 헤겔철학의 연구주제, 특히 《정신현상학》과 관련된 연구주제는 무엇이었을까요? 분명 헤겔철학과 관련된 한국 사회가 요청했던 어떤 시대적 화두가 있었을 것 같습니다.

'자기의식의 소외'인가? '노동의 소외'인가?
헤겔 소외개념의 실천적 독해

이건 제 개인적인 공부와도 직결된 문제니까 조금 편하게 답변해볼게요. 그러니까 개인적인 경험들을 통해 말해볼게요. 아마도 그 시기에 한국에서 철학을 연구하는 대학원생들에게 헤겔과 《정신

현상학》은 가장 중요한 철학자와 저작이었을 거예요. 특히 《정신
현상학》의 인기는 대단했죠. 이 중 1970~1980년대 본격화된 《정
신현상학》에 대한 연구주제 중 가장 대표적인 것이 '소외'와 '주인
과 노예의 변증법'이었어요. 《정신현상학》에 나타난 헤겔의 소외
개념은 포이어바흐와 마르크스에게도 영향을 끼쳤고 그들이 결국
인간본질의 소외, 노동과 상품의 소외 등을 주장하게 되는 것은
익히 알려진 철학사적 맥락이잖아요. 특히 마르크스는 자신의 노
동 개념을 통해 헤겔의 소외개념을 비판하였으며, 헤겔의 '주인과
노예의 변증법'을 통해서는 자본과 노동 관계의 혁명적 전복의 모
티브를 발견했다는 점이 한국의 철학연구자들에게도 중요한 시대
적 화두를 던졌다고 할 수 있어요. 그것에 대한 비판이든 아니면
긍정이든, 저를 포함해 많은 동료 철학연구자들은 이 시기 헤겔적
개념에 대한 마르크스주의적 해석과 관련해 '소외' 개념과 '주인
과 노예의 변증법' 이론에 관심을 가지게 되었죠. 그리고 이때 그
들은 다분히 논쟁적인 해석과 함께 헤겔철학의 변증법과 실천성
에 주목하게 돼요.

예, 충분히 이해됩니다. 1980년대라는 시대적 조건과 사회적 현실을
놓고 생각해보면 헤겔철학의 어떠한 원리들이 많은 이들을 사로잡았
을지 충분히 이해할 수 있어요. 방금 말씀하신 '소외' 개념도 그러한
맥락에서 이해할 수 있을 것 같은데요. 당시 한국 사회의 개발독재의
급속한 산업화가 낳은 정치적, 경제적 모순을 배경으로 '소외' 현상에
대한 학문적 관심이 증가하게 되었습니다. 그와 연관하여 《정신현상

학》자체에 대한 관심 속에서 헤겔의 소외개념에 대한 철학적인 이해의 필요성이 제기되었기 때문이었다고 예상할 수 있을 것 같습니다. 그러니까 다시 말해 1970~1980년대의 한국 사회의 급속한 산업화와 근대화 과정에서 나타난 다양한 측면의 소외현상을 설명하기 위해서는 헤겔의 소외개념과 같은 어떠한 철학적 실마리가 필요했을 것 같습니다.

그렇죠. 박 선생의 판단이 거의 정확하다고 생각해요. 하지만 주목해야 할 것은 소외개념에 대한 관심은 시기별로 그 해석의 강조점이 다르게 구성되고 있다는 점이에요. 이를테면 1970년대에는 정신의 필연적인 자기전개과정으로서 소외를 규정하는 것이 특징이었던 것으로 기억해요. 이는 헤겔의 소외개념에 대한 논리적, 이론적 해석에 가까운 것이었죠. 무엇보다 헤겔의 소외개념이 갖는 내적 의의와 관련되는데, 소외를 필연적이고 아주 긍정적인 의미에서 규정하고 있다는 거죠. 그러나 이러한 해석은 소외개념에 대한 헤겔철학의 논리적 해석에 가까운 것이자 소외를 역사적 형태로 이해하지 않는 견해로, 여기에는 어떠한 실천적 관심은 누락되어 있었다고 할 수 있어요. 제 생각도 그렇고 1980년대 연구자들도 대체로 공유했듯이 헤겔의 소외개념은 단순히 이론적 차원만의 문제로 그칠 수 없었던 것은 분명했어요. 다른 무엇보다 헤겔이 《정신현상학》에 등장하는 역사적 사건들의 전개과정을 소외개념으로서 설명할 때 그리고 노동이라는 대상화로서 소외개념을 설명할 때 소외개념의 실천적 성격이 분명하게 드러나고 있기 때문이에요.

만약 그렇다면 헤겔의 소외개념 연구와 관련된 또 다른 흐름이 자연
스럽게 유추되는데요. 그러니까 1980년대에 들어와 헤겔의 소외개
념에 대한 연구는 이것을 단순히 이론적 차원이 아니라 실천적 관심
속에서 정치·사회철학적으로 해석하는 경향, 보다 구체적으로는 마르
크스주의와의 연관선상에서 소외의 극복과 관련된 소외개념의 실천
성에 주목한 연구로 전환되었겠네요.

맞아요. 그것 역시 박 선생의 판단이 정확해요. 그런데 이제 여기
서 다시 헤겔 소외개념의 기본적 원리를 다시 한번 생각해볼 필요
가 있어요. 왜냐하면 소외개념의 해석 및 강조의 차이가 발생하
는 이유가 거기에 내재해 있기 때문이에요. 헤겔에 따르면 정신은
자기 밖으로 '외화'되어 자연계로 나아가고 이러한 자연계는 정신
의 외화로서 소외의 형태라고 규정되죠. 다만 정신도 절대정신에
이르기까지 자신을 끊임없이 지양시켜나가요. 결국 소외의 두 방
향은 '정신의 타자존재로의 외화'와 '정신 형태들의 역사적 발전
과정'을 포함하죠. 여기에는 모든 존재자는 자기 자신을 부정하여
자기의 타자로 소외되는 필연성을 그 본성에서 내포하고 있으며,
'부정의 부정'을 통해 타자로부터 자기 자신으로 귀환하는 헤겔의
변증법적 사유가 전제되어 있다고 할 수 있어요. 그러니까 소외는
정신이 자신의 본질형태로 귀환하기 위해 필연적으로 자신의 타
자로 외화, 즉 소외되는 과정 자체를 의미한다는 거죠.

그런데 이러한 원리들을 고스란히 받아들인다면 마르크스주의 철학의 그 고유한 세계관과 충돌이 생길 수밖에 없는 구조가 있는 것 같습니다. 헤겔철학 내에서 소외라는 개념이 내포하는 정신의 객관화, 대상화, 현실화 등을 강조할 경우 소외개념이 다른 한편으로 갖출 수 있는 현실성, 역사성, 실천성 등이 부차화될 우려가 생겨날 것 같습니다. 잘 알려졌듯이 헤겔의 소외개념은 곧 마르크스주의 철학에서 변용해 해석하자면 노동이라는 키워드와 접합될 수 있을 텐데요.

마르크스주의 철학의 노동개념이 갖는 포섭력과 설득력이 박 선생이 지적한 바로 그 지점에서 증명되죠. 우선 마르크스는 헤겔의 소외개념이 지니는 긍정적이고 부정적인 양면성을 정확하게 지적해요. 마르크스의 지적은 헤겔이 인간의 자기산출을 소외라고 하는 과정으로 파악했다는 것. 그러니까 헤겔이 인간 자신의 고유한 노동의 본질적 의미로서 소외를 해석했다는 점에서는 뛰어나지만, 헤겔 소외론의 결정적인 한계는 인간의 창조적 자기산출로서 대상화, 다름 아닌 소외의 긍정적인 의미를 발견했을 뿐, 특정한 역사적 형태로서의 소외라는 부정적인 성격을 보지 못했다는 점에 있다고 지적하죠. 마르크스는 헤겔의 소외개념을 노동개념과 연관시키는데, 핵심은 그 노동개념에 담긴 양면성, 다시 말해 자기실현으로서 노동 그리고 자기 소외로서 노동이라는 이중성을 파악하지 못했다는 거예요. 바로 여기서 1980년대 소외개념의 철학적 의미가 확보되죠. 그러니까 마르크스주의의 영향하에 노동이라는 외화형태에 기인하는 근원적인 소외 그리고 소외 극복의 실천적 과정과 결부시켜 해석함으로써 헤겔의 소외개념에 담긴 실천적 성격을 부각시키려 노력했다는 점이에요.

선생님의 말씀을 정리하면 결국 헤겔철학의 마르크스주의적 해석, 좀 더 쉬운 표현으로 하면 역사적 해석, 실천적 해석이 1980년대의 핵심적인 문제의식이었을 것 같습니다. 당시의 시대적 상황과 환경 등을 다시 한번 떠올린다면 그때 철학연구자들이 지녔던 철학적 파토스도 충분히 이해가 되고요. 그렇다면 다시 좀 전에 하신 말씀으로 돌아오면, 헤겔철학의 중요한 화두였던 '주인과 노예의 변증법'에 대해 여쭤보고 싶습니다. 단순화의 위험을 무릅쓴다면 1980년대 한국 사회를 지배했던 철학적 파토스는 '사회변혁의 논리와 해방철학에 대한 탐색'이었을 것 같습니다. 특히 이러한 맥락 속에서 '주인-노예 변증법'은 1980년대 사회변혁의 열정이 들끓었던 시대적 분위기를 배경으로 '자본과 노동의 변증법'으로 유추되고, 지배와 예속을 극복할 수 있는 해방적 의미로 해석되어 많은 이들의 관심을 끌었다는 것은 철학연구자들에게 널리 알려진 사실이기도 하고요.

▎'주인과 노예의 변증법': 사회변혁의 논리와 해방적 관심

헤겔의 《정신현상학》〈자기의식〉 장에서 전개된 '주인-노예 변증법'은 너무나 유명한 철학적 테제죠. 우리 모두 잘 알고 있겠지만 한국 사회에 끼친 영향도 굉장히 컸잖아요. 지금도 그렇고요. 특히 1980년대에 '주인-노예 변증법'은 사회변혁의 열정이 들끓었던 시대적 분위기를 배경으로 '자본과 노동의 변증법'으로 유추되어 지배와 예속을 극복할 수 있는 해방적 의미로 많은 이들의 관심을 끌었던 것 같아요. 그런데 논의를 좀 더 진행하기 위해서 이른바 주노 변증법에 대해 다시 한번 정리해볼까요.

하하, 저한테 "자네가 한번 정리해봐."라는 숙제처럼 들렸습니다. 헤겔 《정신현상학》 〈자기의식〉 장에만 한정해서 논의할 때 헤겔에게 자기의식은 우선 모든 타자를 배제하는 의식으로 규정될 수 있습니다. 이때 자기의식은 또 다른 자기의식을 자신의 자립성을 확립하기 위한 욕망의 대상으로서 규정하면서 이 둘 사이의 생사를 건 인정투쟁에 돌입하게 됩니다. 다시 말해 자기의식은 자신의 자립성을 위해 타자의 생명을 부정하는 것으로 나아가며, 이러한 투쟁에서 자기의 생명 역시 걸 수밖에 없는데요. 하지만 이러한 투쟁은 두 방식으로 진행되면서 한쪽의 자기의식은 죽음을 두려워하지 않으며 생명에 대한 예속에서 벗어나 타인의 인정을 획득하고 주인의식이 되지만, 한편 다른 쪽의 자기의식은 오히려 죽음을 두려워하여 생명에 집착한 결과 노예의식이 된다는 것입니다. 이렇게 하여 주인-노예의 관계가 성립합니다. 하지만 철학적 비유는 여기서 끝나는 게 아니라 그 둘의 관계가 역전되면서 광장한 철학적 메타포를 선사하게 됩니다. 단적으로 헤겔에 의하면 이러한 주인과 노예의 관계는 결국 노예에 깃든 자유의 요소로서 죽음의 공포, 봉사, 노동을 통해 그 위치가 서로 바뀌게 된다는 거죠.

하하, 굉장히 압축적으로 설명했지만 대체로 맞는 거 같군요. 그런데 중요한 것은 바로 이러한 〈자기의식〉 장의 '주인-노예 변증법'은 다름 아닌 노동이 노예를 예속상태로부터 해방하여 주인과 노예의 관계를 역전시킨다는 해방적 모티브를 담지한 논리였다는 점이에요. 물론 이 주노변증법은 철학사적으로도 숱한 해석이 서로 대립하게 만든 주제였던 것도 분명한 사실이었죠. 그러니까 한쪽에서는 《정신현상학》을 역사적으로 해석하면서 주인은 세계역사에 노예를 등장시키기 위한 매개자에 불과하며 노동하는 노예만이 역사의 발전에 참여한다고 주장했다면, 다른 한쪽에서는 헤겔의 형이상학적 주제에 입각해 《정신현상학》을 논리적으로 해석하면서, 주인과 노예의 투쟁이란 관념론적 자아개념의 두 가지 계기들의 운동이며 따라서 관념론적 절대적 동일성을 드러내는 것이 문제이지 주인과 노예라는 경험적 주체가 문제인 것은 아니라고 주장하기도 했거든요.

예, 바로 여기서 대학원 수업 때 읽었던 코제브의 책이 기억납니다. 코제브의 《역사와 현실의 변증법》이란 책이었던 같은데요. '주인-노예 변증법'에 대한 코제브의 해석 중 노예가 자신의 노동을 통해 자연을 지배하고, 그럼으로써 자기 노예적 본성을 해방시킨다는 점에서 가장 큰 특징이 있다고 했던 점, 나아가 바로 이런 점에서 역사적 진보는 모름지기 노예의 노동에 의해서만 실현되고 완수된다고 했던 점, 최종적으로 역사적인 미래는 승리자인 주인에게가 아니라 노동하는 노예에 속한다고 주장했던 점 등이 기억납니다.

코제브의 핵심적인 주장을 잘 정리했는데요. 결국 주노 변증법도 앞에서 우리가 말했던 소외개념의 귀결과 마찬가지로 전개되죠. 그러니까 노동문제요. 1980년의 시대적 화두이자 주제, 철학적 파토스가 바로 여기 있었던 것 같아요. 사회변혁의 실천적 열망이 드높았던 1980년대에 코제브와 마르크스의 헤겔 노동개념에 대한 해석은 《정신현상학》 이해의 지침이 될 정도로 커다란 영향력을 행사했죠. 하지만 중요한 것은 단순히 서양철학 이론과 해석을 따라가는 정도에서 그친 게 아니라 한국 사회에서는 서양철학의 자기화 과정도 분명하고 확실하게 수행되고 있었다는 점이에요. 헤겔 연구가 진척됨에 따라, 텍스트에 바탕을 둔 보다 정밀하고 수준 높은 헤겔의 노동개념에 대한 연구들이 이루어졌거든요. 저보다 선배 연구자들은 '주인-노예 변증법'에 나타난 노동의 의미, 나아가 헤겔철학 체계 내의 노동개념의 함의들, 그리고 헤겔과 마르크스의 노동개념 비교 등 헤겔철학에 대한 실천적 관심 속에서 헤겔의 노동개념을 새롭게 이해했어요. 그 시기에 정치사회철학의 질적 수준이 가파르게 올라가고 이론적 태도가 정말 뜨거웠던 것을 제가 직접 목격했고 그 흐름 속에서 저 역시 나름 최선을 다했고요.

만약 그렇다면 혹시 기억에 남는 그 시기 연구자 내지 연구가 있으신가요?

특정 연구자, 연구가 기억난다기보다, 주노 변증법에 대한 제 나름의 생각을 말해볼게요. 그 시기 '주-노 변증법'이 많은 이들을 사로잡았던 것은 거기에 담긴 철학적 의미를 넘어 사회실천적인 해방의 의미 때문이었을 거예요. 특히 노동으로 전개되는 해방의 계기는 지금도 그렇지만 매력적인 화두였을 거고요. 우리가 잘 알 다시피 헤겔은 정신의 자기객관화와 이의 극복이라는 자기실현의 변증법을 주장하는데, 이때 노동은 주관과 객관을 통일시키는 매개의 현실적 중심이잖아요. 즉 노동이 주객을 통일시키는 한 형식으로써, 자신을 객체 속에 실현시키는 주체의 고유한 자기표현 행위라는 것은 곧 마르크스의 노동개념 이해로까지 연결되고요. 어찌 됐건 주체의 고유한 자기표현인 노동의 의미가 죽음의 공포와 노동을 통해 자립성을 획득해가는 '주인-노예 변증법'을 통해 보다 분명하게 드러난다는 점은 중요해요. '주인-노예 변증법'의 핵심이라고 할 수 있는 '노예의 자립성', 즉 '주인과 노예 관계의 역전'이 노동을 통해서 설명되는 것은 어떤 끌림을 주죠. 다만 주인-노예 관계가 역전되는 계기를 일면적으로 강조하는 것은 한계라고 할 수 있어요. 이를테면 노동만이 이러한 역전의 결정적인 계기라든가, 죽음의 공포에 의해 자립성이 확보된다고 보는 견해들은 모두 헤겔이 지적한 공포, 봉사, 노동의 계기들 가운데 한 계기만을 지나치게 강조한 것이죠. 노동도 마찬가지잖아요. 헤겔은 주체를 대상화·외화하는 노동의 긍정적 측면과 함께 주체가 대상화된 객체에 제한당하는 노동의 한계를 아울러 보고 있기 때문이에요. 《정신현상학》만 놓고 보더라도 헤겔은 이러한 노동의 한계가 노동 자체에 근거한 것으로 보기 때문에, 노동 자체를 넘어서서 다른 형식의 주객 매개인 스토아주의, 회의주의, 불행한 의식 등으로 이행해가잖아요.

아, 바로 이 지점에서 마르크스가 등장하는 것 아닌가요?

맞아요. 마르크스는 이러한 헤겔의 노동개념을 추상적 자기의식의 노동이라 비판하죠. 마르크스는 헤겔처럼 노동을 자기대상화와 관련시켜 파악하면서 노동을 대상화의 단순한 수단으로, 그 결과를 얻고 난 뒤에 버릴 수 있는 것으로 보지 않죠. 마르크스의 시야에서는 노동의 한계란 결국 노동 자체에 내재해 있는 것이 아니라 노동이 행해지는 사회적 구조의 한계로부터 발생하기 때문이에요. 이런 차이로 인해 헤겔에게서는 노동의 소외를 극복하기 위하여 노동 자체를 극복해야 하지만, 마르크스는 노동의 사회적 조건을 극복하고자 하죠. 바로 이게 당시 1980년대의 기본적인 인식이었던 같아요. 그러니까 '주인-노예 변증법'의 해방적 의미를 강조하고, 마르크스의 노동개념을 이해하기 위한 이론적 배경으로서 헤겔의 노동개념을 이해하고자 하는 1980년대의 학문적 경향 말이에요. 그렇다고 해서 헤겔의 이론이 그 시기에 그친 것은 당연하게 아니겠죠. 최근까지도 각광받고 있는 호네트의 인정이론의 모티브도 거기에 있는 것처럼 말이죠.

인간 자유의 실현을 위한 조건과 과정들, 역사진행에 대한 철학적 문제의식

그렇다면 또 다른 궁금증이 생겨납니다. 헤겔에게는 《정신현상학》뿐만 아니라 《역사철학》, 《법철학》과 같은 정치사회철학과 관련된 또다른 대표 저작들이 있잖아요. 실제로도 1970~1980년대에 주목받았던 헤겔철학 연구 가운데 중요한 한 축은 《역사철학》과 《법철학》이 담당했다고 알고 있습니다. 바로 이런 점에서 《역사철학》과 《법철학》의 어떠한 주제들이 1980년대에 주목을 받았는지가 궁금해집니다. 이를테면 《역사철학》의 주요 주제가 '역사발전과 자유의 확장' 그리고 《법철학》의 주요 주제가 '국가'라고 할 때 바로 이 주제들이야말로 1980년대 한국 사회의 현실과 직결된 것이 아니었을까 싶고, 그렇기에 다양한 논의들이 있었을 것 같습니다.

그렇죠. 그런데 지금 박 선생은 1980년대 한국 사회의 현실과 연결시켜 두 저작의 어떤 사회적 파급력을 얘기했잖아요. 물론 그것도 있겠지만 우선 얘기할 수 있는 것은 헤겔철학 체계에서 법철학과 역사철학의 논리적 연결성이 존재한다는 거죠. 헤겔 법철학과 역사철학은 객관정신에서 절대정신으로 이행되는 헤겔철학 체계의 연속적 과정이라고 할 수 있어요. 이렇게 볼 때 국가와 세계사는 객관정신의 종결과 절대정신의 시작을 의미하기에 불가분적으로 연결되어 있으면서도, 동시에 이들 모두 인간의 자유가 실현되어가는 구체적인 형상을 다루고 있다는 점에서 헤겔의 실천철학을 대표하는 분야들이죠. 따라서 1980년대 헤겔의《역사철학》과 《법철학》에 대한 관심은 헤겔의 철학체계의 내적인 연관관계를 갖는 두 가지의 대표적인 실천철학적 주제에 대한 관심으로서 이 해될 수 있고, 바로 그렇게 접근되어야 한다는 거예요.

아, 그럼 좀 더 이해하기가 쉬워질 거 같습니다. 한국의 1980년대 《역사철학》과《법철학》의 연구들이 대체로 '자유와 국가'로 수렴되는 특징 역시도 이것과 관련해서 이해될 수 있을 것 같습니다. 그러니까 헤겔 역사철학과 관련된 이 시기의 연구 대부분은 '세계사는 자유의 진보'라는 헤겔적 명제에 공감하면서 자유의 실현을 위한 개인의 실천을 주요 주제로 하고 있잖아요. 나아가 그것과 연관해서 헤겔 법철학 연구의 대부분 역시 헤겔 정치철학의 실천성을 주제로 하고 있고요. 따라서 한마디로 이 시기 시대적 상황과 관련한 '역사적 실천'에 대한 관심이 헤겔의《역사철학》과《법철학》연구의 동기로 내재해 있다고 정리될 수 있을 것 같습니다. 그렇다면 우선 헤겔 역사철학과 관련된 문제의식을 선생님께 여쭙고 싶습니다.

철학을 전공한 사람들이 익히 알고 있듯이 헤겔은 자신의 역사철학을 '근원적 역사', '반성적 역사'와는 다른 '철학적 세계사'로 칭하면서 역사의 주체와 방향 등 역사 일반의 철학적 이념과 원리를 제시하고 있잖아요. 이때 헤겔이 말하는 '철학적 세계사'의 핵심은 '이성(정신)의 자기전개로서 역사'라는 점에 있고요. 이는 오늘날까지 무게감을 전해주는 철학적 테제이고, 많은 영향을 준 역사에 대한 철학적 규정이기도 하죠. 어찌 됐건 헤겔은 역사철학의 주요 과제를 이성이 지배하는 역사발전의 원리, 그것의 목적과 수단 그리고 그 구체적인 전개과정을 파악하는 것으로 규정하지만, 동시에 헤겔 역사철학의 핵심적인 테제는 바로 역사발전은 이성의 전개이자 자유의 전개라는 점에서 가장 큰 특징을 찾을 수 있어요. 그런데 "정신의 자기전개과정으로서 역사는 곧 자유의 실현과정이다"라는 헤겔의 규정은 결국 1970~1980년대라는 시대적 분위기와 조건 속에서 헤겔철학 연구자로 하여금 《역사철학》의 핵심 주제인 역사발전의 원리가 무엇인지, 헤겔철학의 맥락과 같이 과연 역사가 자유 진보의 역사인지, 나아가 그러한 진보의 역사에서 개인의 실천은 어떠한 의미가 있는지를 묻게 만들었다고 할 수 있어요.

바로 여기서 헤겔 역사철학에 대한 널리 알려진 비판이 등장하는 것으로 알고 있습니다. 헤겔 역사철학은 단순히 논리적 원리에 의해 역사를 선험적으로 구성하고 있는 견해에 불과하다는 입장 말이죠. 이러한 비판들은 헤겔 역사철학을 철저히 관념론적인 것으로 규정하고 이에 기반을 둬 헤겔 역사철학을 비판적으로 해석하는 것 같습니다. 헤겔 역사철학은 논리적 계기들을 출발점으로 삼고 각 현상들을 거기에 맞춰 설명하거나, 구체적인 현실세계를 단지 하나의 개념 틀 속에 집어넣어 설명하는 것에 불과한 것으로 판단하면서 말이죠. 특히 이러한 비판들은 현 시대 인류의 완성이 독일과 게르만 민족에서 이뤄진다는 헤겔의 《역사철학》의 내용을 지적하면서, 이것은 마치 인류의 역사가 독일민족을 위해 존재했던 것처럼 인류 역사과정을 임의적으로 구성하고 있는 것과 다를 바가 없다고 비판하기도 합니다. 결과적으로 이러한 입장의 해석들은 역사의 진보라는 헤겔 역사철학 테제를 거부하면서 나아가 헤겔철학 내부에서 인간의 실천이 자리 잡을 공간이 없다는 견해로까지 이어지고 있는 것을 알고 있습니다.

예, 그렇죠. 맞아요. 그래서 개인적으로 판단할 때 1980년대 헤겔 역사철학에 대한 연구는 독특한 흐름으로 양분되지 않았나 싶어요. 이는 역사의 발전에서 인간실천의 의미에 관해 벌어지는 상반된 해석이기도 하고, "역사의 진보는 과연 인간의 실천을 통해 이뤄지고 있는가?"라는 질문과 직결된 문제이기도 하죠. 핵심은 헤겔 역사철학의 맥락에서 보자면 자유의 진보는 단순히 원리적인 차원에서 어떠한 필연성을 가지고 진행하는 것만은 아니라는 인식이 있다는 거예요. 그런데 사실 헤겔도 역사발전으로서의 자유의 실현을 구성하는 두 계기로서 '이념'과 '인간적 정열'을 내세우잖아요? 그런데 문제는 이념과 정열은 사뭇 다른 두 원리잖아요. 적당한 매개가 필요하고요. 여기서 유명한 테제가 또 등장하죠. 좀 더 설명하면 헤겔은 세계정신이 개인의 정열과 관심과 의욕 등을 도구와 수단으로 하여 자기 목적을 실현해간다고 말하면서 이 분열적 계기를 종합하기 위해 '이성의 간지(list der vernunft)'라는 개념을 사용하죠. 이성은 인간의 정열을 활용하면서 그 비극성과 전혀 상관없이 절대정신의 자기실현이라는 거대한 흐름에 인간을 활용한다는 게 바로 '이성의 간지' 개념에 담긴 내용이고요. 앞서 말한 두 가지 흐름이 바로 이것과 관련되어 있어요. 그러니까 한쪽은 인간의 실천이 단순히 절대정신의 자기전개과정을 위한 단순한 수단으로 전락해버렸다고 비판하고, 다른 한쪽은 '이성의 간지' 개념에 보다 적극적인 의미를 부여하면서 정신의 자기전개는 '인간의 실천'을 매개로 해서만 가능하다고 주장하죠.

　　말씀을 들으니 두 번째 입장에 당연히 관심을 갖게 되는데요. 여기서 후자인, 그러니까 인간의 역사적 실천을 강조하는 해석은 단순히 '이성의 간지'에 대한 긍정적인 해석이 아니라, 헤겔이 말하는 이성의 간지 개념의 이중성과 핵심적인 지점을 파악해야 한다고 주장하는 것처럼 이해됩니다. 이러한 해석은 헤겔철학의 의도를 보다 적극적으로 해석한 것처럼 보이고요. 요컨대 이러한 해석은 당대의 근대사회에서 개인적 소망이나 의도에 따라 실현되지 않는 역사발전의 경향과 법칙성이 있다는 사실과 그에 대한 자각이 갖는 실천적 의의를 드러내고자 한 것은 아닐까 싶습니다.

그렇죠. 분명 그러한 맥락이 전제되어 있어요. 돌이켜보면 1980년대 헤겔 역사철학 연구자들은 '이성의 간지'를 운명의 필연적 힘에 대한 주체의 자각과 그에 기반을 둔 실천으로 해석해야 한다고 주장했던 것 같아요. 비슷하게 '이성의 간지' 개념을 역사 필연성에 대한 자각 속에서 자기의식을 회복하는 구체적인 자유의 맥락에서 해석하기도 한 거 같고요. 이와 같이 헤겔 역사철학의 실천성을 강조하는 해석경향은 단순히 '이성의 간지' 개념을 헤겔적으로 해석하기보다는, 간지 상태의 자각이라는 나름의 재해석을 통해 그것이 갖는 실천적 성격을 도출하고 있는 거죠. 물론 이것은 이 시기 헤겔연구에 있어서 마르크스주의의 영향도 존재했던 것을 부인할 수 없죠. 인간의 실천은 그것의 역할과 기능을 다할 때 새로운 역사를 창조할 수 있다는 믿음이 1980년대에 매우 강했어요. 다시 말해 역사란 헤겔이 말하는 것처럼 필연적 사태의 연속적 발생도 아니며, 마르크스식으로 역사발전의 주체로서 인간이 세계 속에서 펼쳐나가는 자각적인 사회적 실천의 결과라는 인식에 많은 이들이 공감했었죠.

듣고 보니 헤겔 역사철학에 대한 해석은 이중적으로 구성되는 것 같습니다. 전자는 역사철학의 논리적 계기를 강조하면서 이를 역사철학을 종말론적 기획으로 독해하는 것이고요. 이때 인간의 실천성 역시 자리 잡을 여지가 없죠. 반면 후자는 역사철학의 역사적 형태를 강조하면서 역사철학을 미래기획적 이론을 해석하는 방식 같습니다. 여기서 인간의 실천은 역사발전의 궁극적인 원동력으로 자리매김하고요. 물론 대체로 1980년대라는 한국 사회의 시대적 조건과 환경은 역사철학 해석에 있어서 후자의 경향성을 주도적으로 나타나 보이게 만들었던 것은 분명한 사실이라고 할 수 있을 거 같습니다. 그런데 궁금한 점은 헤겔 역사철학에 대한 논의가 그러했듯이 헤겔 법철학과 관련해서 이와 같은 이중적인 해석과 주도적인 경향성이 나타나지는 않았나 하는 점입니다.

국가란 무엇이고 무엇이 되어야 하는가?
국가론의 현재성에 대한 모색

1980년대 헤겔 《법철학》에 대한 주된 연구주제는 '국가'죠. 헤겔 정치철학과 관련해 이 국가라는 주제는 한국 사회에서 지속적으로 관심을 받아왔던 영역이었고요. 저보다 아마 박 선생이 더 잘 알고 있는 부분이겠죠. 그런데 1980년대는 조금 독특했어요. 1950~1960년대에도 헤겔철학의 국가라는 주제에 대해 관심을 가졌고, 여기서 헤겔 국가론 해석은 주로 자유의 완성으로서 국가의 절대화, 나아가 국가에 대한 의무감과 같은 국가주의적 성격을 지닌 것으로 전개되었어요. 하지만 1970~1980년대 헤겔 국가론 연구는 그 해석의 성격이 전혀 다른 방향으로 전개되기 시작했죠. 예를 들어 이전 시대의 철학자들이 오직 국가의 이념성 내지 절대성을 강조했다면, 1970~1980년대에는 시민사회에서 국가로 이행하는 헤겔철학의 필연적인 논리에 대한 연구와 함께 국가론에 대한 적극적인 재해석이 시도되기 시작해요. 여기에는 헤겔 국가론의 국가주의적 해석에 대한 반감과, 동시에 보다 중요하게는 현실 국가의 성격과 의미 파악이 시급히 요구되는 시대적 상황이 작용하고 있었어요. 그럼 우선 여기서 박 선생한테 헤겔 국가론의 개괄적인 설명을 부탁해도 될까요? 하하.

아주 오래전에 제가 선생님의 강의를 들었을 때처럼 질문을 던지시는 것 같습니다. 갑작스러운 질문이지만 제가 멋지게 답변해보겠습니다. 하하. 헤겔 국가론이 주목받게 된 이유는 국가라는 주제가 갖는 학문적 의미가 크기 때문이기도 하겠지만, 헤겔의 《법철학》에서 주장된 인륜성 체제의 최종적 귀결이 바로 국가기 때문이기도 한 거 같습니다. 내용적으로 보면 자유의 완성이 곧 국가라는 헤겔 국가론의 핵심테제는 끊임없는 논쟁이 벌어지던 주제였고요. 헤겔의 설명에 의하면 국가는 보편성과 특수성이 직접적 통일을 이루고 있던 '가족' 그리고 그러한 통일이 분열된 '시민사회'를 거쳐 즉자·대자적으로 자유로운 의지가 구체적 현실에서 실현된 최고의 '인륜성'의 영역에 속하는 범위라고 알고 있습니다. 이러한 맥락에서 헤겔은 국가를 보편성에 기초한 실체적 의지와 특수한 목적에 기초한 개인의 의지가 통일을 이루는 것으로, 예를 들어 개별적 인간의 행동이 보편적인 법칙이나 원칙에 따라서 규정되지만 이때 이 양자가 조화롭게 서로 통일되어 있는 상태로 설명하고 있는 것으로 기억합니다. 이걸 좀 더 헤겔식으로 옮겨 말하자면 개별자의 자유의지가 국가에서 완전하게 성취된다는 것이고요. 이때 헤겔이 말하는 구체적 자유는 첫째, 가족 및 시민사회에서 발생하는 인격적 개별성과 그들의 특수한 이익이 완전히 발현되어 그들의 특수 이익이 하나의 권리로서 인정되는 것, 둘째, 이와 같은 특수한 개별자의 이익이 스스로를 통하여 보편적인 이익으로 변하게 되는 것, 셋째, 개별자 스스로가 이러한 보편적인 것을 승인하며, 나아가 그것을 자신들의 궁극목적으로 삼는 것이라고 할 수 있습니다.

맞아요. 바로 거기서 어떤 특징이 전개되죠. 그러니까 헤겔이 주장한 것처럼 '특수와 보편의 통일'로 규정될 수 있는 헤겔 국가론에 대해 상반된 해석이 끊임없이 제기되는 거죠.《법철학》곳곳에서 표현들은 현실국가에 대한 절대화 또는 국가에 대한 의무감의 강조로 해석되었으며, 따라서 헤겔 국가론은 개인의 주체성과 자립성을 전체 속으로 매몰시켜버리는 반동적인 국가주의 철학으로서 해석되기도 해요. 반대로 주체의 자유의 원리를 최대한 보장하면서도 그것을 보편적인 것과 결합시키려는 의미에서 헤겔 국가론은 당시 자본주의 사회의 구체적인 모순과 문제를 극복할 수 있는 이론적 토대로서 해석되기도 하죠. 이러한 상반된 해석과 연관하여 1980년대 헤겔 국가론 연구는 크게 두 가지 성격으로 구분될 수 있을 거 같아요. 우선 헤겔 국가론의 관념론적 한계 및 보수적인 성격을 비판하는 연구들이 한쪽을 차지한다고 한다면, 헤겔 국가론의 보수적 성격을 거부하고 거기에 담긴 실천적 함의와 진보적 성격을 도출하는 연구가 다른 한쪽을 차지하고 있어요. 특히 후자가 1980년대의 주요한 흐름으로 안착하게 되면서 1970년대와 다른 헤겔 국가론 해석은 크게 세 가지 방향으로 전개되죠.

예, 말씀하신 세 가지 방향 중 하나는 분명하게 기억하고 있습니다. 헤겔 국가론에 있어서 충실한 내재적 해석에 기반을 두면서 헤겔 국가론이 내적으로는 절대적이자 관념론적이며, 외적으로는 현실긍정의 보수적인 이데올로기로서 활용된다는 비판을 거부하는 입장입니다. 이때 이러한 입장은 헤겔 국가론이 단순히 특정한 현실 국가를 의미하는 것이 아님을 분명히 하고요. 대신 오히려 헤겔이 말하는 국가는 특수한 국가나 특수한 제도를 염두에 두어서는 안 되고 오직 국가의 이념에 따른 고찰이어야 한다고 주장하는 것으로 이해하고 있습니다. 여기서 핵심은 국가란 무엇이고 무엇이 되어야 하는가 하는 질문에 대한 답을 찾아야 한다는 것이죠. 예를 들어 앞의 입장은 헤겔의 국가개념이 사유된 국가개념에서 출발한 것이지만 그렇다고 해서 국가를 전적으로 사유 속에서만 다룬 것은 아니라고 주장해요. 헤겔 국가론에는 소유권, 복지행정과 직업단체, 의회제도, 입법권과 사법권 등과 같은 현실국가를 구성하는 다양한 구체적인 요소들이 담겨져 있다는 거죠. 따라서 이들의 연구는 헤겔 국가론이 전적으로 추상적이고 절대주의적 성격을 지닌 이론이 아니라, 현실성에 기반을 둔 이론이며 현실적인 의의를 갖는 실천적 이론임을 주장하는 것으로 나가고 있습니다.

그렇죠. 바로 이 첫 번째 입장에서 논리적으로 두 번째 경향이 드러나요. 단적으로 1980년대 헤겔 국가론 연구는 헤겔 국가론의 긍정적 의미와 진보적 성격에 주목하는 경향이 다수를 차지하죠. 여기에는 한편으로 헤겔 국가론의 핵심을 '특수성과 보편성의 통일'로 규정하는 내용이 포함되는 것이 특징이에요. 예를 들어 헤겔이 말하는 국가에 대해 '특수성과 보편성의 통일'로서 자유의 구체화를 의미한다는 거죠. 이때 자유의 구체화는 이중적인 측면에서 구성돼요. 헤겔 국가론은 개인의 권리와 복지를 가능한 한 보증하고 촉진시키고 개인들의 특수적인 권리를 보편적인 권리로 환원시키되, 결코 특수적인 권리가 보편적인 권리 속에 절멸되는 것이 아

니라는 원칙 아래 진행된다는 것이죠. 나아가 이때 헤겔철학을 진
보나 보수로 규정하는 것은 시대착오적인 접근이며 헤겔 국가론
의 진정한 의미는 적극적인 자유를 최우선적인 국가 원리로 삼아
야 함을 역설하고요. 결국 이 입장은 헤겔 국가론이 개인의 자유
를 억압하는 체제가 아니라 구체적인 자유를 가능하게 하는 기반
으로서 해석되어야 함을 주장한다고 할 수 있어요.

> 헤겔 법철학 관련 연구에서 굉장히 인상적이었던 게 '시민사회' 주제
> 였습니다. 특히나 개인적으로는 헤겔 국가론이 시민사회의 모순과 한
> 계를 극복하는 새로운 국가 제도의 모습을 제공할 수 있다는 점, 다시
> 말해 무엇보다 헤겔 국가론에 등장하는 빈부(貧富)라는 '시민사회의
> 한계극복'이 인상적이었습니다. 헤겔 국가론의 핵심에는 당시 빈부의
> 극심한 격차와 같이 시민사회의 양극화 현상에 대한 문제의식이 놓여
> 있다는 주장이 "국가를 절대화한다"는 헤겔철학 비판과 대응하면서
> 특정한 논쟁으로 넘어가는 거 같아서 기억에 많이 남아 있습니다. 이
> 때 헤겔이 빈부의 사회관계를 개인적 차원이 아니라 사회계급의 이해
> 관계로 규정한다는 점도 기억에 많이 남아 있고요.

맞아요. 바로 그 지점이 마지막 세 번째 흐름을 구성하고 있었던
핵심적인 것으로 알고 있어요. 돌이켜보면 1980년대 헤겔 국가론
의 긍정적 의미와 진보적 성격에 주목하는 연구는 다른 한편으로
무엇보다 시민사회와 국가의 관계규정에 주목했던 것 같아요. 헤
겔 국가론의 핵심이 국가의 개념으로서 자유, 그리고 그것의 현실

적인 실현을 말한다는 점이었잖아요. 여기서 국가는 가족과 시민사회의 부분적 자유를 자신의 내적 계기로 포섭하여 구체적이고 현실적인 자유의 완성을 가능하게 하죠. 헤겔의 논리에서만 보자면 말이에요. 그런데 헤겔 국가론에서 특히 가장 많은 관심을 받는 부분은 시민사회에서 국가로의 이행에 대한 헤겔의 설명이었어요. 물론 이는 당시 한국 사회에서도 국가와 선명하게 대비되는 시민사회가 구체화되고 있었던 시대적 흐름과도 연결되죠. 헤겔에 의하면 시민사회 내에서 개인들은 추상적 권리를 확인하는 법률체계 아래서 자신들의 개별적인 목적에 기인한 욕망을 추구해요. 그러나 시민사회는 그 자신의 내부에서 증대하는 인구와 산업으로 인해 초래될 빈곤의 과잉과 천민의 출현으로 인해 자신의 자유를 완성할 수 없는 한계에 놓이죠. 결국 헤겔에 의하면 시민사회의 모순과 한계는 국가를 통해 해소되고요. 이러한 시민사회의 모순 해결에 국가의 의미가 있다는 점에 1980년대 헤겔 국가론 해석의 관심이 집중되었죠.

| 철학의 의미와 역할, 그리고 서양철학의 자기화

자본주의 발전의 부정적 측면인 빈곤의 문제에 대한 극복방안으로서 국가의 필요성을 강조하게 된다는 헤겔의 문제의식에는 크게 공감이 가지만, 과연 현실의 국가가 그런 의지와 내용을 담고 있는지는 의심이 듭니다. 물론 이러한 흐름들이 전적으로 헤겔 국가론 내지 국가 자

체의 정당함을 주장하지 않으며, 근대국가가 초래한 문제들 역시 지
적하면서 헤겔 국가론을 자본주의의 계급적 분화와 모순의 맥락에서
재구성하는 것이라고 해도 현실적인 맥락과 상응하는지에 대해서는
쉽게 수긍하기가 힘들기도 합니다.

박 선생의 지적에 동의합니다. 다만 현실적인 국가에 대한 개념적
인 인식 속에서 국가의 근본적 원리가 자유라는 점을 부각시키는,
헤겔철학에 대한 1980년대 한국 사회의 재해석에 좀 더 비중을 두
면 어떨까 싶습니다. 인간의 자유실현이 가능한 구체적인 기반으
로서 국가에 대한 1980년대의 문제의식은 헤겔 국가론의 한계를
지적하면서도 그 긍정적 성격을 도출하고자 하는 재해석으로 나
아갔던 것처럼 말이죠.

예, 지금까지 말씀해주신 것처럼 한국에서 헤겔철학은 일제 강점기
이래 약 100여 년이 지난 현재까지 많은 연구자들을 통해 지속적으
로 연구되고 있는 영역입니다. 서양철학 수용사에서 헤겔철학처럼 꾸
준히 학문적 관심의 대상이 되었던 철학은 드문 것 같고요. 이런 점에
서 볼 때 헤겔철학이 한국 사회에서 차지하는 학문적 기능과 역할은
남다르다고 할 수 있을 거 같아요. 선생님께서 앞에서 말씀해주신 것
도 바로 그에 해당하는 실질적인 증언이었습니다. 결론적으로 헤겔철
학의 의의와 현재성은 헤겔철학의 어떤 특성이 한국의 헤겔연구자들
을 사로잡았는지를 살피면서 접근할 수 있었던 것 같습니다.

박 선생이 정확하게 정리했듯이 헤겔철학의 현재성에 대한 모색은 오늘날에도 끊임없이 지속되고 있어요. 지금 우리가 서로 얘기했던 것처럼 헤겔철학의 한국적 수용의 역사는 헤겔철학의 현재적 의의를 되살리기 위한 철학적 노력들의 무수한 사례들을 보여준다고 할 수 있고요. 이때 무엇보다 헤겔의 철학이 곧 현실과 동떨어진 절대적이고 사변적인 철학체계라는 비판을 극복하기 위해서는, 헤겔철학의 한국적 수용의 역사에서 드러난 바와 같이 헤겔철학의 실천성을 특히 주목할 필요가 있다고 생각합니다. 앞으로도요. 한반도의 헤겔철학 수용사, 그러니까 서양철학의 자기화 과정은 우선 헤겔철학만 놓고 볼 때 역사성과 실천성을 강조하는 데 있었던 것 같아요. 앞으로 중요한 것은 헤겔철학의 현재성이 바로 이러한 역사성과 실천성을 오늘의 현실에 맞게 그 의미를 재사유하는 데서 찾아야 한다는 점일 것 같아요. 철학적 사유의 의의와 현재성을 실현하는 것이야말로 철학을 공부하는 우리들이 언제나 고심해야 할 철학함의 목적이 아닐까 싶어요. 앞으로도 우리 같이 계속 고민해보죠.

2장

역사적 트라우마와
한국인의 정신분석

대화자 김종곤

▌ 코리언의 수난사와 '역사적 트라우마'의 개념 재구성

선생님께서는 평소에 늘 주제와 문제의식이 있는 철학을 하라고 주문
하셨습니다. 한국에서 철학연구는 소크라테스가 뭐라 말했다 혹은 헤
겔이 어떻게 말했다는 것처럼 누군가의 이론을 옮기고 해석하는 방식
으로 이루어지는 경우가 많기 때문입니다. 이데올로기와 정신분석에
관심을 가지고 공부를 하던 저에게 '역사적 트라우마'라는 주제를 제
안하셨던 것도 그런 이유라고 생각합니다. 역사적 트라우마라는 개념
은 한반도의 역사가 지닌 상처, 그로 인해 오늘날 한국 사람들이 보이
는 적대적 감정을 분석하고 나아가 평화로운 미래를 위한 치유방안을
고민하는 데에 적실한 개념이었기 때문이죠. 그래서 오늘은 '역사적
트라우마'를 주제로 선생님과 이야기를 나누고자 합니다.

철학은 단순히 앎의 학문이 아니라 사유의 학문입니다. 세계의 의미를 해석하고 미래를 예측하는 학문이죠. 그렇기에 그 어떤 학문보다 우리가 살아가는 시대와 동떨어질 수 없을 겁니다. 김 선생이 말한 것처럼 식민지와 분단을 경험하였고 또 그러한 상처로 인해 반목과 갈등을 반복하고 있는 한반도에서 역사적 트라우마는 중요한 개념이 아닐 수 없습니다.

　네, 그래서 보자면 코리언(Korean)의 근현대사는 식민지 지배부터 분단 그리고 6.25전쟁에 이르기까지 그야말로 수난의 역사이자 상처의 역사라고 할 수 있습니다. 하지만 제가 보기에 그 역사는 지금까지도 현재 진행형으로 지속되고 있는 것처럼 보입니다. 일제 식민지로부터 해방되고 남북이 분단된 지 80여 년의 세월이 흘렀음에도 여전히 종군 위안부, 독도 영유권 등을 둘러싼 분쟁이 끊이지 않고 있으며, 남북 간에는 정치·외교·군사적 충돌이 빈번하게 벌어지고 있습니다. 문제는 이러한 분쟁과 충돌이 발생할 때마다 사람들이 보이는 반응이 합리적으로 설명되기 어렵다는 점입니다. 2010년 천안함 침몰 사건을 하나의 예로 들 수 있을 것 같습니다. 당시 사건 진상조사가 시작하기도 전에 천안함 침몰은 이미 '북의 소행'으로 단정되었습니다. 거기에는 어떤 진실을 밝히려는 합리적인 판단도, 소통도 없었습니다. 더구나 사람들은 천안함 침몰을 북의 공격으로 규정하면서 곧바로 6.25전쟁을 떠올리고 당장 전쟁이라도 날 것처럼 불안해했습니다. 그런데 이보다 더 기이한 것은 전쟁이 날까 불안해하면서도 전쟁 불사론(戰爭不辭論)을 주장하는 사람들이 있다는 것입니다. 그중 어떤 사람들은 전쟁을 겪어봐서 그것이 얼마나 처참한지 안다면서도 전쟁을 해서라도 북을 없애야 한다는 모순된 주장을 펼치기도 합니다. 참으로 기이한 반응이 아닐 수 없습니다.

맞아요. 기이하다는 말 외에 다르게 표현할 방법이 없을 만큼 설명하기 힘든 현상이 아닐 수 없어요. 그런데 중요한 점은 그러한 기이함이 단지 위로부터 강제된 것으로만 볼 수 없다는 겁니다. 앞서 김 선생이 예를 들었던 기이한 반응들은 신체가 어떠한 작용에 대해 반작용하듯이 마치 기계적인 반응체계를 가지고 있는 것처럼 보이기 때문이죠. 저는 그것이 참으로 의아해요. 국가가 강제하지 않더라도 북과 관련된 이슈가 발생하면 평소에는 합리적으로 행동하는 사람들조차 비합리적으로 보일 만큼 폭발적으로 적대적 감정을 드러내죠. 그렇기에 그것은 의식적이고 합리적인 차원에서는 설명이 잘 안 됩니다. 그것은 마치 '외상 후 스트레스 장애'(post traumatic stress disorder, PTSD)를 앓고 있는 사람들처럼 자신의 의식적 통제를 벗어나 기계적이고 발작적이며 충동적으로 표현되기 때문입니다. 그렇기에 이 문제를 해명하려면 우리는 적어도 의식-합리성의 차원이 아니라 비의식-비합리적 차원에서 접근할 필요가 있어 보입니다.

방금 선생님께서는 분단과 관련하여 사람들이 증오와 원한의 감정을 여과 없이 표출하는 것이 PTSD의 증상과 닮아 있다고 말씀하셨습니다. 평상시에는 매우 합리적인 사람들이라 하더라도 남북 간에 군사적 충돌이 발생했을 때면 6.25전쟁을 떠올리고 불안해하거나, 북에 대해 비합리적인 적대적 감정을 드러낸다는 점에서 그렇게 말씀하신 것 같습니다. 그래서 이에 대한 논의는 인식론적인 접근보다는 예를 들어 정신분석학적 관점에서 고민해야 한다는 것으로 이해됩니다.

네, 맞습니다. 하지만 이 문제에 대해 곧바로 정신분석학적 개념을 적용하는 데에는 학문적이고 이론적인 난점이 있지요. 특히 PTSD 개념은 일반적으로 개인에 국한하여 정신질환을 다루는 정신의학적 개념이지, 민족·국가와 같은 집단의 정신이나 심리에는 적용되지 않기 때문입니다. 따라서 일반외상이론에서 언급하는 트라우마 특징들로만 문제에 접근하는 것은 엄밀히 말해 학문적인 체계를 갖춘 것이라 할 수 없습니다. 더구나 결정적인 문제는 PTSD처럼 보이는 이러한 증상이 분단과 전쟁과 같은 '역사적 사건'을 원인으로 한다는 점에 있습니다. 그렇기에 그러한 트라우마를 자아의 문제로 돌릴 수 없는 역사적 트라우마라고 하는 거죠.

'역사적 트라우마'는 주로 문학작품을 분석하는 데 자주 사용한 개념으로 알고 있습니다. 이때 이 개념은 역사적 사건이 원인이 되어 등장인물이 PTSD와 같은 정신질환을 앓게 만들었다는 정도를 사용됩니다. 단지 수사적 표현으로만 사용되어왔던 거죠. 그렇기에 학적 체계를 엄밀하게 갖췄다고 할 수 없을 것 같습니다.

그러면 역사적 트라우마가 학적 체계를 갖춘 개념이 되려면 어떤 점을 고려해야 할까요? 예전에 김 선생이 박사논문을 쓸 때도 이 문제를 가지고 한참이나 고민했던 기억이 납니다. 그때의 기억을 되살려서 말해보면, 우선 역사적 트라우마가 보이는 특징 세 가지를 먼저 짚어봐야 합니다. 첫째는 PTSD를 앓고 있는 사람들은 사건을 직접 경험하거나 아니면 가까운 거리에서 체험한 반면 역사적 트라우마는 과거에 있었던 역사적 사건을 직접 경험하지 않은 사람들에게서도 발견된다는 점입니다. 두 번째는 역사적 트라우마는 세대를 넘어 후세대까지 세대를 걸쳐 전승된다는 점입니다. 그리고 마지막으로 세 번째는 역사적 트라우마를 지닌 사람들은 개인이 아니라 집단이며, 한 사회의 이해 불가능한 병리적 현상으로 극단화되어 나타난다는 점입니다. 그렇기에 역사적 트라우마 개념을 학문적으로 정초 짓기 위해서는 일반외상이론에서 사용하는 트라우마 개념을 집단적이고 역사적인 트라우마 개념으로 재구성할 필요가 있습니다.

▌도미니크 라카프라의 '역사적 트라우마'와 전승의 문제

아시겠지만 이미 국내에서는 도미니크 라카프라(Dominick LaCapra)의 '역사적 트라우마' 개념이 소개된 바가 있습니다. 포스트모더니즘 역사학자로 분류되는 라카프라는 우선 트라우마를 '원초적 트라우마'와 '후천적 트라우마'로 나누는데, 전자는 모든 존재가 필연적인 경험을 하는 것으로 설명합니다. 세상에 태어날 때부터 어머니와의 분리를 경험하는 것처럼 모든 존재는 초역사적 차원의 트라우마를 지닌다는 것이죠. 반면에 후자는 역사적 사건으로부터 기인하는 트라우마를 말합니다. 독특한 점은 라카프라가 트라우마의 유형을 대상의 '부재'와 '상실'에 따라 구분한다는 것입니다. 라카프라는 원초적 트라우마를 대상의 부재로부터 발생한 초역사적 트라우마로, 후천적 트라우마를 대상의 상실로 인해 발생하는 역사적 트라우마로 분류하고 있습니다. 또 역사적 트라우마를 이차적 트라우마로 규정하면서 그 대상을 경험자에게 한정하지 않고 비경험자인 '후세대 사람들'에게까지 확대하여 정의합니다. 종합하자면 그가 말하는 역사적 트라우마는 역사적 사건으로 인해 무엇인가를 상실하면서 발생한 트라우마가 그 시기의 당사자에 국한되지 않고 후세의 사람들에게까지 전승되는 것입니다. 이러한 점에서 라카프라는 수사적 차원을 넘어 이미 '역사적 트라우마'를 학문적으로 정립하고 있다고 할 수 있습니다. 그렇다면 선생님께서 생각하시는 역사적 트라우마 개념은 라카프라의 개념과 어떤 차이점이 있습니까?

제가 보기에 라카프라의 역사적 트라우마 개념은 후세대에 전승되는 이차적 트라우마를 의미한다는 점에서 분명 수사적이라고는 할 수 없습니다. 하지만 문제는 충격적인 사건을 경험하지도 않은 후세대가 역사적 사건과 관련하여 트라우마를 가지게 되는 이유에 있습니다. 라카프라는 역사적인 사건을 직접 경험한 앞선 세대의 트라우마가 후세대로 전이되는 것으로 역사적 트라우마를 설명합니다. 쉽게 말해 다음 세대에 트라우마가 전염 혹은 전승된다는 것이죠. 이때 라카프라는 전이를 타자와의 관계에서 활동적인 어떤 경향 혹은 타자에 투사된 경향을 자신의 담론이나 행위 안에서 반복하는 것이라는 의미로 사용합니다. 라카프라는 이러한 전이 개념에 기대어 후세의 사람들이 비경험자인데도 불구하고 경험자인 이전 세대와 같은 트라우마를 가질 수 있다고 설명합니다. 더 정확하게 말해, 투사적·합일적인 동일시를 통해 트라우마가 '전염'되기 때문이라는 것인데, 트라우마를 경험한 사람과 같은 사회에서 살아가는 사람은 윤리적 차원에서 그에 대해 연민을 느끼지 않을 수 없게 되면서 경험자와 동일하게 트라우마를 경험한다는 것이죠.

그런데 트라우마가 후세대에 '전염'되면서 전승된다고 하면, 제가 보기에 다소 모호한 지점이 있는 것 같습니다. 왜냐하면 일반적인 트라우마의 경우에도 전염은 일어나기 때문입니다. 외상 경험자의 가족이나 친구, 가까운 주변 사람들도 마치 전염된 것처럼 트라우마 증상을 보이기도 한다는 것이지요. 그렇다면 단지 전염을 역사적 트라우마의 전이 요인으로 드는 것은 동시대에 살고 상호 접촉이 가능한 사람들 사이에 국한되고, 사건이 발생한 지 한참 이후를 살아가는 후세대가 트라우마를 가지게 되는 이유를 설명할 수 없다는 한계가 있어 보입니다. 물론 라카프라는 미디어, 스펙터클과 같은 매체가 전염의 매개가 된다고는 말합니다. 하지만 그렇다고 하더라도 예컨대 모든 사람이 같은 영화를 봤다고 해도 동일한 반응을 보이지 않는다는 점에서 집단적인 증상을 보이는 역사적 트라우마를 설명하기에는 역부족인 것 같습니다.

정확한 지적입니다. 물론 '역사적 트라우마'를 직접적 경험자에 국한하지 않고 후세대에 전승되는 것으로 개념화하려는 시도는 의미 있는 작업이라고 평가할 수 있습니다. 하지만 라카프라는 전염의 '조건'을 명확하게 설명하지 않습니다. 가령 감기가 전염되는 과정을 예로 들어봅시다. 감기에 걸린 사람 옆에 있다고 모두가 전염되지는 않죠. 감기가 옮기 위해서는 면역력이 약한 상태라는 조건이 필요합니다. 마찬가지로 몇 세대를 거쳐 역사적 트라우마가 전승된다고 한다면 거기에는 어떤 조건이 있는 것이죠. 그렇기에 변별력을 지닌 개념으로서 역사적 트라우마를 정립하려면 바로 그 어떤 조건을 설명할 필요가 있습니다.

선생님의 말씀을 정확하게 이해하기 위해 정리를 좀 하고 넘어가겠습니다. 역사적 트라우마는 사건이 발생한 지 오랜 시간이 흘렀음에도 불구하고 후세대가 마치 직접적 경험자인 것처럼 외상성 증상을 보인다는 점에서 일반적인 트라우마와 다릅니다. 이 말은 외상적 기억을 망각하기를 거부하거나 망각하는 것을 가로막는 그 어떤 요인이 있다는 의미입니다. 그 어떤 요인이라는 것은 정치적인 것일 수도, 사회적이고 문화적인 어떤 조건이라 해도 될 것 같습니다.

뒤에서 다시 구체적으로 말하겠지만, 역사적 트라우마가 후세대에게까지 지속되고 증상으로 반복된다는 것은 특정한 역사적·환경적 조건에서 형성하고 있던 집단 리비도의 흐름이 가로막혔고, 사회심리적 차원에서 트라우마를 지속시키는 역사적이고 사회적인 구조가 있다는 말이 됩니다. 라카프라가 놓치고는 있는 점은 바로 이것이죠. 무엇보다 이는 라카프라가 프로이트의 트라우마 개념을 그대로 가져와 역사적 트라우마에 적용하려고 하였기 때문에 발생한 문제로 보입니다. 사회심리적 차원에서 문제에 접근하지 못하고 개인적인 트라우마와 유사하게 역사적 트라우마를 이해하려 했기 때문이라는 것이죠. 하지만 집단은 개인으로 환원될 수 없는 '집단 무의식'을 지니고 있으며, 또 집단이 살고 있는 사회적 구조 자체가 무의식적 차원에서 트라우마적이라고 한다면 논의는 달라집니다. 따라서 역사적 트라우마를 일반적이고 개인적인 트라우마와 구분하면서 그것의 전승 메커니즘을 밝히고자 한다면 우선 집단적 차원에서 역사적 트라우마를 고민할 필요가 있습니다.

집단 트라우마로서의 역사적 트라우마

집단 트라우마로서 역사적 트라우마를 사회심리학적 차원에서 다룬다는 것은 무엇보다 집단 무의식이 성립한다는 것을 전제해야 한다는 말일 겁니다. 왜냐하면 집단 트라우마 역시 일반적인 트라우마와 마찬가지로 리비도의 흐름이 중단되면서 경험하는 것이고, 집단 리비도를 조직하거나 혹은 그것이 철회되어 억압되는 심층의 무의식이 존재한다는 것이기 때문입니다. 그런데 여기서 문제는 개개인의 리비도가 응집된 '집단 리비도'라는 것이 과연 있느냐는 것입니다. 개인적인 트라우마가 리비도의 흐름이 가로막히는 사건으로서 발생하는 것이라면 집단적인 트라우마는 집단 리비도가 원활하게 흐르지 않음으로써 발생하는 것이라 설명해야 하기 때문입니다.

여기서 우리는 에리히 프롬(Erich Fromm)의 이론을 검토할 필요가 있습니다. "사회적 성격이 있는 곳에 항상 사회적 무의식이 존재한다"는 에리히 프롬의 테제를 떠올려봅시다. 이 말에서 사회적 성격은 같은 문화에 속하는 대부분의 사람들이 유사하게 공유하는 것을 의미합니다. 개인들이 각자의 개인적인 성격을 지닌 것처럼 말이죠. 하지만 사회적 성격은 일반적으로 같은 문화에 있더라도 사람들 간에 차이를 보이는 개인적 성격과는 구분되는 것입니다. 사회적 성격은 그 사회가 추구하는 목표나 이상에 따라 형성되는 것입니다. 바로 이러한 사회적 성격 때문에 하나의 사회 내에서 살아가는 사람들은 동일한 방향으로 에너지를 모으기도 하고 같은 이념과 이상을 수용하기도 하는 것이죠. 예를 들어 1960~1970년대 가난했던 한국 사람들은 "우리도 한번 잘 살아보세!"라는 구호를 절실하게 외쳤고, 거의 모든 국가 구성원들이 경제를 성장시키는 데에 집중했습니다. 이처럼 프롬이 말하는 사회적 성격이란 '사회적 목적'에 부합하도록 구성원들의 에너지를 틀에 끼워가는 구조라고 이해하면 될 겁니다. 프롬은 프로이트와 다르게 리비도를 성적 충동 에너지로 국한시키지 않고 사회화의 결과로 봅니다. 다시 말해, 특정 사회는 개인을 초월하여 자율적인 코나투스를 지니고 있으며, 이를 위해 사회 구성원들의 리비도를 특정한 방향으로 조직한다는 것이죠. 결국 프롬은 '사회적 성격' 개념을 통해 집단 심리를 구조적으로 이해하려 했고 또 집단 리비도를 밝히고 있는 것이죠.

> 그런데 프롬은 사회적 성격이 형성되는 토대를 생산양식에서 찾기 때문에 그의 이론에서 역사적 트라우마의 중요한 요소인 '역사성'을 찾을 수 없다는 문제가 있지 않을까요? 그것이 맞다면 어떤 특정 집단의 사회적 심리가 단지 '어떻게 무엇을 생산하는지'에 의해서만 규정되지 않는다는 점에서 그의 '사회적 성격'은 일면적일 수밖에 없습니다. 프로이트가 비록 계통발생적 역사관을 가지고 있다고 하더라도 그에게서 발견할 수 있었던 것은 집단이 역사적 과정에서 문명의 발전과 함께 사라지지 않는 충동과 대립한다는 점이었습니다. 그러나 프롬은 역사적 과정에서 비자연적으로 발생하는 이드와 자아 간의 리비도적 갈등을 삭제해버리고, 신경증의 문제를 자아가 가지고 있는 존재의 근원적인 욕구 사이의 갈등에서 찾는다는 문제가 있어 보입니다.

김 선생이 말한 것처럼 슬라보예 지젝도 같은 맥락에서 프롬을 비판한 바가 있죠. 지젝은 사람들의 충동이, 리비도가 사회적 조건에서 조직된다는 것을 프롬이 간과해버린다는 점에서 그를 개량주의로 규정합니다. 사회규범에 따라 구조화된 자아와 그 자아에 대립하는 무의식적 욕동 사이의 근본적이고 해소될 수 없는 긴장을 무화하려 한다고 비판합니다. 프로이트가 봤던 '억압된 충동'은 객관적으로 존재하는 대상적이고 일차적 자연이 아닙니다. 그것은 마르크스가 '인간의 자연화, 자연의 인간화'라는 정식을 통해 파악하고 있듯이 역사적 과정에서 형성된 이차적이고 외생적(外生的) 자연입니다. 다시 말해 이미 자연은 순수한 대상이 될 수 없으며, 그것이 인간과 관계를 맺는 한 오염된 자연이라는 거죠. 마찬가지로 인간 역시 자연과의 관계 속에서 단지 현실적이고 개별적이며 육체적인 인간으로 남는 것이 아니라 감성적 활동을 하는 인간이 됩니다. 그렇기에 마르크스는 정신을 애시당초 물질에 '묶인' 것으로 파악합니다. 지젝이 말하듯이 정신적 '자연'은 '자연화된' 형태를 띠는 역사과정의 결과입니다. 하지만 프롬은 인간이 존재론적으로 본질적인 욕구를 지니고 있는 것으로 파악하고, 그것과 문화와의 대립을 문제 삼고 있습니다. 이는 프롬이 마르크스와 프로이트를 결합시키려는 시도에 있어 실패하였으며, 동시에 사회적 존재로서가 아니라 고립되고 자연적인 개인의 심리학으로 돌아가버린다는 것을 의미합니다.

역사적 트라우마는 무엇보다 외상적 사건으로서 집단이 경험한 역사적 사건을 전제할 수밖에 없다는 점에서 프롬과 같이 존재론적 개인에 바탕을 둔 심리학을 적용하는 데에는 한계가 있다는 말씀으로 이해됩니다. 그런데 더 나아가 제가 보기에 앞서 잠시 이야기했는데, 프롬이 사회적 성격의 형성 토대를 생산양식으로 환원하는 것 또한 그의 이론을 적용하는 데에 한계로 보입니다. 왜냐하면 이 경우 생산양식 외적인 요소로서 역사적인 '집단과 집단' 간의 갈등과 충돌이 사회적 성격 형성에 미친 영향을 보지 못하기 때문입니다. 어떠한 사회 집단도 고립적이고 독립적인 삶을 살 수는 없습니다. 그렇기에 집단의 성격 역시 이러한 관계의 영향을 피해갈 수 없습니다. 특히 타 집단과 대립하는 가운데 약자의 위치에 있었을수록, 예를 들어 인종차별이나 식민지를 경험한 집단이 경험한 비극의 역사는 그 이후 집단의 사회적 성격이 형성되는 데에 영향을 미칠 수밖에 없습니다. 따라서 프롬의 이론에서 집단 리비도나 사회적 성격, 사회적 무의식 개념을 곧바로 이끌어낼 수 없을 것 같습니다.

그래서 프롬의 '사회적 성격' 개념들을 보완하면서 우리의 논의에 적용할 필요가 있습니다. 두 가지가 보완되어야 할 것 같아요. 첫 번째는 사회적 성격이 생산양식을 통해서만이 아니라 집단이 역사적인 경험을 하는 과정에서도 형성된다는 점입니다. 두 번째는 어떤 공동체 집단은 타 집단과 충돌하면서 좌절된 집단 리비도를 지니고 있을 수 있으며, 그로 인해 그 사회가 형성하고 있는 이념 혹은 이상과 갈등적 긴장 관계에 놓일 수 있다는 점입니다. 이러한 문제들을 고려하는 한에서 "사회적 성격이 있는 곳에는 항상 사회적 무의식이 존재한다"는 프롬의 테제는 다시 해석될 필요가 있습니다.

　프롬은 사회적 무의식을 사회 구성원 대부분의 무의식 속에서 똑같이 억압하고 있는 부분이며, 이때 공통적으로 억압되는 것은 어떤 모순을 지닌 사회가 성공적으로 운영되기 위해서 의식되어서는 안 될 내용이라고만 해석합니다. 그리고 '의식되어서는 안 될 내용'은 생산양식을 존속시키는 데에 장애가 되는 개인의 본원적인 자유, 사랑, 소외의 인식을 들죠. 하지만 이는 원초적 자연주의를 벗어나지 못한 것입니다. 집단 심리를 역사적이고 구조적인 총체성에 의해 형성된 사회적 성격과 집단 간의 역사적 관계성이라는 관점에서 보게 되면, 이데올로기가 언제나 억압적이고 지배적인 은폐의 언어로만 해석될 필요는 없습니다. 물론 이데올로기가 비합리성의 공백을 메우고 누군가를 타자화시키는 측면이 있다는 점을 부정하려는 것은 아닙니다. 그러나 집단에게 있어 이데올로기가 늘 그러한 부정성만을 가지는 것은 아니라는 점입니다. 이데올로기는 특정한 시대에 필요에 따라 집단의 통합력과 결속력을 강화시키거나 미래기획적 힘을 제공하기도 합니다. 그렇기에 문제는 그것이 이데올로기이냐 아니냐가 아니라 그것의 '성격'이 무엇이냐 하는 점입니다.

선생님 말씀대로라면 외상적 사건으로 인해 무의식적으로 억압되거나 좌절된 것에는 한 사회집단이 희망하고 욕망한 것까지 포함될 수 있다는 것이네요. '사회적 무의식'을 개인의 무의식과 다르게 생물학적이거나 본질적으로 주어져 있는 리비도에 근거하는 것이 아니라 집단적 삶의 역사적 과정에서 발전한 '집단적 리비도'의 좌절과 억압에서 찾을 수 있다는 것이죠?

네, 맞아요. 하지만 그것이 끝이 아닙니다. 사회적 무의식이 역사성을 전제로 한다는 점에서 한 가지를 더 고려해야 합니다. 그것은 사회적 성격과 집단 리비도 간의 관계성의 문제입니다. 다시 말해 사회적 성격이 한 사회의 체계를 형성하는 과정에서 사회적 무의식을 바탕으로 형성되는 것이라고 한다면 이때 억압을 위해 철회되어야 하는 것은 집단 리비도입니다. 하지만 역으로 집단 리비도의 발전은 생래적(生來的)인 것이 아니라 사회적 구조 안에서의 삶의 형태에 따라 결정되는 것이라고 한다면 그것은 사회적 성격에 의한 것이라 할 수 있습니다. 그러나 연속된 집단의 역사에서는 이 두 과정이 서로 맞물려 있습니다. 다시 말해 사회적 성격과 집단 리비도 그리고 사회적 무의식은 한 집단의 내적, 외적 요인에 의한 변화 운동을 계기로 작동하고 있는 집단정신을 동태적으로 보여주는 것이라는 거죠.

그러니까 사회적 성격이라는 것은 집단이 살아가면서 그 사회의 목표에 맞춰 형성되는 것이기도 하지만 또 어떤 사건으로 인해 좌절되면서 변화된 사회적 성격을 지닐 수 있다는 말씀이죠? 이 점은 개인의 성격과도 비슷한 것 같아요. 개인도 큰일을 겪고 나면 그전과 다른 성격을 형성하기도 하잖아요.

그렇죠. 사회적 성격 또한 마찬가지인 거죠. 이러한 점들을 고려해서 이제 우리는 사회심리학적 개념인 사회적 성격과 사회적 무의식을 통해 집단 트라우마의 개념을 개인적인 트라우마와 구분하여 정리할 수 있습니다. 집단 트라우마는 개인들의 개별적인 욕망이 억압되면서 형성된 것이 아니라 사회적 성격에 따라 형성되어 있던 집단 리비도가 철회되는 것이라는 겁니다. 게다가 집단 전체의 리비도가 좌절된다는 것은 그 개인과 개인 혹은 집단과 개인의 문제가 아니라 집단과 집단의 문제로 봐야 합니다. 예를 들어 일본이 야스쿠니 신사 참배, 일본군 위안부 망언, 독도 영유권 주장 등과 같은 문제가 불거질 때마다 한국인들은 일제 식민지배에 대한 기억을 떠올리면서 집단적인 분노를 표출합니다. 이때 한국인들은 식민 트라우마를 드러내 보인다고 할 수 있는데, 그 역시 일본이라는 외세 집단과 코리언 집단 간의 관계에서 발생한 트라우마인 거죠.

말씀대로라면 역사적 트라우마는 역사적으로 집단과 집단 사이에 발생하면서, 어느 한 집단의 리비도가 좌절되는 집단 트라우마라고 할 수 있겠네요. 그러나 역사적 트라우마가 집단 트라우마라고 할지라도 아직 남은 문제는 어떻게 집단 트라우마가 후세대에 전승되는가 하는 것입니다. 다시 말해, 집단 트라우마가 집단 리비도의 좌절로 인해 발생한 것이라고 할지라도 '지금, 여기'에 한정되지 않고 집단 기억과 같이 집단 심리로서 전승되는 과정을 설명할 필요가 있다는 것입니다.

역사적 트라우마의 전승 구조

그 문제에 대해서는 피에르 부르디외의 장(champ)과 아비투스(habitus) 개념을 참조하면서 논의를 하면 될 것 같아요. 부르디외의 장과 아비투스의 개념을 통해 도출되는 '사회화된 신체, 신체화된 사회'라는 테제는 공시적이고 통시적인 사회적 집단의 역사적 운동 메커니즘을 보여주는 것이라고 할 수 있습니다. 부르디외에 따르면 장들은 일뤼지오(illusio)를 공유하는 사람들이 참여하는 사회적 공간입니다. 라틴어 illusio는 '믿음' 혹은 '환상'으로 번역되기도 하는데, 이는 해당 장의 구성원들이 그 장이 지닌 게임 규칙을 받아들이고 그에 따라 놀이를 진행하고 있다는 의미입니다. 그렇지만 이것은 인테레세(interesse)와는 구분되는 것입니다. 인테레세는 장에서 어떤 것이 가치가 있는지 아니면 없는지를 판단하는 등 계산적 이성의 작동만을 의미하는 반면 일뤼지오는 '무의식의 차원'에서 작동하는 것이기 때문이다. 따라서 부르디외의 사회적 공간은 정신적 구조라는 또 하나의 의미를 지니며, 그런 의미에서 사회적 게임은 참여자가 의식하지 못한 채 사회적 공간에서 진행하는 놀이입니다.

부르디외는 다른 한편으로 일뤼지오가 장에 진입하기 위해 지불해야 하는 '투자(Investissement)'라고도 하지 않습니까?

맞아요. 일뤼지오가 투자라고 말한 것은 미분화된 생물학적 리비도를 사회화 과정에서 장에 속하는 행위자들이나 제도들에 전이시킨다는 것을 의미합니다. 우리가 교회나 학교 등의 공간에 구성원으로 참여할 때 그 공간이 제시하는 질서나 믿음에 순종하는 것을 떠올리면 될 겁니다. 우리는 그럴 때 그 공간에서 구성원으로 인정받고 또 구성원과의 원만한 관계를 맺을 수 있죠. 그렇기에 일뤼지오의 투자는 행위자들이 장의 구조나 내재적 목적에 따르도록 하기 위함이고, 더 강하게 말하면 암묵적으로 복종하도록 만드는 기능을 하는 것이죠. 이러한 리비도 전이는 대개의 경우 별다른 갈등 없이 진행됩니다. 하지만 그렇다고 해서 그러한 전이 과정에 도덕적으로나 신체적인 고통이 전혀 없다는 것을 의미하지는 않습니다. 공간이 이미 지닌 질서에 순응해야 한다는 점에서 자신의 욕동을 제한해야 하기에 분명 고통이며 시련이 따릅니다. 거기에도 문명 속의 불만이 있는 것이죠.

부르디외의 이론은 정신분석학을 상당히 접목시킨 시도로 보입니다. 결국 우리 인간은 사회에 참여하면서 자신도 모르게 사회적 게임에 참여하게 되며, 그것이 고통이지만 어떻게 해서 고통인지 모른 채 살아간다는 의미로 들립니다.

네, 맞습니다. 사회적 구성원이 사회적 공간으로서의 장에서 일뤼지오를 공유한다는 것은 이중적으로 해석이 가능합니다. 그것은 한편으로는 사회구성원들이 장에서 리비도의 전이를 시도한다는 점에서 어떤 무의식적 '환상체계'로 진입한다는 것입니다. 또 한편으로는 사회 구성원들이 그러한 장에서 진행되는 놀이의 규칙, 체계를 인식하지 못하면서 동의하고 적극적으로 그 놀이에 뛰어든다는 점에서 자신의 믿음이 아니라 자동화된 신념과 같이 '타인의 믿음'을 믿는다는 것입니다. 따라서 일뤼지오는 장의 유지 메커니즘이 행위 주체가 단지 믿는다는 의미가 아니라 '자신의 믿음에 따라 행위하고 있다는 환상' 속에서 '타자의 믿음에 대한 믿음'에 의한 것이라는 점을 보여주는 개념으로 해석될 수 있습니다. 그런데 중요한 것은 이러한 일뤼지오의 의미를 통해 '공간과 정신'의 변증법적 관계를 파악할 수 있다는 점입니다. 부르디외가 보기에 공간과 정신은 서로 독립적인 것이 아니라 언제나 '역사적 과정'이라는 시간성을 전제하면서 그에 따라 형성되는 구조가 정신을 규정하고, 역으로 정신은 그 공간의 변화, 유지에 역동적으로 관여합니다. 그렇기에 사회적 공간은 집단 무의식이 구조로서 활동하고 또 지속되는 곳으로 이해할 수 있습니다.

그렇다면 사회적 공간이 부여하는 게임의 규칙에 반성 없이, 어떤 질서나 법에 구속되어 있다는 점을 인정하지 않으면서 그것에 따라 즉각적인 실천을 낳는 것은 어떻게 가능할까요?

부르디외는 그것을 '아비투스(Habitus)'라는 개념으로 설명합니다. 아비투스는 세계와 신체가 서로를 생성시키면서 변모시키는 이중적 관계, 다시 말해 구조화되고 구조화시키는 관계를 구축합니다. 이것은 현재를 분기점으로 과거를 현재화시키는 방식이며 미래를 창출하는 원동력이라는 의미를 지닙니다. 즉, 아비투스는 하나의 역사적 산물로서 하나의 장이 가진 구조들을 신체로 구조화하면서 동시에 신체의 행동을 세계로 구조화하는 시간의 연속성을 형성하는 것을 말합니다.

미리 짐작하자면 선생님께서는 지금 부르디외의 아비투스와 장의 개념을 통해 역사성이 내재된 특정 집단의 집단 심리의 전승이 어떻게 이루어지는지 그 과정을 설명하시려는 것 같습니다.

잘 정리해줬습니다. 지금 우리가 해명해야 하는 것은 후세대가 전세대가 지닌 마음의 상처, 즉 역사적 트라우마를 어떻게 자신의 트라우마로 내면화하는가 하는 점입니다. 부르디외의 이론을 참조하면 그것은 사회적 장에서 사회적 신체를 통해 전달되는 것으로 설명이 가능한 것이지요. 하지만 부르디외가 아무런 대가 없이 이러한 결론에 도달하는 것은 아닙니다. 부르디외는 정신분석과 다르게 '억압'의 문제를 배제합니다. 라캉이 욕망을 무의식에 의한 금기·억압으로서의 결과로서 결여에서 찾는 반면, 부르디외의 욕망은 아비투스에 의해 상징 자본을 획득하고자 하는 각축의 장에서 발생하는 것으로 본다는 점에서 차이를 지니죠. 이러한 부르디외의 관점은 집단 구성원들이 아무리 '냉소적 이성'을 작동한다고 하더라도 "그럼에도 불구하고" 혹은 "그래서 어쩌라고?"와 같이 그것을 전복해버리는 게임의 규칙 안에 있으며, 그 결과 "임금님은 오직 옷 안에서만 발가벗었다."와 같이 오히려 이데올로기를 강화하고, 지속시키는 사회상을 분석하는 데에는 매우 유용해 보입니다. 물론 부르디외의 이론이 이데올로기론으로 환원될 수 있다고 말하고자 하는 것은 아닙니다.

예를 들어 분단을 경험하지 않은 후세대들이 과거의 상처를 마치 자신이 경험한 것처럼 내면화하는 이유는 그것이 분단국가 내에서 더 많은 상징 자본을 획득하는 길이기 때문일 겁니다. 즉, 분단의 신체가 되기를 욕망할수록 분단국가인 한국 사회에서 자신이 얻을 수 있는 것이 더 많고 사회적 관계를 원만하게 유지할 수 있기 때문이라는 것이요. 하지만 선생님께서도 말씀하셨다시피 부르디외는 집단이 경험하는 경악스럽고 공포스러운 상황에서 코나투스를 유지하기 위해 억압이 발생한다는 점을 간과하고 있다는 점은 문제적으로 보입니다. 왜냐하면 에리히 프롬이 말했듯이 어떤 목표를 내세우는 사회집단은 자신의 코나투스를 유지하기 위해 특정한 형태의 리비도들 억압하기 십상이기 때문입니다. 그런데 부르디외의 이론을 통해서는 이러한 리비도의 좌절과 전이의 구조를 설명될 수 없을 것 같습니다. 나아가 억압가설이 배제된 상태에서는 집단 트라우마를 해명할 수 없게 되면서, 자칫 공간의 변화와 성향 간의 문제로만 일축해버릴 수 있습니다.

네, 맞습니다. 김 선생이 말한 것처럼 부르디외에는 억압가설이 찾아볼 수 없습니다. 단지 사회적 장과 신체를 통해 성향의 역사와 사회적 구조의 연속성을 설명할 수 있을 뿐입니다. 그렇기에 집단 무의식과 집단 트라우마를 사고함에 있어 부르디외의 아비투스-장 이론을 그대로 적용시킬 수 없고, 정신분석학의 억압가설을 상호 결합시킬 필요가 있습니다.

지금까지 에리히 프롬의 사회심리학 이론을 통해서는 집단 리비도가 집단적 욕망에 따라 형성될 수 있으며, 또 특정한 역사적 사건으로 인해 그것이 좌절될 수 있다는 점을 확인하였습니다. 또 부르디외의 이론을 검토하면서 집단 트라우마가 사회적 장과 신체를 통해 세대를 거듭하여 전승될 수 있음을 확인하였습니다. 그렇다면 집단 트라우마가 발생하는 과정을 그 흐름에 따라 정리를 해주시죠.

네, 그러겠습니다. 우선, 역사적 트라우마를 경험하는 '집단'은 과거-현재를 잇는 역사적이고 환경적인 조건이 형성하는 사회적 공간, 즉 초개인적인 구조로부터 형성된 아비투스를 지니고 있다는 점을 전제해야 합니다. 비록 그것이 환상적인 믿음 체계 내에서 작동하는 것이라고 할지라도, 어떤 특정 집단은 개별적이고 존재론적으로 환원할 수 없는 집단적인 욕망과 그에 따른 집단 리비도를 조직합니다.

둘째, 집단 트라우마는 개인과 마찬가지로 집단 리비도의 좌절을 계기로 발생된 것입니다. 그렇기에 집단 리비도의 좌절은 집단이 욕망 대상을 상실하였다는 의미로 해석할 수 있습니다. 또한 이 사건의 경험과 더불어 집단정신 역시 개인과 마찬가지로 퇴행적으로 상상계로 돌아가 이 문제를 처리하려고 합니다. 하지만 상실의 대상이 개인적인 것이 아니라 집단적인 것이라는 점에서, 개인의 차원에서 해결될 수 있는 문제가 아닙니다. 그렇기 때문에 집단 구성원들의 욕망은 집단적 차원에서 다른 대상으로 전이되고, 그 대상이 집단의 자아-이상으로 전치될 수 있습니다. 셋째, 정신과 공간은 시간성을 바탕으로 변증법적 관계에 놓여 있기에 집단 무의식과 관련하는 집단 트라우마는 집단의 사회적 성격 혹은 사회적 공간을 재편할 수 있습니다. 하지만 트라우마는 봉합되어야 하는 문제이기에 적대성으로 전화하는 방어기제가 작동하기 마련입니다. 이는 그 사회의 아비투스로, 다시 말해 '사회화된 트라우마적 신체와 신체화된 트라우마적 사회'를 형성하면서 고착되기도 합니다. 넷째, 집단 트라우마가 아비투스가 된다는 것은 곧 역사적 물질성을 획득한다는 의미입니다. 즉, 그것은 트라우마를 경험한 세대에 머무르지 않고 다음 세대로 생명을 이어가면서 트라우마에 근거한 신체와 사회를 유지시킬 수 있는 가능성을 획득하고 '역사적 트라우마'가 될 수 있다는 의미입니다. 물론 시간이 경과하면서 좌절되었던 집단의 욕망이 어떤 식으로든 치유될 가능성 또한 있습니다. 하지만 그것이 지속된다는 것은 역으로 치유될 수 없는 사회적 공간이 형성·유지되고 있다는 의미입니다.

▌ '역사적 트라우마' 개념 정립

역사적 트라우마는 집단 트라우마기에 후자는 전자에 대해 필요조건이라 할 수 있습니다. 하지만 집단 트라우마라고 해서 그것이 다음 세대에 반드시 전승되지는 않는다는 점에서 그 역이 필연적으로 성립한다고 볼 수 없습니다. 이 둘의 차이는 트라우마의 전승 여부에 있는 것이죠.

정확하게 지적했습니다. 역사적 트라우마는 무엇보다도 후세대의 비경험자에게도 반복적인 증상으로 나타나는 트라우마입니다. 그렇기에 두 가지를 고려해야 합니다. 하나는 후세대에 전승된다는 점에서 트라우마의 지속조건이며, 다른 하나는 비경험자인 후세대가 어떻게 트라우마 경험자와 유사하게 가질 수 있느냐 하는 문제입니다. 이를 고려할 때 집단 트라우마로서 역사적 트라우마를 변별력 있게 규명할 수 있어요. 그래서 우리는 앞에서 이미 시간적 연속성 위에서 공간과 신체의 마주침을 고려했던 겁니다. 역사적 트라우마는 '신체화된 트라우마적 사회와 사회화된 트라우마적 신체'를 통해 재생산되는 것입니다.

하지만 트라우마적 증상은 현실적 계기가 주어지지 않으면 현현되지 않는다는 점에서, 역사적 트라우마를 지니고 있다는 것은 곧 역사적 트라우마가 치유되지 않은 사회구조적 조건을 유지하고 있다는 의미이기도 합니다.

일반적인 트라우마가 반복되는 이유도 외상적 사건 이후 그것을 연상하는 트리거(Trigger)가 지속적으로 주어진다는 데에 있어요. 그래서 트라우마를 치유하고 한다면 최대한 그것을 반복하지 않도록 외상적 사건을 연상시킬 수 있는 조건을 제거하는 것이 중요합니다. 역사적 트라우마도 마찬가지일 겁니다. 한국 사회에서 여전히 식민지 지배와 분단 그리고 전쟁을 떠올릴 수 있는 계기가 최대한 사라질 때 비로소 치유를 기대할 수 있는 거죠. 하지만 우리는 역사적으로 식민지 청산을 제대로 하지 못한 이유로 독도 영유권과 일본군 위안부 문제를 둘러싸고 첨예하게 갈등하고 있습니다. 이 문제에 있어서는 일본이 과거의 잘못을 인정하고 진심으로 사과할 필요가 있는 거죠. 그럴 때 식민 트라우마의 치유를 기대할 수 있을 겁니다. 또 남북관계에서는 분단체제를 유지하면서 군사적·정치적으로 대립하면서 분단과 전쟁의 기억을 반복하게 합니다. 더구나 분단체제는 분단과 전쟁이 남긴 상처의 기억을 중핵으로 삼아 상대에 대한 원한과 증오의 감정을 발산하도록 하는 정치를 작동시키고 그러한 문화를 일상화합니다. 우리의 학교 교육은 반공교육을 시키던 과거와는 판이하게 달라졌지만 여전히 분단과 전쟁의 역사를 통해 적대심을 고취시킵니다. 평화를 내건 각종 전시관과 박물관의 공간적 상징물 또한 마찬가지로 과거를 기억하고 원한과 증오의 감정을 드러내도록 주문합니다. 이러한 것들이 바뀌어야지요.

역사적 트라우마를 치유한다는 것은 만만치 않아 보입니다. 분단 트라우마만 놓고 보자면 이르기까지 분단과 전쟁의 아픈 기억을 되살리고 그것을 통해 적대성을 추출하는 교육과 일상적인 공간이 변화되어야 한다는 점에서 거의 문화적 혁명이 필요해 보입니다.

네, 맞습니다. 그래서 만만치가 않죠. 하지만 코리언이 지닌 분단과 전쟁 트라우마는 적대성을 생산하고 그로 인해 남북 간의 원활하고 지속 가능한 대화를 가로막고 우리의 평화로운 삶을 방해한다는 점에서 그것의 치유는 시대의 과제라 할 수 있습니다. 물론 하루아침에 치유를 기대할 수는 없겠죠. 하지만 더디더라도 조금씩 치유가 가능한 조건을 만들어가야 할 겁니다.

아마도 역사적 트라우마의 치유를 위한 구체적인 방안과 실천은 후학들의 몫이 아닐까 싶습니다. 선생님, 오늘 말씀 너무나 감사드립니다.

3장

'북한'이라는 타자를 위한
인식론적 전환

대화자 김지니

왜 '북한학'이 아니고 '통일인문학'이었을까?
'사람의 통일'을 상상했던 이유

김지니 선생, 어서 오시게.

안녕하셨습니까? 선생님. 시간을 내어주셔서 감사합니다.

만나러 와주니 반갑네.

저는 오늘 '북한'이라는 주제를 가지고 왔습니다. 먼저 궁금한 것은
왜 '북한학'이 아니라 '통일인문학'이라는 새로운 길을 개척하시고자
했는지 듣고 싶습니다. '북한'을 연구한다면 '북한학'을 떠올리는데요.

'통일인문학'이라는 새로운 북한 연구의 길을 개척하고자 결심하셨을 때, 북한학과 차별화되는, 또는 다른 지향점을 상상하셨고, 그에 대한 구체적 실천이 바로 통일인문학이었다고 생각됩니다. 선생님이 상상하셨던 북한연구, 그리고 통일인문학의 가치는 무엇인지 듣고 싶습니다.

네, 맞습니다. 인문학자로서 북한에 대한 편견 없는 상상력이라고 할까요. 완전히 새로운 접근이라고 할까요. 지금까지와는 다른 시도가 필요하다고 생각했습니다. 정치와 이념, 제도와 정책, 이 모든 것을 뛰어넘은 '사람의 통일'이어야 한다고 생각했기 때문입니다. 그리고 '사람의 통일'이 가능하려면 민족의 역사로부터 분단의 역사, 그리고 그 역사 속에 있었던 '우리'와 경계선을 두고 마주 보고 있는 '우리'에 대한 이해가 필요하다고 생각했습니다. 이런 이해가 단단해졌을 때 그 위에 '통합', '통일'에 대한 새로운 차원의 상상력을 쌓아올리는 것이 가능하지 않을까요?

'사람의 통일'이어야 한다는 선생님의 말씀에 동의합니다. 하지만 구체적으로 그것이 무엇인지에 대해서는 여전히 분명하게 이해되지 않는 부분이 있습니다. 조금 더 설명 부탁드립니다.

네, 북한과의 '통합'과 '통일'에 대한 상상을 위에서 아래로가 아니라 아래에서 위로 바라보자는 것입니다. 북한이라는 나라는 위에서 아래로 해석하면 참 불편하고 어색합니다. 사실, 이해하기 어려운 그들만의 '룰'이 세상과 동떨어져 작동하고 있는 듯 보이거든요. 그러한 모습들을 우리가 다양한 매체를 통해 바라보면서 80여 년 전 함께했던 모습을 상상하기란 쉽지 않습니다. 그럼에도 불구하고 '통합'과 '통일'은 반드시 나아가야 할 우리의 숙제와 같은 것이죠. 전쟁과 분단은 오롯이 우리의 의지가 아니었기 때문입니다. 이 상흔의 역사를 되짚어 누군가에 의해 만들어진 적대를 우리 스스로가 걷어내지 않는다면 영원히 한반도는 갈등과 충돌의 불씨를 안고 살아가야 합니다. 미래 세대에게 더 이상 이런 불씨를 물려줘서는 안 되겠지요. 이 불씨는 현실적으로 국가 경쟁력을 떨어뜨리는 가장 큰 요인 중 하나이기도 합니다.

하지만 남한 측의 노력이 없지는 않았는데요. 한 발 나아갔다 싶으면 다시 두 발 후퇴해왔던 것도 사실입니다. 과연 '통합'과 '통일'이 가능한가 하는 의문이 드는 것도 사실이고, 날이 갈수록 더 벌어지고 있는 마음의 거리를 회복할 수 있을까 하는 생각도 듭니다.

네, 정치적으로 많은 시도를 해왔지요. 김 선생이 말한 것처럼 성과도 내고, 또 그 성과가 의미 없이 끝나버린 모습을 마주해왔습니다. 그래서 더더욱 '사람의 통일'을 상상해야 합니다. 정치와 이념, 제도와 정책에 갇혀 있는 그들로 바라볼 것이 아니라, 북한이라는 나라의 역사 속에 있는 그들을 온전히 이해하자는 것입니다.

북한이라는 나라의 역사 속에 있는 그들, 우리가 지금까지 북한이라는 나라의 역사 속에 있는 그들을 온전히 이해하지 못했다면 어떤 부분에서 그런 오류가 생겼던 것일까요? 선생님 말씀을 듣고 보니, 북한이라는 타자를 이해하기 위한 연구들은 지금까지 지도자와 정책 연구에 집중되어 있었던 것 같습니다. 현실적으로 '아래'의 움직임을 포착하기가 쉽지 않은 부분도 있었고요. 그리고 여전히 이런 부분은 북한 연구가 출발했던 시점과 별반 연구 환경이 달라지지도 않았습니다. 어떻게 이런 한계를 넘어서 '아래'로 접근할 수 있을까요?

남한의 역사 안에 국민, 즉 대중의 역동적 의지와 열망, 지향과 기대가 엔진처럼 작동했듯이 북한의 역사 안에서 북한이라는 나라를 만들어온 인민을 이념적 왜곡 없이 바라보는 것으로부터 시작하면 됩니다. 우리가 언제나 종속적, 수동적 존재로 인민을 바라보면서 우리식으로 그들을 해석하고 있다는 것, 그것은 좋은 결말을 기대할 수 없는 출발이지요. 서로의 역사를 존중하고 이해하고 인정하는 것에서부터 '사람의 통일'은 시작되는 것입니다. 그리고 북한이라는 나라가 그들의 신념으로 만들어지고 여전히 유지되고 있다면 대화와 정책의 방향은 지금까지와는 완전히 달라져야 할 것입니다. 역사발전론적 입장에서 보자면 그렇게 이해하고 접근하는 것이 당연하고요.

'인민'이란 무엇인가?
보편적 역사로부터 사유하는 '인민'

말씀을 들으니 당연하지만 또한 쉽지 않은 접근인 것 같습니다. 역사 발전론적 입장에 대해 잠깐 언급하셨는데 조금 더 설명해주시죠.

그렇다면 조금 돌아가겠습니다. 북한의 인민, 그들의 정체성을 제대로 이해하기 위해서는 사람, 즉 대중의 탄생부터 설명해 들어가야 합니다. 그래야만 독재자의 가장 강력한 권력 기반이자 지지자인 '이상한 인민'에 제대로 접근할 수 있기 때문입니다.

굉장히 흥미로운 접근인 것 같습니다. 말씀 주시죠.

김지니 선생은 인민을 어떻게 정의합니까?

반공세대인 저에게 인민은 굉장히 빨갛고(웃음), 조금 거부감이 느껴지는 단어입니다. 학문적으로 인민의 개념은 동·서양, 그리고 시대별로 변화해왔던 것으로 알고 있고요. 정치적인 의미를 담지한 것은 볼셰비키 혁명 이후, 사회주의 세력이 등장하면서인 것으로 알고 있습니다.

네, 맞습니다. 인민의 탄생을 조금 더 역사적으로 추적해 들어가서 북한으로 연결시키기 위해서 조금 더 오래전으로 가보죠. 북한의 인민을 살아 있는 권력으로 이해하기 위해서는 더 위로 거슬러 올라가야 제대로 이해할 수 있습니다. 고대로부터 시작해 근대에 이르기까지 사회 주도 세력이었던 엘리트 또는 통치권력에게 대중은 '야만의 표상'이었습니다. 폴리비오스, 마키아벨리, 홉스, 그리고 '귀족주의적인 가치관에서 대중사회론을 전개한' 호세 오르테가 이 가세트는 우매하고 충동적인 대중이 한 사회의 변화와 정체성을 결정짓는 또 하나의 강력한 사회세력으로서 존재감을 가지는 것에 대해 몹시 우려했죠. 고대 그리스의 역사가이자 '정체순환사관(政體循環史觀)'과 '혼합정체론(混合政體論)'으로 유명한 폴리비오스는 대중을 '정념'에 사로잡힌 무분별하고 무질서하며 충동적인 하층민으로 정의했습니다. 그는 로마의 통치권력들이 강력한 신화를 만들어낸 것은 무지몽매한 대중을 길들이기 위한 불가피한 수단이었다고 주장하며 현명한 통치권력과 어리석은 대중으로 구분하였습니다. 폴리비오스는 당시의 대중을 '개인적 소통이 부재한 집합적 상태를 가리키는 '군중(crowd)'으로 바라보았던 것입니다.

　　당시의 군중 또는 대중을 무지몽매한 존재로 인식했다면 왜 통치권력과 엘리트들은 그러한 대중을 정의하는 것에 관심을 가졌던 것일까요? 이것은 역설적으로 당시의 대중 역시 잠재된 권력이라는 인식을 보여주는 것이 아닐는지요?

네, 맞습니다. '혼합 정체(the mikte : the mixed, balanced constitution)', 즉

"왕정, 귀족정, 민주정이 혼합되어 서로 견제하고 균형을 취한다"는 폴리비오스의 사상은 그가 노골적으로 폄하한 대중을 그의 표현처럼 비이성적 존재로만 인지하지 않았습니다. 폴리비오스의 대표적인 사상에서 대중은 이미 안정적 사회를 위한 견제와 균형의 주체이자 상대방으로 표현되고 있기 때문입니다. 실제로 기원전 130~120년대 로마가 '농지개혁'을 두고 양분되어 사회 전체를 흔들고 있는 가운데 대중은 무시할 수 없는 사회세력으로서 '위쪽'을 압박하고 있었습니다. 그러나 로마의 대중이 세계 보편적 수준이 아니었다는 점을 상기할 필요가 있습니다. 그들은 특별히 앞서갔던 문명의 개척지에서 탄생한 대중이었기 때문입니다. 따라서 보편적 수준을 기준으로 한다는 전제하에 지리적·문화적·정치적 지형에 따라, 또는 식민·전쟁과 같은 강력한 충격과 자극의 유무에 따라 대중의 탄생과 시대별 '기의'는 달라질 수밖에 없다는 것을 전제로 대중의 역사에 다가가야 합니다.

그렇군요. 당대의 엘리트들이 대중을 바라보았던 시각, 그리고 고대와 같이 경직된 계급사회임에도 불구하고 대중이 그들에게 중요한 논쟁의 대상이었다는 것 또한 흥미롭습니다. 그렇다면 중세에는 이러한 대중에 대한 분명한 인식의 전환이나, 그러한 인식의 전환의 계기가 된 중요한 사건이 있었는지요?

네, 중세의 대중은 보편적 성장을 통해 확실히 고대의 지배층이 폄하했던 군중에서 벗어나고 있었습니다. 통치권력과 대중의 직·

간접적인 권력투쟁과 함께 사건과 사고, 그리고 역사적 우연이라는 거대한 톱니바퀴 속에서 발전한 문명을 통해 대중이 각성하고 또한 각성한 대중이 문명을 견인하고 있었기 때문입니다. 중세의 대중이 통치권력, 즉 '로마교회의 초국가적 권위'에 대한 대항 세력으로서 자신의 존재를 분명히 드러내기 시작한 것은 '서구 전역에 걸쳐 갑작스럽게 불붙은 민중적 이단 운동'을 통해서였습니다. 기존의 질서에 반대한 대중의 결집은 결국 '종교개혁'이라는 역사적 사건으로 이어졌습니다. 중세의 대중이 근대의 강력한 사회세력으로, 즉 다음 단계로의 성장을 도모할 수 있었던 것은 문자의 세속화를 통해서였죠. 12세기 중반부터 급속히 전개된 대중의 문자사용과 독점에서 보편으로 전환한 중세 교육제도, 특히 대학교육의 확대는 도서관, 서점 등과 같은 공간의 등장을 가져왔습니다. 이를테면 중국에서 종이가 발명되면서 전 세계에서 문자를 사용하는 인구는 폭발적으로 증가했다는 사실은 알고 있을 겁니다. 이러한 '특별한 계기'는 진지한 소통과 조직적 협력, 의미 있는 세력화가 가능한 대중의 본격적인 '사회화'에 기여했습니다. 문자를 통해 다양한 지식과 정보에 접근할 수 있게 되었기 때문입니다. 이러한 제도와 시설, 공간 등은 대중문화, 즉 민중어와 이를 기반으로 한 가능한 문화와 제도들의 불씨를 당기며 다음 단계로의 성장을 가속화시켰죠.

이제, 이단운동과 문자사용, 이러한 것들이 대중의 조직화, 사회화에 기여하고 그들의 문화를 만들어내기 시작했다면 역사발전이라는 마차에 적극적으로 올라탄 대중의 다음 행보가 궁금해집니다. 통치권력이나 지배계층의 역사가 아니라 아래로부터의 역사가 조응하고 충돌했다면 다음 단계에서 이들이 어떻게 서로를 견제하고 또한 협력했는지, 그것이 어떻게 역사로 만들어져 갔는지 듣고 싶습니다.

1536년 당대의 문제작이었던 《군주론(Il Principe)》의 니콜로 마키아벨리(Niccolo Machiavelli)는 군주주의의 신봉자로 평가되어왔지만, 이에 동의하지 않는 많은 학자들은 그를 공화주의자라고 말합니다. 마키아벨리가 주장한 강력한 군주는 '정치자율적, 정치중심적 원리'에서 궁극적으로 '민생의 안정과 공익의 증진', 그리고 '강력하고 질서 있는 국가 완성'이라는 정치적 목적을 위해 호명된 상징적 존재로도 해석되기 때문입니다. 그렇다면 '정치'라는 통치 수단에 마키아벨리가 주목했던 이유는 무엇인가 하는 질문이 남습니다. 이 논의의 중심에는 당연히 '물티투도(multitudine)', 즉 '대중'이 있습니다. 이제 대중은 강렬한 신화나 내세에 대한 공포를 불러오는 것만으로 설득할 수 있을 만큼 과거에 머물러 있지 않았기 때문에 '과거의 정치'는 새로운 '기의'를 지향해야만 했습니다. 마키아벨리의 국가개념을 두고 벌였던 당대 학자들의 논쟁을 통해서도 조용히, 때로는 풍파를 일으키며 성장한 새로운 대중의 출현을 확인할 수 있다. 잭 헥스터(Jack Hexter)는 마키아벨리의 국가(stato) 개념이 일관성 없는 전근대적 발상이라고 강력하게 비판했지만 마키아벨리의 국가개념에서 근대성과 근대와 전근대의 혼합성을 발견했던 에른스트 카시러(Ernst Cassire)와 하비 맨스필드(Harvey

Mansfield)는 '새로운 발견'이자 '근대국가 개념으로 가는 초석'이라고 평가했습니다. 마키아벨리의 새로운 국가개념 이론 안에서 이미 통치권력과 대중은 새로운 권력관계로 재편되고 있었고 이러한 권력관계 속에서 국가라는 개념이 미래형으로 논의되고 있었기 때문입니다. 마키아벨리는 정치가 사적 권력의 쟁취를 위해 전유될 때는 나약한 국가로 귀결되며, 반대로 공동체 이익의 실현을 포함하는 공공성에서 작동할 때 공동체의 영속이 가능해진다는 주장을 통해 당대 대중의 위상을 역설했던 것입니다.

이제 그 유명한 사회계약론이 나올 때가 된 것 같은데요(웃음). 선생님께서 말씀하신 대로 통치권력과 대중의 권력관계가 역사발전과 함께 계속 변화해왔기 때문에 결국 사회계약론이라는 이론이 탄생한 것이었네요.

네, 그렇습니다. 어떤 권력도 스스로 그 권력을 대중과 나누고 싶어 하진 않지요. 역사발전과 함께 대중권력이 충분히 성장해왔기 때문에, 역사의 방향이 새롭게 설정되었던 것입니다. 그 결과로 사회계약론이 탄생하게 되었던 것이지요. 그래서 기존의 통치권력, 새롭게 중앙으로 진출하려고 했던 권력자, 그리고 대중이 서로의 권력을 충돌과 경계, 협력과 협의를 통해 조율해야 한다는 것을 분명하게 인지하고 이를 새로운 사회의 단계로 반영하는 결정적 계기가 되었던 '프랑스혁명', 그 근대로의 길목에 '사회계약론'이 있게 된 것입니다. 끊임없이 논제를 재생산해온 이 거대한 이론의 정립에는 홉스(Thomas Hobbes, 1588~1679), 로크(John Locke, 1632~1704), 루소(Jean-Jacques Rousseau, 1712~1778)의 세계관이 연결되어 있다. 홉스는 모든 사람의 합의로 탄생한 공동의 권력으로서 리바이어던(Leviathan), 즉 국가를 상정하였습니다. 홉스의 이론에서는 이미 '모든 사람'이 각각의 권력이자 사회세력으로 설정되어 있다는 점에서 대중을 '숨겨진 권력'이자 '정치의 대상'이라는 점에 집중했던 마키아벨리의 중세적 시각에서 변화하고 있음을 알 수 있습니다. 구체적으로 홉스는 모든 인간을 평등한 존재이자 자신의 권력과 욕망을 추구하는 존재로 간주했으며 나아가 자연적으로 당연히 주어진 권리를 양도하는 데 합의한 모든 이들을 인민(신민), 그리고 이러한 권리를 양도받은 의인(擬人)으로서 리바이어던을 설명하면서 인민과 대중을 구별하였습니다. '인민'을 '단일한 의지를 가진 단일한 실재'로, '물티투도'를 '통일성을 확보할 수 없는 다수의 집합'으로 정의한 홉스의 시각은 결국 '물티투도'를 주체적 사회세력이 아니라 문명을 위해 복종해야 하는 존재로 귀결시킵니다. 그럼에도 불구하고 홉스의 주장 안에서 대중이 권력의 주변부가 아니라 중심에 다가온 것을 확인할 수 있습니다. 그것은 바로 대중의 합의와 동의가 공동체의 안녕을 논하는 데 있어서 가장 중요한 논제로 상정되고 있다는 점 때문입니다.

역사적 흐름을 쫓아서 설명을 듣다 보니 왜 당대를 대표했던 엘리트들이 대중을 정의하고 그들을 간파해내기 위해 노력했는지 이해가 되는 것 같습니다. 그리고 역사 속에서 성장하고 있는 대중을 생생하게 느낄 수 있는데요. 홉스가 정의한 대중, 그다음 단계의 모습이 궁금해집니다.

"공포를 느끼지 않으면 공포에 떨게 만든다"는 스피노자의 주장을 '대중의 공포'라는 논리로 설명한 에티엔 발리바르(Étienne Balibar)의 해석처럼 17세기 영국, 네델란드를 중심으로 사회·정치 매커니즘에 대해 각성한 대중은 국왕과 주교라는 막강한 국가권력을 위협하는 수준에 이르렀습니다. 이제 대중은 강력한 권력과 나란히 서서 직접적으로 자신의 이익과 욕망을 관철시키기 위해 다른 세력과 연대·협상하고 스스로를 세력화하는 존재로서 '전복적 성격을 내재하고 있'기 때문에 통치권력에게는 '공포의 대상'이었습니다. 이에 따라 대중의 성장을 자신들의 세력 확장에 활용하려는 기회 세력과 그동안의 권력을 유지하려는 기존 세력, 그리고 대중이라는 새로운 권력의 삼각 구도로 빠르게 재편되고 있었습니다. 그러나 '뺏으려는 자와 뺏기지 않으려는 자', '기존 세력과 새로운 세력', 즉 통치권력과 대중의 팽팽한 패권다툼은 혼란과 분쟁, 대립과 갈등을 가져올 수밖에 없었습니다. 그 결과로서 17세기 중반 강력한 절대권력으로 회귀하려는 통치권력의 시도와 이에 저항하여 빈번했던 대중의 소요와 봉기는 곧 1688년 영국의 '명예혁명(Glorious Revolution)'과 1672년 네델란드의 '오라네파의 혁명'으로 폭발하였죠. 역사의 변곡점으로 기록된 이와 같은 상징적 '혁명'이 통치권력과 대중의 역사적 관계변화 속에서만 만들어진 결과물은 아니었습니다. 통치권력 간의 이해관계와 종교세력 간의 세력다

툼, 그리고 새로운 생산 시스템과 이로 인한 사회변화 속에 탄생한 신흥권력의 등장, 자연재해 등 복잡한 관계와 욕망, 우연이 겹치고 작동하며 '만들어진 역사'임을 부정할 수 없습니다. 그러나 이제 인민이냐 대중이냐의 정치적 정체성의 중심에 선 인민 또는 대중은 당대의 엘리트들이 통치의 대상으로 바라보면 볼수록 역설적으로 그 '만들어진 역사' 속에서 언제나 생생하게 살아 움직이며 변화에 기여했던 권력이었고 이러한 대중이 중세의 축적된 문명을 바탕으로 거대한 변화의 핵심이자 에너지로 작동했다는 것 또한 분명한 사실입니다.

> 대중을 중심으로 다양한 사회변화와 우연들이 겹치며 역사가 만들어져 왔다는 말씀에 동의합니다. 하지만 결국, 역사발전의 지분을 다툰다면 대중보다는 통치권력과 엘리트가 갖는 지분이 더 많은 것은 사실 아닐까요?

네, 김지니 선생이 말한 부분을 전부 부정할 수는 없습니다. 하지만 근대의 목전에서 홉스의 '리바이어던'과 로크의 '통치론'이 담고 있는 핵심적 주장, 즉 '동의 이론(계약 이론)'을 계승한 루소의 '사회계약론'이 문제작으로 떠오른 것은 우연이 아니었습니다. 거의 한 세기에 걸쳐 당대의 엘리트였던 홉스, 로크, 루소에 의해 꾸준하게 주장되어온 '동의 이론'은 권력과 이에 따른 사회질서가 '사회계약'으로부터 출발한다는 핵심 논리를 공유하면서 새로운 단계로의 이행을 위한 구체적 매뉴얼로 성장해왔고 마침내 '열풍'

이 되었기 때문입니다. 사회계약론과 이를 기초로 파생된 인민주권론 등 몽테스키외, 볼테르, 루소, 디드로와 같은 당대의 사상가들에 의해 성숙한 계몽사상의 '열풍'은 시대적 대중으로 '변태(變態)'를 거듭하였습니다. 그리고 이 모든 변화는 읽고 이해하고 연대하고 조직하고 저항하고 봉기하는 주체로 성장한 당대의 대중이 만들어낸 것이었지요. 17세기 영국의 왕권이 의회권력 앞에 무릎을 꿇을 때, 오히려 '왕권신수설에 기초한 절대군주의 시대'를 열었던 프랑스에서, 반세기만에 '앙시엥 레짐(ancien regime, 구체제)'이 해체된 역사를 우리는 잘 알고 있습니다. 나아가 대중이 만들어낸 역사적 관성은 1789년 '프랑스혁명(French Revolution)'이라는 거대한 역사적 분기점을 만들어내면서 근대로의 문을 열었죠.

▌ '북한'에서 '인민'은 어떤 존재인가

대중, 인민에 대한 역사적 정의와 논쟁에 대해서 이렇게 구체적으로 여러 세기를 넘나드는 해석을 들어본 적이 없는 듯합니다. 어렵지만 굉장히 흥미로운데요.

네, 그러면 이제 본격적으로 한반도에서 인민이라는 개념이 어떻게 탄생했고, 어떻게 발전해갔는지 얘기해보죠. '인민'이란 개념과 그 개념 안에서 정의되는 정체성은 여전히 모호하고 혼란스러운 것이 사실입니다. 개념적 역사를 추적해 올라가면 장소와 지역에 따라서 국민, 대중, 시민, 백성 등과 혼용되기도 하고 각각 다른 역사의 지점에서 다양한 이데올로기와 얽혀 서로 다르게 호명되고 있기 때문입니다. 더군다나 '인민'이라는 개념과 정체성은 종종 정치적으로 '이용'되거나 '조작'되기도 합니다. 그러나 모두가 동의하는 명확한 '인민'의 정체성을 밝혀내는 것은 어렵다 하더라도 '인민'이라는 용어가 가리키는 공통된 한 지점을 포착하는 것은 그리 어렵지 않습니다. 그 지점은 바로 '집단적인 정치적 정체성'이다. 마거릿 캐노번(Margaret Canovan)의 주장에 따르면 구체적으로 영어와 유럽 언어에서 '인민'이란 용어는 세 측면에서 공통점이 발견되는데, '주권으로서의 인민', '민족으로서 인민들', '지배 엘리트와 상반된 입장의 인민' 등입니다.

> 마거릿 캐노번의 인민 개념은 새롭습니다. 인민의 개념은 말씀하신 대로 너무 복잡하고 역사 안에서 여러 가지로 갈라져 있어서 개념에 대한 접근이 쉽지 않았거든요.

네, 그렇지요. 한반도에서 '인민'의 개념은 여전히 논쟁 중입니다. 국민, 시민, 대중, 백성이라는 용어와 명확한 구분 없이 꽤 오랫동안 혼용되어온 역사를 가지고 있기 때문입니다. 서로 다른 정치·경제·문화적 환경과 역사를 가진 나라들에서 다른 언어와 이론과 시대를 기반으로 해석되어진 인민이라는 용어를 물리적으로 접합하여 읽어내기란 쉽지 않습니다. 그러나 마거릿 캐노번의 주장처럼 조선시대 전체 역사에서 '집합적인 사회구성원 일반을 지칭하는 말'로 가장 빈번하게 쓰였던 인민이라는 용어를 '집단적인 정치적 정체성'으로 재해석한다면 한반도에서 인민의 탄생은 갑신정변으로 볼 수 있습니다. 갑신정변을 주도한 개화파였던 박영효의 상소에서 '인민'은 이제 피통치자, 피지배자의 총체가 아니라 '주권으로서의 인민'으로 정의되고 있기 때문입니다.

마거릿 캐노번이 주장한 '주권으로서의 인민'이라는 공통점이 한반도에서도 발견되는지요?

'주권으로서의 인민'이라는 해석은 한반도의 역사적 특수성과 연동하면서 갑신정변 이후 호명되는 '인민'과 단단히 결합되어 있습니다. 갑신정변을 필두로 1894년 갑오개혁을 거쳐 1898년 독립협회운동에 이르면서 이러한 '인민'의 정체성은 정치적으로 더욱 구체적이고 분명해집니다. 1898년 10월 28일부터 11월 3일까지 개최된 관민공동회에서는 '인민'이 '국정 개혁안'의 주체로 등장하기 때문입니다. 이러한 과정 속에서 1905년 이후인 애국계몽운동기에 이르자 인민의 정체성은 인민주권론의 관점에서 정의되며 이전과의 더욱 뚜렷한 차이를 보입니다. 이때 '인민'은 '정치적 주체로서 설정된 자유주의적 인민'이자 '법치와 사회계약의 맥락과 연계되어' 정의되었습니다. 이후 변덕연, 옥동규와 같은 인물들이 국가와 인민의 관계 속에서 인민의 정체성을 정의하면서 인민의 개념은 국가에 대한 의무가 강조된 채 오히려 후퇴하고 국민과 종종 혼용되었죠.

그렇다면 인민이라는 개념이 사회주의라는 이데올로기와 결합하여 지금의 의미를 내포하게 된 것은 언제부터이고, 그러한 인민을 어떻게 해석하고 제대로 바라보아야 할지요?

인민과 국민이라는 개념, 즉 각자의 정체성이 구체적이고 차별적으로 정립되면서 그 쓰임이 분리된 것은 사회주의 사상이 한반도에서 유통되고 세력을 형성하면서부터입니다. 1919년 3·1운동의 경험을 계기로 식민지 조선에서도 국가와 분리된 자유롭고 자율적인 존재로서 '인민'의 정체성이 정의·활용되었지만 큰 반향을 일으키진 못했죠. 그런데 1920년대부터 마르크스주의가 한반도에 확산되면서 인민 개념은 국민이라는 개념과의 분명한 경계를 만들어가기 시작했습니다. 특히 '인민'이라는 개념이 한반도에서 적극적으로 호명되기 시작한 것은 1935년 제7회 코민테른 대회 이후였습니다. 이 대회에서 사회주의자들은 세계적인 경제위기와 파시즘이 대두되고 있는 심각한 세계정세를 강조하며 '반파시즘 인민전선'이라는 통일전선을 주장하였고 여기서 '인민'은 파시즘 체제에 대항하는 주체로 위치하게 된다. 물론 이러한 논의들에서 반파시즘의 주체로서 인민은 무산계급으로 한정되지는 않았습니다. 박헌영이 주장했던 인민전선이란 무산계급, 즉 농민, 노동자의 주도권이 보장되는 조건 속에서 인텔리, 소시민, 지주, 양심적 기업가까지 포함하는 '부르주아 민주주의 혁명 전선'으로 해석하고 있었기 때문입니다. 종합해보면, 이때 '인민'이란 테두리 안에는 무산계급뿐만 아니라 그 외의 계층까지 모두 속해 있었지만 반제·반파시즘, 인민정권, 그리고 노농민주독재라는 뚜렷한 정치적 지향을 가리키고 있었습니다. 다시 마거릿 캐노번의 주장으로 돌아와서 그 수많은 논의와 논쟁 속의 한반도의 '인민'을 주권을 가진 '집단적인 정치적 정체성'으로 축약할 수 있습니다. 그렇다고 한다면 '인민주권'이라는 것은 어떤 하나의 권력을 위해 존재하는 것이 아닌 '집단적인 정치적 정체성'으로서의 인민이 자신의 권력, 즉 주권을 어떻게 쓸지 선택하는 것으로 정리됩니다. 그리고 이러한 해석이 타당하다고 전제한다면 이데올로기적 시각에서 지배와 동원의 대상으로 바라보았던 북한 인민이 북한이라는 국가, 나아가 김일성-김정일-김정은으로 이어지는 독재 정권의 영속성을 담보해왔던 키워드라는 것에 접근할 수 있을 것입니다.

'인민민주주의'를 향한 노정, 그 속의 역동적 '인민'에 대한 새로운 접근

인민대중이라는 존재가 말씀하신 대로 역사와 함께 성장하고 또한 통치권력과의 권력투쟁을 통해 강력한 정치·사회세력으로 성장했다면 북한도 예외일 수 없겠습니다. 그렇다면 말씀하신 대로 역사발전을 통해 성장한 북한의 인민이 독재 정권을 지지하고 있고, 우리가 생각하는 정치적 강압이나 억압으로 운영되는 것이 아니라, 인민의 지지라는 것에 기반을 둔다고 보면 될까요?

더 정확히 말하자면 통치권력과 인민권력의 끊임없는 상호작용으로 유지되고 있다고 봐야 합니다. 물론 여기에는 통치권력의 통치 전략으로서 통제와 억압도 작동하고, 또한 인민의 기대와 욕구에 부응하는 다양한 정책과 이념, 그리고 가치지향도 함께 작동하고 있겠지요.

> 북한의 독재자와 인민이 수직적 관계가 아니라 상호적 관계라는 해석이 매우 새롭습니다. 하지만 보여지는 것들, 예를 들어 보편적 국가들에서 볼 수 없는 강력하고 독재적 권력임을 확인할 수 있는 것들이 북한이라는 공간을 가득 채우고 있잖아요? 사실, 그런 것들이 인민들에게 용인되고 있다는 사실 그 자체만으로도 충격적이고 이상해 보이는 것이 사실이거든요. 그런데 그런 것들을 상호적 관계로 해석할 수 있는가 하는 의문이 듭니다.

네, 그렇습니다. 굉장히 낯선 풍경이지요. 하지만 해방 직후 인민민주주의를 국가 정체성으로 내세웠던 이유에서, 그리고 당시 북한의 인민이 얼마나 적극적인 정치사회의 주체였는지를 구체적으로 들여다본다면, 현재의 인민 역시 조작당하는 존재만은 아니라는 것에 동의할 수 있을 겁니다.

> 식민지 시기, 인민대중의 민주주의에 대한 열망이 높았고 좌우 정치세력을 막론하고 민주주의는 공통적 지향이었다는 것은 잘 알고 있습니다. 하지만 북한 통치권력이 인민민주주의를 국가 정체성으로 내세

운 이유가 인민이 적극적인 정치사회의 주체였다는 점을 확인할 수 있는 증거라는 말씀은 굉장히 신선한데요. 더 자세한 설명 부탁드립니다.

이것은 또한 식민이라는 역사적 경험과도 연결되어 있는데요. 민족해방투쟁의 경험은 사회주의 이념을 지향했던 북한에서 부르주아독재도, 프롤레타리아독재도 아닌 독특한 권력구조를 낳았죠. 그것은 바로 프롤레타리아독재를 경유하지 않고 사회주의로 가는 그런 구조였는데요. 폴란드공산당 서기장이었던 고물카(Wladyslaw Gomulka)는 이러한 형태를 '인민민주주의'라고 정의했습니다. 이러한 동유럽권의 인민민주주의론은 조선에도 영향을 미쳤습니다. 1949년경 '인민민주주의'는 보편화된 용어가 되어 있었거든요. 박동철은 인민이 곧 민주주의라는 표현을 사용했습니다. 즉, '인민이 주인 노릇하는 나라'라는 의미였습니다. 그리고 '인민이 주인 노릇하는 진짜 민주주의'는 북한이라는 나라가 지향하는 국가 정체성이라고 주장했습니다. 봉건계급사회와 식민을 거치면서 민주주의에 대한 열망이 드높았던 대중들이 기꺼이 인민이라는 정체성을 받아들인 이유이기도 합니다. 이 시기 북한에서는 사회단체 활동이 또한 보편화되어 있었는데요. 한 사람이 보통 3~4개, 많게는 5~6개의 사회단체에 가입되어 있었습니다. 이러한 사회단체가 국가 차원에서 계획적이고 조직적으로 펼쳐진 것으로 오해들 하시는데 그렇지 않습니다. 이 시기 북한의 사회단체는 그야말로 자유롭게 만들어진 사회단체 그 자체였습니다. 물론 완전히 국가의 통제에서 벗어나 있었다고 말할 수는 없습니다. 하지만 우리가 생각하는 것보다 훨씬 자유로운 조직이었다는 것이죠.

오늘 정말 새로운 사실들을 많이 알게 되는 것 같습니다. 초기 북한은 굉장히 역동적인 사회였군요.

네, 그렇습니다. 이 시기 북한은 그야말로 통치권력과 인민권력이 견제와 조정, 협의와 협력의 관계를 계속 조율하고 있었던, 북한의 역사상 인민권력이 가장 역동적으로 움직이고 있었던 시기였죠.

하지만 오늘날 북한 인민에게서 이런 역동성을 찾아볼 수 없는 게 또한 사실이잖아요? 우리가 왜곡해서 보고 있는 것일까요?

우리가 선별적으로 주어지는 정보를 통해 정확히 해석할 수 없기 때문에 단언할 수는 없지만 해방 직후만큼의 인민의 역동성을 기대하기는 어려운 것 또한 사실입니다.

'북한'의 '인민'을 바라보는 새로운 시선의 필요성, 서로에 대한 인정과 이해를 통해 다가가는 '통합'의 길

그렇다면 언제부터 북한의 인민은 국가라는 틀 안에 적응해갔던 것인지요?

국가라는 틀 안에서 적응해갔다고도 볼 수 있겠지만, 북한의 통치 권력이 인민의 신뢰를 놓치지 않기 위한 노력들을 해온 것도 분명한 사실입니다. 그리고 여기에는 역사적 사건, 즉 한국전쟁과 같은 사건들이 또한 영향을 미쳤고, 북한의 독특한 통치전략이 제역할을 한 것도 있겠지요. 정리하자면, 폭력, 규율, 그리고 조절이라는 통치전략에 대해 얘기한 푸코의 이론이 북한에서도 작동하고 있었다고 보아야 하겠습니다.

자세한 설명 부탁드립니다.

전쟁이라는 것은 굉장한 충격입니다. 한국전쟁도 마찬가지였죠. '전쟁정치'라는 정치이론도 있듯이 한국전쟁으로 북한의 인민은 통치권력과 일체화되어갔지요. 그만큼 인민의 역동성은 예전 같지 않을 수밖에 없었다는 뜻이기도 합니다. 물론 폭력과 규율이 수인(受忍)의 한도를 넘으면서 이탈하는 인민도 발생합니다. 하지만 배고픔이 일상화되어 있었던 상황에서도 민주주의, 즉 정치적 자유와 그런 사회에 대한 열망이 더 높았던 인민이라는 존재성에 대해 깊이 생각해보면, 한국전쟁은 오히려 결속감을 높이는 계기가 되었겠지요. '인민의 국가', '인민정권'이라는 그들의 '유토피아'를 지켜내고 싶었을 테니까요.

그렇군요. 그렇다면 여전히 북한의 인민은 그들이 살고 있는 북한이라는 공간이 '유토피아'라고 생각하고 있는 것일까요?

역사발전이란 내부적 의지와 외부적 자극 등이 함께 작동하면서 견인해왔다는 논리를 전제한다면, 북한의 인민이 그들의 공간을 '유토피아'라고 생각하고 있을지에 대한 답을 얻을 수 있다고 생각합니다. 그럼에도 불구하고 우리가 북한이라는 나라, 그 안에 살고 있는 인민이라는 '사람'에 접근할 때 그들이 만들어가고자 했던 국가와 지향했던 가치, 이 모든 것을 담고 있는 그들의 역사를 제대로 바라보는 것이 중요합니다. 그것이 바로 우리가 '통합'과 '통일'을 상상할 때 서로에 대한 편견을 버리고 미래의 역사를 함께 만들어갈 수 있는 파트너라는 것을 인정하는 첫걸음이기 때문입니다.

완전히 다른 시각, 그런 시각으로부터의 접근, 그리고 그로부터 시작될 수 있는 '통합'과 '통일'의 가능성 등 정말 다양한 생각을 다시 하게 된 시간이었던 것 같습니다. 감사합니다.

기존의 생각을 전복시키면서 새로운 길을 언제나 모색해야 합니다. 김지니 선생이 가고자 하는 길에 도움이 되었기를 바랍니다.

감사합니다.

2부   존재론에서
      정치철학까지

4장

유일자라는 이름의
존재론

대화자 박종성

| 왜 슈티르너를 다시 읽어야 할까?

선생님, 안녕하세요? 선생님과 대담에 참여하게 되어 기쁜 마음 가득
합니다.

박 선생과 이야기하게 되어 나 또한 기쁩니다. 서로 편안하게 이
야기 나누도록 하지요.

먼저, 제가 박사과정에 들어와서 선생님의 지도하에 슈티르너의 《유
일자와 그의 소유》로 박사학위를 받을 수 있었음에 감사드립니다. 한
국 사회에서 슈티르너 철학은 마르크스를 통해 간접적으로 이해할 수
밖에 없었던 것이 현실이었습니다. 선생님이 보시기에 지금의 한국

사회에서 슈티르너를 다시 읽어야 할 이유는 무엇일까요?

나 또한 먼저, 박 선생의 번역에 축하의 말을 전합니다. 국내 최초 독일어 원전 번역인 《유일자와 그의 소유(Der Einzige und sein Eigentum)》는 독일 철학자 막스 슈티르너(Max Stirner)의 1844년 작품이지요. 막스 슈티르너(1806~1856)는 요한 카스파르 슈미트(Johann Kaspar Schmidt)의 가명이고요. 블루멘펠트(Jacob Blumenfeldm)에 따르면, 이 책은 현대 사회에 대한 으뜸가는 무자비한 비판이지요. 오해를 받고, 무시당하고, 명예를 훼손당한 이 사나운 책은 카를 마르크스, 프리드리히 니체, 엠마 골드만뿐만 아니라 지난 2세기의 수많은 아나키스트, 페미니스트, 초현실주의자, 불법주의자, 실존주의자, 파시스트, 자유지상주의자, 다다이스트, 상황주의자, 반란주의자, 허무주의자에게 강력한 영향을 미친 유일자 철학 서적이라고 할 수 있습니다. 이러한 이유에도 불구하고 철학사에서 슈티르너의 철학적 영향력은 부각되지 않았지요. 이러한 맥락에서 슈티르너를 다시 읽어야 할 이유가 있을 것입니다. 그런데 박 선생, 슈티르너라는 철학자는 우리 사회에서 낯선 이름입니다. 박 선생이 먼저 간략한 소개를 했으면 합니다.

예, 알겠습니다. 막스 슈티르너는 1806년 바이에른주 바이로이트에서 태어났습니다. 그의 아버지는 1807년 4월 19일, 37세에 결핵으로 사망했습니다. 어머니는 약사와 재혼했고, 서프로이센의 쿨름에 정착했습니다. 슈티르너가 20세가 되었을 때 베를린 훔볼트 대학교에 진학했고, 그곳에서 문헌학, 신학, 철학을 공부했습니다. 이후 그의 사상 형성에 영향을 미치게 되는 헤겔에게 강의를 들었습니다. 1841년 베를린에 머무는 동안, 자유인 모임에 참여하였습니다. 내성적인 성격의 슈티르너는 논쟁에 자주 참여하지는 않았지만, 모임에 충실했고 세심한 청중이었습니다. 현재 남아 있는 그의 초상화는 슈티르너의 전기 작가 맥케이(John Henry Mackay)의 부탁으로 엥겔스가 묘사한 것이 유일합니다. 《유일자와 그의 소유》의 출판 이후, 그는 〈슈티르너 비평가들〉을 써서 논쟁에 반박을 했고, 생활비를 마련하기 위해 애덤 스미스와 장바스티 세의 글을 번역했습니다. 이후 1852년에 《반동의 역사》을 썼고, 1856년 벌레에 물린 뒤 열병을 앓다가 그해 6월 25일 사망했습니다. 그의 장례식에 불(Ludwig Bühl)과 브루

노 바우어(Bruno Bauer)가 참석했습니다. 선생님, 잠시 엥겔스가 그린 그림을 보시지요.

이 그림은 본 적이 있네요. '자유인' 그룹이지요?

예, 맞습니다. 이 그림은 1842년 엥겔스가 그린 '자유인' 캐리커처입니다.

등장인물들은 누구지요?

왼쪽부터 루게(Arnold Ruge), 불(Ludwig Bühl), 나우베르크(Carl Nauwerck), 브루노 바우어(Bruno Bauer), 비간트(Otto Wigand), 에드가 바우어(Edgar Bauer), 슈티르너(Max Stirner), 마이엔(Eduard Meyen), 그리고 세 명의 무명 인물, 카를 쾨펜(Karl Köppen, 의자에 앉아 있는 사람)입니다.

그렇군요. 박 선생, 그림에 대해 잠시 설명을 부탁합니다.

예, 우선 브루노 바우어가 《라인신문》을 밟고 있습니다. 가운데 벽에는 단두대(斷頭臺)가 걸려 있고, 다람쥐가 왼쪽 모서리에 그려져 있습니다. 여기서 이 다람쥐는 프로이센 교육부 장관 아이히호른(Johann Albrecht Friedrich Eichhorn, 1779~1856)을 풍자한 것입니다. 1840년, 국왕 및 교육부 장관 알텐슈타인이 사망하고 새로운 왕으로

F. 빌헬름 4세가, 교육부 장관에 아이히호른이 오릅니다. 새로운 정권은 사회 문제가 조성되는 가운데 체제비판적인 사조에 감시의 눈을 강화합니다. 1842년에 아이히호른은 신학 문제와 관련해 본 대학에서 브루노 바우어를 면직에 처합니다. 그리고 헤겔학파의 분열이 발생하여 헤겔 좌파가 탄생합니다. 마르크스의 사상 형성 또한 이런 과정에서 있습니다. 덧붙이자면, 아이히호른은 1848년 혁명으로 실각합니다.

그렇군요. 그림에서도 그 시대의 상황과 배경을 읽을 수 있군요. 슈티르너가 '자유인' 모임에 참여했다는 얘기는, 그의 철학이 당대에 가장 급진적이고 도발적 모임에 속했다는 이야기군요. 왜냐하면 '자유인' 모임이 바로 헤겔 좌파 모임이기 때문이지요.

그런데 선생님이 보실 때, 슈티르너의 어떤 측면이 급진적이고 도발적인가요?

그의 저작은 철학, 정치학, 역사학, 심리학, 그리고 도덕의 최악의 요소들을 결합하고 이것을 단순한 동어반복, 화려한 수사학, 투쟁적 선언과 다 함께 묶습니다. 슈티르너의 반(反)도덕적, 반(反)정치적, 반(反)사회적 철학은 현대 생활에서 신성한 모든 것을 조롱하고 신성한 모든 사회적 규범들, 가치들 및 관습들의 위반을 칭찬합니다. 사회적 소외와 정치적 이데올로기에 대한 날카로운 비평가로서 슈티르너는 반란을 옹호하고 범죄를 옹호하며 국가에 대항하여 자신의 힘을 확장할 수 있는 자유로운 연합이나 코뮨 속에서 개인들이 서로를 찾도록 부추깁니다. 우리가 우리 자신을 돌보는 법을 배운 후에만 우리는 집단, 계급, 정체성, 그리고 국가라는 유적존재(Gattungswesen)의 표상들로서가 아니라, 오히려 유일한 동등한 사람으로서 서로를 돌보기 시작할 수 있다는 것입니다. 이것이 슈티르너의 급진적 모습이고 도발입니다.

저도 같은 생각입니다. 제가 슈티르너의 《유일자와 그의 소유》를 번역하면서, 지금 선생님이 말씀하신 내용을 아주 여러 번 느꼈습니다.

박 선생이 번역한 《유일자와 그의 소유》에 대해 설명이 필요해 보이는군요.

예, 알겠습니다. 막스 슈티르너를 최초로 비판한 비평가들은 모두 독일 포어메르츠기(Vormärz, '3월 전기'; 독일의 1848년 3월 혁명 이전의 기간)의 급진적, 문학적, 철학적 및 정치적 환경 내에서 글을 쓴 동시대 사람들이었습니다. 그들은 현대 인본주의의 중요한 창시자이자 《기독교의 본질》의 유명한 저자인 루트비히 포이어바흐, 당시 젊은 마르크스와 어울리던 포이어바흐주의자이자 공산주의자인 모제스 헤스, 이전에 보수적 헤겔주의의 옹호자였지만 그 당시 급진적 비평가가 된 브루노 바우어, 브루노 바우어의 '비판적 비판'의 지지자이기도 한 프로이센 장교인 셀리가, 여전히 학생인 동시에 다른 헤겔 좌파들과 함께 슈티르너를 '새로운 소피스트'라고 큰 소리로 외치는 소책

자의 저자인 쿠노 피셔이었습니다. 이들 중 헤스, 포이어바흐, 셸리가의 비평에 대한 비평은 슈티르너가 1845년 《비간트(Wigand)의 계간지》에 〈슈티르너 비평가들〉이라는 제목으로 응답하였습니다. 슈티르너가 인쇄물로 브루노 바우어에게 답장을 보낸 적은 없지만, 슈티르너의 책에 대한 브루노 바우어의 응답은 같은 해 1845년 호에도 실렸습니다. 1847년 후반에 슈티르너는 《비간트(Wigand)의 에피고넨》 3권에서 쿠노 피셔에게 〈철학의 반동주의자들〉이라는 제목으로 응답했습니다. 불행히도 슈티르너는 마르크스와 엥겔스의 《독일 이데올로기》(1845)라는 통렬한 비난에 응답할 수고를 덜었습니다. 왜냐하면 슈티르너의 《유일자와 그의 소유》를 비판했던 《독일 이데올로기》는 당대에 출판되지 못하고 미완성 초고상태로 남았기 때문입니다. 완역된 《독일 이데올로기》는 한국어로 2019년에 출판되었습니다. 이제야 비로소 《독일 이데올로기》의 맹렬한 공격과 함께 슈티르너의 《유일자와 그의 소유》을 읽을 수 있게 되었습니다.

정리하자면, 1844년 《유일자와 그의 소유》가 출간된 뒤, 슈티르너에 대한 헤스, 포이어바흐, 셸리가의 비평이 있었고, 다시 헤스, 포이어바흐, 셸리가에 대한 슈티르너의 비평이 있었는데, 그 글이 1845년에 발표된 〈슈티르너 비평가들〉이고, 슈티르너에 대한 쿠노 피셔의 비평에 대해 다시 슈티르너가 1847년에 비평한 글이 〈철학의 반동주의자들〉이지요.

예, 맞습니다.

그러면 《유일자와 그의 소유》을 좀 더 온전하게 읽기 위해서 〈슈티르너 비평가들〉과 〈철학의 반동주의자들〉을 함께 읽어야만 하네요.

예, 맞습니다. 다행히도 《유일자와 그의 소유》는 올해 최초 한국어로 번역되어 출판되었지만, 여전히 〈슈티르너 비평가들〉과 〈철학의 반동주의자들〉은 아직 한국어로 번역되지 않았습니다.

얘기를 들어보니, 박 선생이 해야 할 일이 더 있군요. 하하.

맞습니다. 그렇지 않아도, 〈슈티르너 비평가들〉(1845)과 〈철학의 반동주의자들〉(1847)을 한국어로 옮겨놓았습니다. 아직 마땅한 출판사를 찾지 못하였을 뿐입니다.

〈슈티르너 비평가들〉(1845)과 〈철학의 반동주의자들〉(1847)이 번역되어야 《유일자와 그의 소유》를 온전히 읽을 수 있게 좋은 출판사와 인연이 있길 바랍니다. 고생했습니다. 박 선생은 슈티르너의 철학과 우리의 삶은 어떤 관계가 있다고 생각합니까?

지금으로부터 100년여 전인 1922년에 독일 철학자 막스 슈티르너의 저작인 《유일자와 그의 소유》가 식민지 조선에 처음으로 소개되었습니다. 그를 소개한 사람은 염상섭(廉想涉)입니다. 슈티르너의 《유일자와 그의 소유》가 출판된 지 8년이 지난 1922년 7월에 염상섭은

《신생활(新生活)》에 〈지상선(地上善)을 위하여〉라는 글을 게재하였습니다. 〈지상선을 위하여〉에는 독일 철학자 '막스 슈티르너'의 글을 직접 인용하면서 자신의 견해를 밝히고 있습니다. 물론 이외에도 슈티르너를 식민지 조선에 소개한 인물이 또 있습니다. 그는 정백(鄭柏)입니다. 정백의 〈유일자(唯一者)와 그 중심사상(中心思想)〉이 《신생활(新生活)》, 1922년 9월호에 실려 있습니다.

그렇군요. 그렇다면 2023년은 《유일자와 그의 소유》가 출간된 지 179년이 지난 해군요. 박 선생이 생각할 때, 179년 전에 슈티르너가 우리에게 하고 싶었던 말은 무엇이라고 생각합니까?

제 생각에는 염상섭, 정백 등이 식민지 조선에서 슈티르너의 철학을 수용하고 변용한 것은 민족 해방을 위한 다채로운 저항의 모습 중 하나였다는 점에 의의가 있습니다. 무엇보다도 그들은 슈티르너의 '유일자', '반란자'에서 저항의 모습을 찾았던 것이고 이러한 모습을 민족 해방과 연결시켰다는 것입니다. 이러한 맥락에서 슈티르너가 우리에게 하고 싶었던 말은 "끊임없이 저항하라, 반란을 꿈꿔라."라고 생각합니다.

그렇군요. 카뮈의 《반항하는 인간》을 보니까, '유일자'라는 절에서 슈티르너의 철학을 소개하고 있더군요. 그러면서 카뮈는 "나는 반항한다. 그러므로 우리는 존재한다"라고 말하더군요. 슈티르너의 철학이 카뮈의 사상에도 영향을 미쳤다고 볼 수 있겠군요.

저도 그렇게 생각합니다.

슈티르너를 읽기 전에 이해해야 할 내용은?
조롱, 농담, 변증법

주제를 조금 바꾸어서 이야기를 더 해보지요. 슈티르너의 글을 읽기가 까다롭다고 알고 있습니다. 박 선생은 슈티르너의 글을 읽을 때, 주의해야 할 것이 무엇이라고 생각합니까?

막스 슈티르너의 《유일자와 그의 소유》의 영문 제목은 "The Ego and Its Own"입니다. 이 책은 터커(Benjamin R. Tucker)의 지도하에 바잉턴(Steven T. Byington)이 1907년 영어로 번역한 것입니다.

잠시만, 독어본 제목과 영어본 제목이 다르네요?

예, 맞습니다.

우선 눈에 들어오는 것은 독일어 'Der Einzige'을 영어 'The Ego'로 옮겼군요. 'sein Eigentum'을 'Its Own'으로 옮겼고요. 잘못 번역되었군요. 아주 중요한 점이군요.

다행히 2018년에 《유일자와 그의 소유(The Unique and Its Prop-

erty)》라는 제목으로 울피 랜드스트라커(Wolfi Landstreicher)의 멋
진 새 번역이 나왔습니다. 이 책은 이전에 나온 영어본의 오류들을 개
선했습니다. 그래서 저도 슈티르너를 번역하면서 이 책을 참조했습
니다.

그렇군요. 제대로 읽을 만한 책이 나오기까지, 한국도 서양도 많
은 시간이 흘렀군요.

예, 그렇습니다. 무엇보다, 아쉽지만 이제라도 번역되었다는 사실에
의미를 두어야 하겠습니다.

박 선생은 슈티르너의 철학을 어떻게 이해하고 있나요?

슈티르너의 철학은 어떤 우월한 전통, 인종, 성별 또는 국적을 이름으
로 나타내지 않습니다. 슈티르너는 주장합니다. 나는 당신의 가치, 당
신의 문제, 당신의 대의(大義)에 관심이 없다고 합니다.

그렇다면 슈티르너는 무엇에 관심을 두라고 하는 것인가요?

슈티르너는 무엇보다도, 나는 나에 대해 관심을 가진다고 주장합니
다. 그리고 그는 우리가 우리 자신을 돌보는 법을 배운 후에만 우리
는 집단, 계급, 정체성, 그리고 국가라는 유개념의 표상들로서가 아니
라 유일한 동등한 사람으로서 서로를 돌보기 시작할 수 있다는 것입

니다.

아, 그래서 《유일자와 그의 소유》에서 슈티르너가 마르크스의 '유적존재'를 비판하고 있군요. '유적존재'가 유개념의 표상이라고 할 수 있으니까요.

예, 맞습니다.

박 선생이 더 하고자 하는 말이 있다면, 하시길 바랍니다.

울피 랜드스트라이커의 글 〈Stirner, the Wise Guy〉에서 확인할 수 있듯이, 슈티르너는 비꼬기 잘하는 사람(wise guy)이었습니다. 왜냐하면 슈티르너는 찾아야 할 궁극적, 보편적 지혜가 없다는 것을 깨달았기 때문입니다. 철학자는 보편적 지혜를 추구합니다. 그래서 철학자의 목표는 조롱과 웃음의 가치만이 있는 헛된 꿈이라는 것입니다. 그리고 슈티르너는 자신의 글들에서 가장 기분 좋게 노골적 방식으로 자주 조롱하고 웃었습니다.

그렇군요. 슈티르너의 책을 읽을 때, 놓치지 말아야 할 대목이군요. 그런데 불행하게도, 그를 비판하는 사람들과 그의 제자들 모두 그 농담을 대부분 놓쳤다는 볼 수 있을까요?

그렇게 볼 수 있습니다. 그러니까 우리가 슈티르너의 책을 읽을 때,

바로 조롱과 농담을 놓치지 말고 읽을 필요가 있습니다.

다른 저작들은 어떤가요? 다른 글에서도 조롱과 농담을 하고 있나요?

　　예, 그렇습니다. 우선, 슈티르너는 철학 그 자체를 조롱하고 있습니다. 이것은 〈철학의 반동주의자들〉에서뿐만 아니라, 《유일자와 그의 소유》에서도 소크라테스에 대한 그의 논평에서 분명히 알 수 있습니다.

슈티르너는 헤겔 좌파도 공격했지요. 물론 여기서 헤겔 좌파라는 용어는 이 호칭으로 불리는 사람들이 사용한 것이 아니라, 19세기 중반의 헤겔 비판자들과 보다 정통적 헤겔 추종자들을 구별하기 쉽게 하기 위해 나중에 철학사가들에 의해 부여된 용어긴 합니다. 그들 중 다수는 히펠(Hippel)이란 사람의 와인 바에서 만난 그룹 이름인 자유인(die Freien)과 같은 모임의 친구이거나 적어도 동료였고요. 슈티르너가 이 모임에 참여했다는 것이지요.

　　그렇습니다.

그렇군요. 그렇다면 슈티르너는 당대 독일의 철학과 철학자들(헤겔, 헤겔의 제자들, 그리고 '헤겔 좌파'인 비평가들)에게 가장 맹렬하게 웃음을 터뜨렸다는 것이군요.

슈티르너의 조롱과 유희적 논리는 형이상학, 존재론, 윤리학 등등을 위한 여지를 남기지 않고, 철학적 설계 전체를 훼손합니다.

그렇다면 슈티르너의 조롱의 주요 초점은 무엇입니까?

슈티르너가 살았던 당시 독일에서 주된 철학적 방법이 되었던 헤겔식 방법입니다. 그리고 그의 농담은 이 책 전체에 스며 있습니다. 무엇보다도, 그는 헤겔의 《정신현상학》과 포이어바흐의 《기독교의 본질》의 토대를 훼손하면서, 두 저작과 필적(筆跡)하도록 《유일자와 그의 소유》의 개요를 주의 깊게 구성했습니다.

그렇군요. 그런데 어떤 학자들은 슈티르너를 최후의 헤겔주의자라고 불렀는데, 그 이유는 무엇인가요?

그 이유는 슈티르너는 자신의 책에서 헤겔의 변증법적 방법을 사용하기 때문입니다. 그러나 〈철학의 반동주의자들〉에서 슈티르너는 이것 또한 농담의 일부라고 설명합니다.

그렇군요. 최후의 헤겔주의자라고 부를 수도 있겠네요. 그런데 슈티르너는 자신이 조롱하는 사람들의 방법들을 사용하여 그들이 주장하는 방법들을 훼손하기로 선택한 이유는 무엇인가요?

슈티르너가 그들의 방법들을 믿었기 때문이 아니라, 기껏해야 그 방법들이 관념의 영역에서 거의 모든 용도로 사용할 수 있는 단순한 지적 도구라는 것을 보여주고 싶었기 때문입니다.

적들의 무기로 적들을 무너뜨리는 것이군요.

그렇습니다.

박 선생, 슈티르너가 괴테의 시 "헛되고, 헛되니, 헛되도다!(Vanitas! Vanitatum Vanitas)"을 차용하는 일과 관련하여 설명을 해주면 좋겠네요.

예, 사실 슈티르너가 말해야 하는 것은 변증법적이든 아니든, 어떤 종류의 보편적이거나 역사적 진보를 위한 여지를 남기지 않는다는 것입니다. 슈티르너가 괴테의 시 "헛되고, 헛되니, 헛되도다!"에서 차용한 같은 말로 자기 책을 시작하고 끝내는 것은 우연이 아닙니다.

그 말이 독일어 원문인 "Ich hab' Mein' Sach' auf Nichts gestellt."이지요?

그렇습니다.

박 선생은 그 문장을 "그 무엇도 내가 마땅히 해야 할 일을 결정하지 않는다."로 옮겼는데 "내가 해야 할 일은 무(無)에 근거한다."로 옮기지 않은 이유가 뭔가요?

그 독일어 문장은 문자 그대로 다음과 같이 번역할 수 있습니다. "내가 해야 할 일은 무(無)에 근거한다." 참고로 영문 개정판에는 "I have based my affair on nothing."입니다. 독일어 원문인 "Ich hab' Mein' Sach' auf Nichts gestellt."는 "나는 내가 해야 할 일을 무(無)에 두었다."로 옮길 수도 있습니다. 하지만 유일자 철학의 자율성이란 측면을 강조하고자 한다면 "그 무엇도 내가 마땅히 해야 할 일을 결정하지 않는다."로 옮길 수 있습니다.

그렇다면 그 말을 다시 음미하면 "나만이 내가 해야 할 일을 결정한다."로 옮길 수도 있다는 것입니까?

예, 그렇습니다. 괴테의 시는 친구들이 술자리에서 함께 웃으며 부르는 권주가 같은 느낌을 줍니다. 슈티르너가 책의 시작과 끝에서 그 말을 사용한 것은 "나는 재미있고, 그게 전부니까 너무 심각하게 받아들이지 마라."라고 말하는 방식이었습니다.

그렇다면 그가 제안하는 것은 무엇입니까?

예, 그것은 완전히 자각하는 자기향유와 그대 자신의 즐거움을 위한 자기창조라고 할 수 있습니다.

아, 그래서 슈티르너는 좌파와 우파의 도덕주의자와 특정한 이데 올로기 신봉자가 주장하는 것처럼 철저하게 보편적 또는 역사적 의미에서 반(反)역사적이고 반(反)진보적이군요.

예, 그렇습니다. 그러나 그것이 그의 제안을 진정으로 반란적이고 진 짜로 반(反)권위주의로 만드는 것입니다. 왜냐하면 역사와 진보는 언 제나 모두가 자신을 위해 살기를 바라는 지배 권력의 역사이자 진보 이고 지배 권력이 부과하는 이상과 가치였기 때문입니다.

그렇군요. 슈티르너의 반(反)역사적이고 반(反)진보적이며 참으로 자기중심적인 관점에 비추어볼 때, 독자들은 슈티르너의 책에 나 오는 역사적 진보에 대한 이야기와 명백히 진보적 묘사에 대한 이 야기가 농담의 일부, 그가 갈가리 찢어놓은 그의 조롱의 일부라는 것을 깨달아야 한다는 것이지요?

그렇습니다.

그의 조롱을 책의 내용과 관련하여 조금 더 구체적으로 언급해주 길 바랍니다.

《유일자와 그의 소유》의 제1부 제1장 〈인간의 삶〉이 개인이 어떻게 발전하는지에 대한 슈티르너의 견해를 나타내고 있다고 가정하는 것 은 잘못입니다.

그렇다면 제1부 제1장 제목인 〈인간의 삶〉에서, 슈티르너는 우리에게 그 제목이 자신의 관점이 아니라, 오히려 농담의 일부라는 강한 암시를 주었다는 말인가요?

예, 맞습니다. 비록 슈티르너의 조롱이 모든 고정관념에 대한 공격이지만, 개개의 유일한 존재와 그 존재의 자기향유보다 상위에 자리 잡은 모든 관념에 대한 공격이기 때문입니다.

그럼 공격의 주요 인물은 누구인가요? 슈티르너가 조롱하는 중심 공격 대상은 포이어바흐, 브루노 바우어와 에드가 바우어, 그리고 다른 '비판적 비평가들'인가요? 그리고 당시의 다양한 자유주의자들과 급진주의자들이 기독교와 유신론의 대체물로 제시한 인본주의인가요?

예, 맞습니다. 슈티르너가 '인간의 삶'에 대해 말할 때, 그는 자신의 삶에 대해서도, 당신의 삶에 대해서도, 나의 삶에 대해서도, 일반적으로 '인류'의 삶에 대해서도 말하는 것이 아닙니다. 그가 명시적으로 한 번 이상 말했듯이, 슈티르너에게 '인류'의 삶 그 자체는 유령(phantasm)에 지나지 않기 때문입니다.

그렇군요. 직접 그의 글을 보니, "인류에, 일반화에, '존엄'에, 유령에 반항하여 싸운다, 인류 그 자체가 하나의 생각(유령)일 뿐이다"라고 하더군요.

예, 그는 자신의 반대자들이 인간의 발전을 어떻게 보는지에 대해 희화화하고 조롱하는 관점을 제시하고 있다고 독자에게 말하고 있는 것입니다.

그렇군요. 그럼 텍스트에서 어떤 부분이 조롱이라고 생각합니까?

같은 방식으로, 가정된 역사적 진보에 대해 슈티르너가 제시한 묘사인 '제1부: 인간', 특히 〈위계질서〉는 역사에 대한 슈티르너 자신의 관점이 아니었습니다.

슈티르너는 상당히 의도적으로 반(反)역사적이었군요.

예, 그렇습니다. 그는 자신이 비판하는 사람들의 관점을 뒷받침하기 위해 헤겔의 관점을 사용하는 사람들에게 헤겔의 관점으로 되받아쳐서 헤겔의 변증법적이고 진보적인 역사관을 조롱하고 있었습니다. 슈티르너가 조롱한 관점에서 발견되는 명백한 인종의 위계질서는 헤겔에서 직접 나온 것입니다.

그렇군요. 당시의 대부분의 진보적 사상가들과 마찬가지로 헤겔은 인종을 생물학적으로 이해하지 못했고 모든 인류가 결국 그가 믿었던 진보적 변화를 달성할 수 있다고 가정했었지요.

예, 저도 그렇게 알고 있습니다.

그럼 슈티르너의 장난스러운 주장은, 비록 진보하는 역사가 있다고 가정하더라도, 헤겔 자신의 논리에 의해 결국 자기중심성으로 돌아가야 한다는 것인가요?

맞습니다.

그렇군요. 그런데 책에서 '몽골인 기질'이란 무엇을 의미합니까?

아, 예, 그가 독일의 동시대인들에 대해 '몽골인 기질'이라고 말하는 것은 검열을 피하기 위한 그의 전술 중 하나였습니다.

그렇군요. 책 읽을 때, 간과하지 않아야 할 문제이군요. 직접 그의 글을 보니, "내가 가끔 이 자리에서 삽화로 집어넣을 우리의 몽골인 기질에 대해 정확성을 요구하거나 심지어 진실의 증명을 요구하면서 역사적 성찰을 하려는 것이 아니라, 다만 그러한 성찰이 나머지 문제를 뚜렷하고 분명하게 하는 데 도움이 될 것으로 생각하기 때문에 그렇게 한 것이다"라고 하더군요.
검열을 피하기 위한 그의 또 다른 전술이 있나요?

당시 독일 당국에 대해 비판적 언급을 할 때마다 '독일' 대신 '중국' 또는 '일본'이라고 합니다. 이것 또한 농담의 일부였다는 것을 보여주기 위한 것입니다.

그렇군요, 그런데 슈티르너의 생각과 도교 및 불교의 견해 사이에 많은 유사점이 있더군요. 이미, 1906년에 알렉산드라 다비드 넬(Alexandra David-Neel)이 슈티르너의 생각을 도교 신자 양주(Yang-Chou)의 생각과 비교했더군요. 슈티르너는 각 개인의 덧없음을 강조했고 결정된, 항구적 '나'를 여전히 또 다른 유령으로 보았기 때문에, 어떤 다른 항구적 관념만큼이나 항구적 '나'를 거부했다고 볼 수 있을까요?

그렇게 볼 수 있습니다. 그는 생각의 한계를 뛰어넘는 것이 지금 여기에서 덧없는 나로 온전히 살기 위해 필요한 부분이라고 보았습니다. 그는 자기향유를 자기망각 속에서 가장 완전하게 성취되는 것으로 보았습니다. 그리고 〈슈티르너 비평가들〉에서, 그는 《도덕경(Tao Te Ching)》에서 도(道)에 대해 이야기하는 데 사용되는 방법과 매우 유사한 방식으로 '유일자(der Einzige)'에 대해 말했습니다. 이 주제 또한 연구해볼 만한 것이라고 생각합니다.

그의 글을 직접 읽어보면, "슈티르너는 유일자라고 이름을 붙이고 동시에 다음과 같이 말한다. 이름은 유일자라고 이름 붙이지 않는다. 슈티르너가 유일자라고 이름 붙일 때, 그는 어떤 이름을 말로 나타낸 것이고, 유일자는 단지 하나의 이름이라고 덧붙여 말한다. … 슈티르너가 말하는 것은 어떤 말, 어떤 생각, 어떤 개념이다. 하지만 그가 의도하는 것은 결코 말이 아니고, 생각도 아니며, 개념도 아니다. 그가 말하는 것은 의도했던 것(Gemeinte)이 아니며 그가 의도한 것은 말할 수 없다"라고 하더군요.

그는 도와 유일자를 얘기하는 데 유사한 방법을 사용하고 있습니다.

참으로 유사하군요. 그런데 슈티르너는 어떻게 이러한 유사점에 도달할 수 있었을까요?

저는 슈티르너가 베를린 대학에 있을 때 헤겔의 어떤 강의를 들었는지는 모르지만, 헤겔이 동양철학 강의를 했다는 것을 확인했습니다. 이것은 당시 독일에서 불교, 도교 및 기타 동양의 저술을 손에 넣을 수 있었음을 나타냅니다. 그리고 저는 슈티르너가 그것들 중 일부를 읽었고, 자기중심적 자기 창조자답게 그러한 글들에서 매력적이고 유용하다고 생각한 것을 취하여 자기 자신의 생활 방식과 세상을 보는 방식을 향상시켰다고 생각하고 싶습니다.

그렇다면 슈티르너에게는 역사의 궁극적 목적도, 내재된 진보도 없었기 때문에, 그에게 변증법은 도구에 지나지 않았다는 것입니까?

예, 그렇습니다. 슈티르너가 이 변증법이라는 도구에 대해 발견한 용도는 바로 변증법을 약화시키기 위해 변증법을 사용하는 것이었습니다. 그리고 이 일은 조롱과 비꼼을 통해 가장 잘 작동했습니다. 슈티르너는 무신론자라고 부르는 것을 좋아하는, 철저하게 불경한 무신론자였습니다.

그렇다면 슈티르너는 자신의 삶에서 신에 대한 필요나 욕망이 전혀 없었으며, 심지어 어떤 궁극적으로 결정된 '나'를 성취하는 것조차 원하지 않았으며, 그는 기꺼이, 그리고 사실상 그의 불경건함의 온전한 의미를 받아들이는 것을 기뻐했다는 것인가요?

그렇습니다.

조금 더 첨언해주길 바랍니다.

예, 알겠습니다. 신이 없다면 도덕의 근거도 없습니다. 신이 없으면 신성한 것에 대한 근거도 없습니다. 신이 없다면 보편적 의미도, 보편적 목표도, 보편적 목적도 없습니다. 사실, 보편적 세계도 없습니다. 그 세계는 부조리합니다. 유일한 의미, 목표, 목적 그리고 세계는 개인이 자신을 위해 창조하는 덧없는 세계입니다. 이 전반적 부조리에 직면하여, 사람들은 그것을 무시하고 자기 자신의 의미를 보편성이라고 가정하도록 선택할 수 있습니다. 이것을 슈티르너는 '기만당한 자기중심적 사람'이라고 불렀습니다.

그렇군요. 그런데 앞서 얘기한 것은 종교의 전형적 행로이지요. 그래서 사람들은 새로운 종교에 빠질 수 있으며, 그래서 다시 '기만당한 자기중심적 사람'이 될 수 있지요. 또는 사람들은 슈티르너가 한 일을 할 수 있고 궁극적 부조리에서 해학을 볼 수 있겠군요. 그리고 사람들은 이러한 보편적 의미와 목적의 결여가 우리 자신을 위해 우리의 삶을 의도적으로 창조할 수 있는 능력을 부여한다는 것을 인식하고 있겠군요.

맞습니다. 슈티르너는 의도적으로 자기 자신의 자기 창조적 힘을 파악하고 신성한 것을 파괴할 목표로 삼았습니다. 그는 신성한 것을 무너뜨리기 위한 최고의 무기가 조롱하는 웃음이라는 것을 알고 있었습니다.

그렇군요. 박 선생, 다른 주제로 넘어가보지요.

▌ 한국 사회, 그리고 슈티르너 철학

계속해서, 현재에 슈티르너 철학을 읽어야 할 이유를 얘기하면 좋겠네요. 내가 보기에 슈티르너는 나쁜 믿음의 장막을 뚫고 유령들이 무엇인지 폭로하기 위해 그것들이 처음에 어떻게 나타났는지, 즉 복종 이야기를 들려주고 있다고 생각합니다. 그렇습니까?

맞습니다. 그는 어떻게 그리고 왜 "국민들이 복종으로 무기력하게 살아가는가?"에 대해 설명합니다. 이것이 그가 헤겔의 역사적 도식을 재전유한 이유입니다. 역사적 도식들은 그 자체로 변증법적이지 않고, 오히려 변증법적 변이(變移)의 풍유들, 현재가 항상 과거의 최고 결과라는 '역사적' 사고에 대한 풍자들입니다. 이것이 역사적 도식들의 현존을 정당화하는 유일한 방법인 것 같습니다.

그렇군요. 그런데 풍유적 말투로 슈티르너가 보여주는 유일하고 진정한 창의성은 오늘날에도 여전히 정치적 자유주의, 사회적 자유주의, 인본적 자유주의와 관련이 있는 것입니까?

이른바 자유주의의 '변증법'이라고 할 수 있습니다. 다음과 같이 공식화할 수 있습니다. 정치적 자유주의 : 부정 → 사회적 자유주의(공산주의) : 부정 → 인간적 자유주의(인도주의, 비판주의)입니다.

그렇다면 슈티르너가 '고대인'과 '현대인' 그 뒤에 오는 절(節)을 '자유인'이라고 불렀는데, 그 이유에 대해 설명을 부탁합니다.

예, 알겠습니다. 슈티르너는 청년 헤겔학파 집단의 이름을 '자유인'이라고 명명하였습니다. 좀 더 구체적으로 말씀드리면, 자유인은 마르크스, 엥겔스, 루게, 그리고 브루노 바우어 같은 동료들이었습니다. 슈티르너의 공격은 그들을 향했고, 그들이 진정으로 즐겨야만 했던 일종의 선물이었습니다.

그렇군요. 그래서 자유인에 대한 슈티르너의 언급을 직접 보니, '자유인'은 현대인과 다르지 않고, 오히려 "현대인 중 더 현대인

일 뿐이고 가장 현대인일 뿐이다. 게다가 자유인은 현대에 속하고, 무엇보다도 여기서 현재라는 것이 우리의 주의(注意)를 끌기 때문에, 하나의 별개의 장으로 다룰 뿐이다"라고 하는군요.

이러한 이론적 움직임은 150년 후에 '포스트모던'이라는 용어에서 일어날 일과 유사합니다. 즉, 포스트모던은 현대를 넘어선 것이 아니라 현대성의 가장 현대적 형태, 현재만을 의미합니다.

앞서, 정치적 자유주의 → 사회적 자유주의(공산주의) → 인간적 자유주의라는 이러한 정치적 지형에 대해 주목해야 하는 이유는, 세 가지 견해가 모두 현재 존재할 뿐만 아니라 오늘날에도 여전히 영향력이 있기 때문입니까?

예, 그렇습니다.

그렇다면, 세 가지 견해가 모두 현재 존재할 뿐만 아니라, 오늘날에도 여전히 어떤 영향력이 있는지를 얘기해야 하겠군요.

정치적, 사회적 그리고 인간적 자유주의는 모두 같은 오류에 빠지고 있으며, 그것들의 완전한 해체만이 그것들을 넘어설 수 있습니다. 정치적 자유주의는 프랑스혁명의 공화정(예를 들어, 루소, 칸트, 로베스피에르)과 연결됩니다. 그리고 사회적 자유주의는 사회주의와 공산주의의 새로운 이데올로기에 대한 슈티르너의 표현법입니다. 하지만 마르크스 이전에는 프루동과 바이틀링이라는 공상적 사회주의와 더 관련이 있습니다. 마지막으로 인간적 자유주의는 슈티르너가 청년 헤겔학파의 '비판적 비판', 특히 신과 국가를 낮추면서 인간을 높이는 그들의 세속적 비판의 형태(예를 들어, 포이어바흐, 바우어)에 붙인 이름입니다. 정치적 자유주의는 '민주정'으로 이름이 바뀌었고, 민주정은 대부분의 정치적 주장이 정당화되는 핵심 기치입니다. 그리고 사회적 자유주의 또는 사회주의는 여전히 자본주의의 대안을 위한 열망을 불러일으킵니다. 인간적 자유주의 또는 인도주의는 국제 인권법과 담론을 위한 기초적 뼈대입니다. 이러한 맥락에서 정치적, 사회적 그리고 인간적 자유주의를 읽어야 할 필요가 있습니다.

그렇군요. 그럼 정치적, 사회적 그리고 인간적 자유주의에 대해 좀 더 이야기해야 하겠군요. 아시다시피, 정치적 자유주의는 정치적 자유라는 이상 아래 시민들이 하나의 국가로서 결합하는 자유로운 국가를 추구합니다. 다시 말해 절대 군주국의 전복, 주권 공화국의 수립, 양도할 수 없는 권리의 부여, 이것들이 정치적 자유주의의 수사 어구라고 생각합니다. 슈티르너와 관련해서 박 선생의 생각을 들어보고 싶군요.

말씀드리면 다음과 같습니다. 독단적 주인으로부터의 자유, 그것이 바로 정치적 자유주의의 부르짖음입니다. 이러한 이론은 개인이 의원 선출을 통해 통치하고 법의 구속을 받는 권위 있는 기관에 자신의 권한을 포기하는 데 동의하는 사회계약을 가정합니다. 슈티르너가 주장하듯이 혁명으로 공화국을 세울 수는 있지만, 최종 결과는 결코 혁명적이지 않습니다.

그렇군요. 슈티르너가 주장하듯이, "혁명은 모든 현존하는 권력 기구를 겨냥했던 것이 아니라, 오히려 바로 그 현존하는 권력 기구, 다시 말해 어떤 특정한 권력 기구를 겨냥했었다. 그 혁명은 지배자 전체가 아니라 특정한 지배자를 제거하는 것이었다"는 것이군요.

이 새로운 통치자 또는 '세속적인 신(국가)'은 국가의 국민에게 정치적 자유를 부여합니다. 그러나 슈티르너가 나중에 주장하듯이, 자유는 결코 주어질 수 없으며, 다만 가져갈 수 있을 뿐입니다. 정치적 자유주의는 자유가 선물이라고 생각하도록 우리를 속인다는 것입니다.

그렇군요. 첫눈에, 정치적 자유에 대한 슈티르너의 비판은 같은 해에 출판되고 확실히 슈티르너가 읽었던 마르크스의 평론《유대인 문제에 대하여》에서 마르크스의 정치적 해방에 대한 비판과 공통점이 있어 보이는군요.

예, 맞습니다. 두 사람 모두에게 '정치적' 영역은 '나'를 해방시키는 것이 아니라 오히려 '나'를 공적 '시민'과 사적 '부르주아'로 분리함으로써, '나'를 나 자신의 독특함과 구별하는 것입니다. 국가 속에서 나는 단지 시민일 뿐, 결코 욕구, 욕망, 이해관계를 가진 나의 구체적 나가 아니라는 것입니다. 마르크스에게, 국가는 인간의 소외된 사회적 힘입니다. 그러나 슈티르너에게, 국가의 자유는 '인간의 유적-존재'라고 불리는 어떤 추상에서 유래하는 것이 아니라 나에게서 유래하는 것이며, 그래서 국가가 더 자유로울수록 나는 덜 자유롭다는 것입니다.

그렇군요. 정치적 자유주의의 상태에서 사람들은 법과 관계하여 모두 동등하게 '자유'롭지만 즉, 독단적 주인으로부터의 자유이지만, 재산이나 부와 같은 삶의 다른 측면에 있어서는 동등하게 자유롭지 않습니다. 그렇지 않습니까?

맞습니다. 이러한 소유의 불균형은 새로운 종류의 복종, 즉 계급 지배를 만듭니다. 슈티르너에게 이러한 물질적 불평등은 상호 의존 체제를 만듭니다. 그러한 체제에서, 대다수의 개인은 자신의 필요를 충족시키기 위해 다른 사람을 위해 강제 노동을 합니다. 그러한 노동(심지어 '자유로운' 사회에서) 노예 신분을 변형한 것일 뿐이라는 것입니다. 슈티르너는 노동자들이 그들 자신의 소외된 활동을 통해 어떻게 예속되는지를 강조하기 위해 헤겔이 그랬던 것처럼, 애덤 스미스의 전형적 핀 공장 사례를 사용합니다.

그렇군요. 다른 사람에 의해 사용 및 착취되고 완전한 인간이 되는 것이 차단되고, 약하게 만드는 기계와 같은 작업을 수행하는 슈티르너의 묘사는 그 당시 출판되지 않은 마르크스의 1844년 파리 원고와 섬뜩할 정도로 비슷하군요. 아마도 둘 다 같은 출처를 읽고 같은 공산주의자의 비판을 듣고 있었기 때문에 그럴 것 같군요.

저도 그렇게 생각합니다. 그런데 슈티르너가 보기에, 이러한 공산주의자들은 부족한 관점, 즉 노동의 관점에서 부르주아 사회의 부자유, 불평등, 소외를 비판합니다. 부르주아지의 거짓말을 인식한 공산주의자들은 노동을 평등의 새로운 근거로 삼습니다.

그렇군요. 그렇다면 노동의 입장은 비판의 대상이 아니라 비판의 입장이 되는군요. 쉽게 말해 우리 각자는 노동자라는 것이 우리의 동등성이며, 이 점에서 우리는 동등하다는 것이군요.

맞습니다.

그런데 말이죠. 착취에 대한 비판과 불평등의 폭로는 둘 다 긍정적 발전이지만, 일단 노동이 인간의 '새로운' 본질로 받아들여지면 둘 다 문제가 된다고 생각합니다. 박 선생은 어떻게 생각합니까?

예, 제가 이해했을 때, 노동력이 존재의 필요조건일 수 있지만, 노동력의 형이상학적 지위로의 승격은 다른 속성들과 힘들을 부정합니다.

그렇다면 인간의 본질을 노동력으로 환원하는 것은 잘못이지요.

맞습니다. 마르크스와 엥겔스의 《공산당 선언》보다 4년 전에 작성된 노동의 관점에 대한 이러한 비판은 이제 현대적 발전으로 간주됩니다. 그다음에 슈티르너의 이 비판과 마르크스에 대한 유일한 직접적 언급(슈티르너는 유적존재라는 개념을 비판한다)에서 슈티르너는 이미 우리와 동시대 사람입니다.

그렇군요. 마르크스는 유적-존재라는 개념을 포이어바흐로부터 가져왔을 가능성이 높으며, 포이어바흐는 헤겔로부터 그것을 차용했을 가능성이 가장 큽니다.

그렇게 알고 있습니다. 슈티르너의 유적-존재에 대한 비판으로 나의 비-동일성을 강조하는 것입니다.

그런데 말이죠. 공산주의자의 관점에서 두 번째 잘못은 정치적 전략의 차원에서 발생한다고 생각합니다. 소유가 사람들을 불평등하게 만드는 것이라면, 그렇다면 평등화 방법은 모든 소유를 폐지하는 것입니다. 더 이상 개인의 소유를 아무것도 없게 하는 것입니다. 그렇다면 소유가 어디로 넘어갔습니까? 우리의 본질적 평등은 우리의 노동에 있기 때문에, 그리고 모든 노동은 본질적으로 사회적이기 때문에, 모든 소유는 사회에 귀속되어야 하지 않습니까? 사회는 근본적 주권자로서의 국가를 대체하여, 사회가 평등과 자유를 인정하게 되고 권위와 권리를 부여하게 되지 않습니까?

맞습니다. 슈티르너가 주장하듯이, 또 다른 주인의 변화입니다. 우리가 모든 것을 얻는 사회는 우리를 사회에 '봉사하고 충성하게 만드는', 새로운 주인이고, 새로운 유령이며, 새로운 '최고의 존재'입니다. 우리의 모든 소유를 새로운 주인에게 주는 것은 우리를 자유롭게도 평등하게도 만드는 것이 아니라, 정확하게 무소유로 만드는 것입니다.

그렇군요. 그런데 정치적 자유주의에서, 자유는 법에 대한 모든 사람의 동등한 복종에 기반을 두었습니다. 사회적 자유주의에서, 자유는 모든 사람이 노동자로서의 지위로 동등하게 환원하는 데 기반을 두었습니다. 슈티르너가 비판하는 세 번째이자 마지막 정치적 이데올로기인 인간적 자유주의에서, 자유는 무엇에 기반을 둡니까?

인간적 자유주의에서, 자유는 인간의 보편적 인간다움을 기반으로 합니다. 인간적 자유주의 또는 인본주의는 삶의 모든 측면을 인간답게 만들려는 운동이고, 삶을 더욱 인간답게 만들려는 운동입니다. 우리는 모두 인간이기 때문에, 우리의 인간다움이 모든 대의(大義)의 기준이 되어야 한다는 것입니다.

그렇군요. 그런데 공산주의가 노동 착취를 바꾸려는 것이 옳았다면, 노동의 실제 내용이라는 점에서 충분하지 않았습니다. 공장 노동, 농장 노동, 돌봄 노동, 이것들은 모두 최종 결과인 임금을 위해서만 행해집니다. 그런 노동에서 생각해야 할 점은 여가, 탈

출일 것입니다. 이 일은 너무 자기중심적이라고, 이 일은 단지 '노동자의 의식'일 뿐이라고 인본주의자들은 선언합니까? 그 대신 인본주의의 노동과 인간다운 의식이 필요하다고 주장합니까?

그렇습니다. 인본주의자들의 견해에 따르면, 우리 인간다움의 토대는 자기-의식, 곧 비판적이고 추론하는 마음이 인간다움을 위한 새로운 기준이 된다는 것입니다. 노동은 더 이상 자기중심적 목적을 위해 행해야 하는 것이 아니라 진보와 인간다움을 위해 행해야 하는 것입니다.

그렇군요. 그런데 '유일자', '나'는 단지 인간다운 인간이 아니지요. 슈티르너에 따르면 '유일자', '나'는 인간답지 않은 인간이지요. 인간다움은 단지 나의 속성들 중 하나일 뿐, 나를 규정하고, 지배하지 않는다는 것이지요. 사실, 그 누구도 유개념적 인간이 아니며, 오로지 인간답지 않은 인간이 현실의 인간이라는 것이지요?

그렇습니다.

마지막으로 질문을 하면서 대화를 마쳐야 할 것 같군요. 인간적 자유주의는 정치적, 사회적 자유주의가 시작한 것, 곧 개별성의 근절을 성취하지요. 첫째, 개개의 권위는 법으로서의 국가로 옮겨졌지요? 그런 다음 개개의 소유는 노동을 통해 사회에 제공되었습니까? 그렇다면 이제 개개의 자기-결정은 이성을 통해 인류에게 주어져야 한다는 것이지요. 이성을 통한 최종 결정은 유개념적 노동, 유개념적 생각, 유개념적 인간의 시민이지요? 그러니까 내가 사회에 포함되기 위해, 전체의 일부가 되기 위해 존재야 한다는 것이지요? 이러한 기본 조건들이 충족되지 않으면, 나는 존재하지도 않는 것이지요? 기본 조건들은 나에게 자유를 허가하는 것이지요?

맞습니다. 그러나 이 자유는 나의 것이 아니라, 나 자신을 포기하는 것에 기초하고 있다는 것입니다. 슈티르너에 따르면, 나를 단일한 정체성(identity), 속성(property) 또는 본질에 고정시키는 어떤 것이든 결코 나를 자유롭게 만들 수 없다는 것입니다. 정치적 자유에 뿌리를 둔 정치적 자유주의는 국가를 자유롭게 만들었고, 사회적 평등을 위한 열망에 근거한 사회적 자유주의는 사회를 자유롭게 만들었으며, 인간 평등의 세계를 추구하는 인간적 자유주의는 인류를 자유롭게 만들었다는 것입니다. 그래서 국가, 사회, 인류가 새로운 지배자가 되었다는 뜻입니다. 우리가 모든 경우에 포기하는 것은 우리의 자기소유성, 우리 자신의 비-동일성을 유일하게 결정할 수 있는 힘입니다.

그 힘을 소유한 사람이 자기중심적 사람, 곧 유일자라는 것이군요!

맞습니다.

슈티르너 책의 발간과 관련된 향후 연구계획은 무엇인가요?

제가 보기에, 슈티르너의 글은 억압과 소외 그리고 복종이 있는 현실에서 나답게 사는 길, 자율적 주체로 사는 일을 고민하게 만드는 책이었습니다. 마침 슈티르너를 자신들의 책 중 상당 부분을 할애하여 가혹하게 비판했던 마르크스·엥겔스의 한국어본 《독일 이데올로기》가 2019년에 완역되었습니다. 따라서 슈티르너에 대한 그들의 비판을 다시금 검토하고 음미하는 일이 남아 있습니다.

오랜 기간의 노력이 드디어 빛을 발할 수 있게 되어 너무나 기쁘네요. 이 책이 척박하고 소외되어왔던 국내 슈티르너 연구의 안내서가 될 것이며 박종성 교수 역시 이를 통해 국내 슈티르너 연구를 가장 선두에서 이끄는 연구자가 될 것을 기대합니다.

감사합니다.

마지막으로, 앞서 이야기했던 맥락에서, 박 선생에게 《유일자와 그의 소유》, 〈슈티르너 비평가들〉과 〈철학의 반동주의자들〉에 대한 '입문서'를 기대해봅니다.

그러지 않아도 '입문서'로 적절한 영어본의 초역을 마쳤습니다. 아직 출판사를 찾지 못했습니다.

그렇군요. 어서 좋은 인연을 맺을 출판사를 만나길 바랍니다. 박 선생, 오늘 소중한 시간을 함께하여 기뻤습니다!

저 또한 기원합니다. 선생님, 오늘 선생님과의 대화는 저에게 기쁜 시간으로 남을 것입니다. 감사합니다.

5장

예술과 해방,
미학적인 것의 정치성

대화자 박민경

| 서양 예술철학의 첫 논의는 예술을 체제 밖으로 쫓아내는 시도로

안녕하세요? 매달 세미나 모임에서 여럿이 함께 이야기를 나누다가 이렇게 단독으로 뵙게 되니 왠지 기분이 새롭습니다. 오늘 선생님과 나눌 대화의 주제는 '예술과 해방'입니다. 최근 인공지능의 창작이 논쟁거리로 등장했듯이, 늘 새로운 이슈로 마주하는 만큼 '예술' 자체는 꽤 익숙한 주제라고 할 수 있겠어요. 그리고 '해방'이라는 말도 좀 평범한데, 우리가 일상에서 무언가로부터 자유로워졌다는 의미로 자주 사용하다 보니 대수로울 게 없어 보입니다. 가령 '예술과 해방'이라는 말을 들으면 먼저 '예술의 해방'을 떠올리는 식이죠. 예술을 비예술과 구분시켜주는 속성을 탐구하고 예술이란 무엇인가를 규정했던 철학적 정의로부터 자유로워졌다며 마침내 '무엇이든 예술이 될 수 있는'

현상을 가리키는 것으로 이해됩니다. 하지만 우리의 주제는 예술의 해방이 아니라 인간의 해방입니다. 그렇게 보면 '해방'은 어딘가 뜬금없는 주제처럼 들리는데, 비현실적인 이미지로 관심 밖의 사안이 된 지 오래된 느낌이거든요. 그래서 골동품 같은 유물을 오늘의 이야기로 제시해보는 것이 이 대화의 배경이라고 해도 좋을 것 같습니다. 자유로운 사회를 위해 예술은 무엇을 할 것이며 무엇을 할 수 있는가 혹은 예술은 인간 해방에 어떻게 기여하는가, 이러한 물음이 될 수 있겠어요. 저는 이 주제를 예술의 기능이라는 철학적 관점에서 이야기하고자 합니다.

음, 예술의 기능이라⋯. 맨 먼저 플라톤이 떠오르네요. 서양에서 예술에 관한 논의를 처음 시작한 철학자는 플라톤일 겁니다. 그리고 그 논의는 예술의 기능에 관한 것이었고요. 이상적인 정체에 관한 플라톤의 구상이 담긴 저서 《국가》를 읽어봐서 알겠지만, 거기에 서양 예술철학사를 관통하는 중요한 이야기가 나오죠. 이른바 '시인추방론'으로 알려진 내용 말이에요. 플라톤은 《국가》를 통해 자신의 이상 국가를 건설한 후, 맨 마지막 10권에 가서 그런 나라에 "시인이 설 자리는 없다"고 주장합니다. 상당히 논쟁적인 이야기예요. 《국가》에서 플라톤은 최선의 정치체제로 철인이 통치하는 국가를 제안합니다. 그래서 이데아론 같은 사상이 펼쳐지는 거고요. 그 대화의 배경에는 당대 '정치와 철학'의 긴장 같은 것이 흐르는데, 그 맥락을 고려하면 시인추방론이 얼마나 흥미로운 이슈인지 알게 됩니다. 무슨 이야기인지 알고 있죠?

네, 이야기의 중심은 왜 플라톤이 시 이야기를 할 수밖에 없었는가 하는 것입니다. 흔히 예술철학서들은 "예술의 본질은 모방이다"라는 플라톤의 정의로 시작하는데, 저는 강의 때 플라톤이 왜 예술의 본질을 이야기하게 되었는지에 관심을 쏟도록 유도합니다. 플라톤은 시인추방론의 정당성을 위해 시의 본질을 규명할 필요가 있었고, 거기서 미메시스, 즉 시의 모방적 속성이 문제가 되었어요. 하여튼 플라톤은 이상적인 정치를 위해 시를 체제 밖으로 내쫓는, 아주 과감한 주장을 펼쳤죠. 호메로스를 쫓아내고 그 자리에 소크라테스를 앉혔습니다. 현대식으로 말하면 '철학과 예술의 불화·반목'으로 불리는 것인데, 진리의 왕좌를 두고 철학과 예술이 대립하는 양상을 표현한 것이죠. 플라톤의 이데아론에 따르면 그것은 당연한 귀결입니다. 그런데 문제는 단순히 진리와 관련해 철학의 우월함을 강조한 데 그치는 것이 아니라는 거예요. 인류의 스승으로 추앙하는 시인 호메로스를 끌어내리고 그 자리에 철학자 소크라테스를 앉히려는 목적이 아니라, 아예 호메로스를 추방하고자 했습니다. 철인이 통치하는 국가에 시인이 있어서는 안 된다는 극단적인 주장을 한 셈이에요.

우리가 《국가》에서 놓치지 말아야 할 점이 예술에 관한 논의가 정치라는 맥락에서 이루어지고 있다는 사실입니다. 플라톤이 이상국가에서 시인을 추방하는 까닭은 시가 사회에 미치는 영향 때문이었어요. 여기서 우리는 예술의 사회적 기능이라는 주제를 포착하게 됩니다. 일례로 플라톤은 시가 인간의 욕구나 감정과 같은 비이성적인 부분의 활동에 결정적인 역할을 함으로써 인간을 이

성적이라기보다 감정적으로 만든다고 지적했지요. 예술이 인간을
타락시켜 공동체에 악영향을 미칠 수 있다는 점을 경계했습니다.

소크라테스가 젊은이들을 타락시켰다는 혐의로 사형을 당했으니까
요. 플라톤이 보기에 그것은 분명 잘못된 판결이었는데, 배심원들이
대중적인 분위기에 휩싸여 감정적으로 대응한, 즉 이성적으로 올바
르게 판단하지 못한 결과입니다. 스승의 무죄를 변호하는 듯한 저술
《소크라테스의 변론》을 《국가》와 연결해서 보면, 철학은 죄가 없다며
이성적인 인간을 타락시키는 주범으로 철학이 아니라 예술을 지목하
고 있는 셈이에요. 당시 플라톤이 문제 삼은 '모방적 시'인 극은 그리
스 문화의 중심이나 다름없었는데, 극작가들이 대중에게 미친 영향력
을 고려하면 이상 국가에서 그것은 큰 문제가 아닐 수 없습니다. 선생
님 말씀대로 정치적 문맥을 고려하면, 플라톤은 시인을 일종의 데마
고그(demagogue), 즉 정치적 선동가로 간주하는 것 같아요.

그러니 예술은 이상적인 정치체제 안에 있어서는 안 되겠죠. 어떻
게 보면 플라톤은 예술의 정치적 영향력을 꿰뚫어본 최초의 철학
자인 셈이에요. 역설적으로 플라톤에 의해 예술은 그토록 특별한
지위를 차지하게 된 게 아닌가 싶은데, 곰곰이 생각해보면 예술의
기능에 관한 논쟁적인 역사는 플라톤이 처음 부여한 바로 그 위상
에서 비롯된 것일지 모릅니다. 예술은 사회의 기존 질서에 포섭되
지 않은 것으로 존재하는데, 문제는 단순히 밖에 자리한다는 것이
아니라 그럼으로써 기존 체제를 위협하는 힘으로 작용한다는 거

예요. 플라톤의 교훈이 있다면 예술의 정치성이 예술의 본질에 근거한다는 사실입니다. 그 말은 서양철학에서 예술론의 첫 주제가 바로 그 기능에 관한 것이었다는 뜻이기도 해요. 고대로부터 예술이란 무엇인가, 그 정의는 그 기능과 분리될 수 없었던 것이고, 그것이 예술철학의 출발이었다고 이해할 수 있습니다.

플라톤에 이어 아리스토텔레스도 마찬가지입니다. 그들은 무엇의 본질을 탐구하려면 반드시 기능을 알아야만 한다고 말했어요. 가령 인간이란 무엇인가를 규정하기 위해 인간의 기능이 무엇인지를 규명하는 것처럼 말이죠. 최초의 예술철학서로 알려진 아리스토텔레스의 《시학》은 시가 무엇인지 정의하고자 하는 시도인데, 시의 기능을 밝히는 것이 핵심입니다. 가령 아리스토텔레스는 예술의 본질을 모방으로 규정하고 특히 비극을 중심으로 비극이 어떤 모방인지를 밝히면서 궁극적으로 비극의 기능을 해명합니다.

하지만 아리스토텔레스는 플라톤과 정반대의 결론에 이르죠? 그에 따르면 올바른 국가를 위해 혹은 훌륭한 시민의 양성을 위해서라도 예술은 필요합니다. 우리는 여기서도 같은 질문을 이어갈 수 있는데, 왜 아리스토텔레스는 예술의 본질을 규명할 필요가 있었느냐는 겁니다. "인간은 정치적 동물이다"라는 언명으로 유명한 《정치학》은 아리스토텔레스가 생각한 최선의 정치체제 구상입니다. 이를 위해 아리스토텔레스는 먼저 윤리성을 정립할 필요가 있었고, 《니코마코스 윤리학》에서 윤리적인 것들은 정치적인 것에 선행된다고 밝히고 있어요. 그리고 아리스토텔레스에게 '윤리적'이라는 것은 훌륭한 성품을 갖추는 것으로 드러납니다. 플라톤과 달리 아리스토텔레스는 이성이 감정이나 욕구를 완벽하게 지배할 수 없다고 생각했죠. 그래서 감정이나 욕구와 같은 혼의 부분이 이성을 잘 따르도록 길들이는 것이 중요하다고 봤고, 거기서 우리는 예술의 기능을 짐작해볼 수 있어요. 가령 비극의 목적으로 거론된 카타르시스 개념을 순화, 정화, 교화 등의 의미로 이해한다면 예술은 공동체에 반드시 있어야만 합니다.

선생님께서 대화 시작부터 흥미로운 이야기로 접근해주셔서 오늘의 주제가 좀 더 친숙해진 느낌이 드네요. 아리스토텔레스의 《시학》은 플라톤의 시인추방론에 대한 대답으로 읽힙니다. 시인추방론에는 한 가지 의미심장한 이야기가 덧붙여 있어요. 그것이 서양 예술철학의 역사를 만들었다고 해도 과언이 아닙니다. 플라톤은 시인추방론이 정당한 주장이라고 하면서도 마지막에 추방된 시인이 어떻게 다시 이상 국가로 돌아올 수 있는지 그 가능성을 열어두었는데, 예술의 진리는 예술이 아니라 철학으로 증명하라고 했죠. 그 첫 주자가 아리스토텔레스였고요. 《시학》은 불완전한 판본으로 남아서 그 전모를 자세히 알 수는 없지만, 예술의 진리인식 가능성을 열어두었다는 데 의의가 있습니다. 그렇게 후대 학자들에게 남겨진 과제는 근대의 미학을 거쳐 현대까지도 이어지고 있고요.

해방이라는 목적을 공유했던 혁명과 예술, 지금 그 둘의 운명은?

서론이 좀 길었는데, 이제 우리 주제에 집중해보도록 하죠. 현대 예술은 고대와 전혀 다른 상황입니다. 근대 이후 예술은 개념뿐만 아니라 의미와 체계가 미학적으로 규정되었고, 기능도 마찬가지 고요. 미학이 새로운 학문으로 등장한 이후 예술은 미학의 영역이 되었고, 그 말은 고대 철학적 논의와 방향성을 달리한다는 뜻이기도 합니다. 단순히 플라톤식으로 예술을 정의할 수 없다는 말이 아니라, 인격완성이나 시민교육 혹은 사회안정과 같은 목적에 예술을 종속시키지 않는다는 것이죠. 특히 현대에 이르러 예술의 정치성이 새로운 국면에 들어서면서 예술의 기능은 논쟁적인 문제가 되었습니다.

저는 이 대화의 중심에 20세기 철학자 헤르베르트 마르쿠제(Herbert Marcuse, 1898~1979)의 미학론을 두려고 합니다. 마르쿠제는 "자유로운 세계의 실현을 위해 예술은 무엇을 할 수 있는가?"라는 물음을 제기하며 해방을 위한 예술의 기능에 주목했는데, 아마도 이 주제를 가장 잘 다룰 수 있게 해주는 철학자가 아닐까 싶습니다. 하지만 마르쿠제는 미학자라기보다 사회철학자나 정치철학자로 더 잘 알려져 있어요.

'마르쿠제' 하면 흔히 '신좌파의 아버지'라는 별칭이 따라오는데,

그의 주요 이력을 보면 사회철학자로 불릴 만합니다. 마르쿠제는 1932년부터 프랑크푸르트사회연구소와 일했는데, 나치를 피해 1934년 미국으로 이주해 뉴욕에 사회연구소가 설립되는 데 역할을 합니다. 세계대전이 끝난 후에도 독일로 돌아가지 않고 미국에서 연구활동을 이어가며 1968년 서구 학생운동의 정신적 지주 같은 역할을 한 철학자로 유명하지요. 마르쿠제는 자신의 이론적 작업이 오히려 그러한 사회적 변화의 요구로부터 영향을 받았다며 그러한 평가에 동의하지 않았습니다. 그럼에도 마르쿠제의 몇 가지 대표적인 저술들, 가령 《이성과 혁명》, 《에로스와 문명》, 《일차원적 인간》, 《해방론》 등이 당대 사회개혁을 갈구한 청년들에게 영향력을 발휘한 것은 사실이에요. 그만큼 그의 철학적 사상과 사회적 현실이 잘 맞았기 때문인데, 마르쿠제는 1960~1970년대 전 세계적 수준으로 전개된 학생운동의 혁명적 분위기 속에서 주목받았습니다. 하지만 마르쿠제의 주요 연구에서 항상 빠지지 않고 자리하는 것이 바로 미학 분야예요. 대학에서 그는 문학과 철학을 전공했는데, 그의 이력에서 흥미로운 지점은 그의 박사학위 논문이 〈독일 예술가 소설〉(1922)이었고, 그가 죽기 1년 전에 쓴 마지막 논문이 〈미학적 차원: 마르크스주의 미학의 비판에 관하여〉(1978)로서 역시 미학적 연구였다는 사실입니다. 마르쿠제 논문의 처음과 끝이 예술에 관한 것이었다는 점은 특이하다고 할 만하죠.

어떻게 보면 문학이나 예술에 관심 없는 철학자가 드문 것 같기도 합니다. 플라톤도 소크라테스를 만나기 전까지는 시인이 되려고 했다고 알려져 있으니까요. 비극 작품들에 관한 아리스토텔레스의 비평은 당대 그 누구보다도 정확해서 오늘날까지 영향력을 발휘하고요. 아무튼 마르쿠제는 어릴 때부터 문학을 좋아했고 그것이 대학까지 이어졌지만, 독일 문학에 대한 깊은 관심에도 불구하고 박사 직후 관심은 오히려 철학으로 기울었습니다. 두 번째 논문은 〈헤겔의 존재론과 역사성 이론의 기초〉(1932)였으니까요. 마르쿠제 연구가인 더글러스 켈너(Douglas Kellner)는 예술에서 철학으로 관심이 이동한 점을 두고 당시 마르쿠제가 '개인 해방과 사회 변화의 도구'로서 예술의 힘에 대해 다소 회의적이었다고 논평합니다. 그러한 해석을 보더라도 어쨌든 마르쿠제에게는 해방과 사회변혁이 무엇보다 중요했다는 사실을 주목할 수 있어요.

예술과 미학에 관한 단일 저서는 없지만, '미학적인 것으로서 예술'의 테마는 마르쿠제의 거의 모든 저서에 등장하고 있습니다. 정치와 사회의 철학연구에 예술이 자리하고 있다는 점은 그의 관심이 어디에 있었는지 짐작하게 해줘요. 한마디로 '예술의 사회적 기능'에 있었다고 볼 수 있는데, 예술과 사회의 관계에서 예술은 기존 사회를 변화시킬 동력으로 이해됩니다. 따라서 해방을 키워드로 하는 그의 철학에서 예술이 한 축을 담당하고 있는 점은 당연하기도 해요. 마르쿠제에게 해방이 중요해진 결정적인 계기는 마르크스주의라고 할 수 있습니다. 나아가 마르크스주의에 대한 관심이 프랑크푸르트사회연구소와 인연을 맺게 했고요. 일명 프랑크푸르트학파로 알려진 비판이론은 대부분 사회철학적인데, 그것은 이 학파가 마르크스주의를 근간으로 시작했다는 점에서 충분히 이해가 갈 겁니다. 물론 이 독일 철학자들에게는 관념론이라는 한 가지 중요한 유산이 있었다는 점도 놓쳐서는 안 되겠고요.

마르쿠제의 독창성은 근대 독일 관념론 전통에서 미학에 내포된 본래의 기능을 복원시키고자 한 데서 드러나는 것 같습니다. 칸트와 실러, 헤겔과 같은 관념론 철학자들에게서 미학을 정치적 기획으로 독해하고 관념론의 미학 사상을 계승하면서 동시에 그것을 마르크스주의적 실천, 즉 해방과 결합하고자 했어요. 독일 관념론의 성과, 하지만 말 그대로 이상적으로 치부되었던 근대 자유의 이념, 해방의 기획으로서 미학이 가지고 있었던 기능을 마르크스가 철학에 했던 것처럼 현실화하려고 했던 것이죠. 그러니까 마르쿠제의 미학론은 사회변혁을 위한 미학적인 것의 기능으로 이해할 수 있는데, 여기서 예술은 혁명이 추구하는 목적을 공유하는 것으로 드러납니다.

비판이론의 문화 연구 역시 그 기반은 마르크스주의라고 할 수 있어요. 그런 점에서 예술의 정치성은 비판이론의 기본 관심사였던 셈이죠. 예컨대 발터 벤야민과 테오도르 아도르노의 초기 대화를 보면 확실히 마르크스주의 미학과 예술의 정치성에 관한 논의를 읽을 수 있습니다. 20세기 초 사회주의 혁명의 시대였기 때문에 그것은 충분히 그들의 최대 관심사가 될 수 있었어요. 벤야민의 대표적인 에세이 〈기술복제시대의 예술작품〉(1936)은 그 자신이 밝히듯 예술의 기능 변화에 관한 주제를 다루고 있는데, 그 핵심에 혁명이라는 정치적 성격을 담아내고 있습니다. 아도르노도 마찬가지로, 재즈 음악에 관한 에세이를 비롯해 그의 대중문화 비판은 예술의 정치성이 어디에 있는가를 논하는 맥락에 있었어요. 하지만 요즘에는 그런 식의 독해보다는 주로 매체미학과 같은 연구로 접근하는 게 일반적입니다. 사회적 관심사가 정치적 혁명과 멀어지면서 그 주제 역시 거의 소멸하다시피 희미해졌다고 봐요. 이 같은 상황에서 지금 우리에게 예술과 해방이라는 논의가 갖는 동시대적 의의가 있을까요?

저는 "왜 현대 사회는 혁명성을 잃었을까?"라고 반문해봅니다. 아무래도 오랜 혁명의 역사를 통해 우리는 마침내 해방의 불가능성을 확인했다고 확신하게 된 게 아닌가 싶어요. 그런데 그 양상이 좌절이나 절망이 아니라 마치 이미 해방을 성취한 것처럼 보입니다. 혁명이 불가능한 것이 아니라 불필요해진 것처럼 취급되고 있어요. 문제는 예술 역시 같은 처지라는 사실입니다. 가령 마르쿠제는 그 어떤 혁명도 불가능해진 시대를 논하면서도 희망의 끈을 놓지 않았습니다. "정치적 행동이 점점 더 강하게 차단되고 있는 전체주의적 성격의 사회에서 그 사회에서 일어나는 일을 거부하는 힘이 예술에 없다면 그 어디에 있을 수 있는가?"라면서, 해방을 위한 마지막 보루로서 그리고 무기로서 예술을 이야기했어요. 예술이야말로 해방된 사회를 요구하는 '위대한 거부(The Great Refusal)'입니다. 그는 예술과 혁명이 해방이라는 같은 목적을 향한다며 혁명의 불씨가 꺼져가는 시점에 예술에서 그 가능성을 모색했지요. 하지만 지금은 예술도 혁명과 같은 운명에 처했다는 생각이 듭니다. '예술의 불가능'이 더 확실시되는 시대니까요. 그러니 예술이 여전히 필요한가, 그 회의적인 시선에 맞서 예술은 우리에게 무엇이어야 하는지 새삼스럽게 묻게 됩니다. 이제 선생님의 질문을 나침반 삼아 본격적으로 그 이야기를 나눠보겠습니다.

현대 문화민주주의 정책은 순응주의를 강화하고 예술의 정치성을 무력화시켜

애초에 예술과 예술 아닌 것을 구분하려고 시도한 것은 철학이었습니다. 가령 현대 미학자 아서 단토의 말을 빌리면, 예술의 역사는 어떤 제작은 예술이 아니라고 배제해오는 과정이었어요. 철학의 임무는 무엇이 예술인지 정의하는 것이었지만, 결과적으로 그것은 어떤 것이 예술이 아닌지를 규정하는 작업이었던 것이죠. 매번 "그것도 예술이냐?" 논쟁을 통해 "예술이다, 아니다." 심판관 노릇을 해온 것이 철학입니다. 철학은 예술의 정의를 통해 기준을 제시하고, 그 기준에 따라 많은 것들이 예술 밖으로 밀려났어요. 그런데 20세기 아방가르드 예술운동을 중심으로 예술은 철학적 규정을 거부하고 스스로 예술임을 입증하는 전환의 시기를 거쳤습니다. 그리고 마침내 단토는 앤디 워홀의 팝아트를 기점으로 그러한 역사가 끝이 났다며 '예술의 종말'을 이야기하기도 했죠. 이제 무엇이든 예술이 될 수 있는 시대라고 선언했어요. 물론 그렇다고 논란이 끝난 것은 아니지만, 어찌 되었든 예전에는 예술의 자격이 없었던 많은 것들이 지금은 예술로서 인정받고 있습니다. 인공지능의 생산물까지 예술작품이 되는 시대예요. 예술은 끊임없이 확장되고 그 가능성은 끝이 없어 보입니다. 그런데 예술의 불가능성이라니, 무슨 말인가 의아할 것 같아요. 우리 주제로 볼 때 예술의 기능 상실이라는 맥락에서 이해하면 될 것 같은데….

네, 일찍이 벤야민은 19세기 말 사진이 등장했을 때 그것도 예술이냐 아니냐 논쟁했던 사건을 두고 질문이 잘못되었다고 말했습니다. 중요한 것은 사진이 예술인가가 아니라 그것이 우리에게 무엇인가, 무슨 의미가 있는지, 그러니까 "사진은 무엇을 하는가?"라는 물음이라고요. 한마디로 20세기 예술에 관한 논의가 새로운 국면에 들어섰는데, 그 핵심이 바로 기능 변화입니다. 특히 벤야민은 영화라는 매체로 그 점을 환기했어요. 그로부터 한 세기가 지났습니다. 그때 논의된 '정치의 미학화에 맞선 미학의 정치화'와 같은 이야기가 아직도 유효할까, 여전히 우리에게 예술의 정치성은 유의미할까, 그런 의미입니다.

그렇게 묻는 것이 이미 회의적인 혹은 부정적인 답변처럼 들립니다. 그리고 역설적으로 현 상황에서 예술의 가능성, 예술의 기능을 다시 말하겠다고 예고하는 것 같기도 하고요. 지금 우리에게 예술이 무엇인지, 그것은 왜 문제입니까?

오늘날 문화는 만능개념이 된 듯합니다. "모든 것이 문화다"라는 슬로건이 문화만능주의를 대변하는데, 문화가 아닌 것이 없을 정도로 사회 전반의 요소들이 문화라는 타이틀을 붙이고 있죠. 이것의 시작이 1980∼1990년대 프랑스 미테랑 정부의 이른바 문화정치였습니다. 문화민주주의 정책은 문화 영역에 포함된 것들을 모두 동질화시키는 결과, 즉 모든 것이 다 똑같은 가치를 갖는다는 결과를 가져왔습니다.

문화로서 모든 것을 허용한다는 것은 문화인 이상 그것은 모두 동등하다고 인식하도록 했다는 뜻으로 이해가 되는군요. 문화를 통해 모든 것이 동등한 가치를 갖게 되었다, 그것은 문화민주주의의 목적이 아닌가요? 차별을 없애는 것을 이 시대의 가치로 여기니까요. 흔히 문화의 기능은 사회통합에 있다고 봅니다. 이질적인 것들, 대립되는 것들의 갈등을 해소시키는 것이죠. 문화는 화합과 단결의 이미지가 있습니다. 정치적으로 해결이 안 되는 사회문제를 문화적으로 해결할 수 있다는 것이 문화정책의 근간이에요. 그런 점에서 보면, 문화의 기능이 강조되고 문화의 영역이 확대되는 국가의 문화정책을 통해 소기의 목적을 달성했다고 할 수 있을 겁니다.

문제는 문화민주주의가 사회의 여러 요소를 문화에 병합시키는 정책을 추구해옴으로써 결과적으로 예술의 자율성을 파괴했다는 데 있습니다. 모든 것이 문화가 되면서 예술과 예술이 아닌 것의 구분이 사라졌어요. 모든 것이 예술이고 예술이 아닌 것이 없습니다. 최악의 독재자가 매사에 목청 높여 자유를 부르짖으며 통치의 근간으로 삼는다고 할 때 자유라는 고귀한 가치가 그 의미를 잃고 하찮아지는 것처럼, 이 것저것 모두 예술이 되면서 예술은 가장 흔해빠진 게 되었죠. 본래 예술만이 가졌던 그 특별한 사회적 지위를 잃게 되면서 예술 고유의 가치가 사라졌습니다. 현대 문화의 문제가 거기에 있어요. 국가의 문화 정책이 예술의 정치성을 소멸시킴으로써 사회적 기능을 무력화시켰다는 데 있다고 봅니다.

마르쿠제가 후기산업자본주의 사회를 분석하며 예술의 불가능성을 이야기했던 '일차원적 문화' 논의가 연상되는데, 그 연장선상으로 볼 법한 이야기네요. 마르쿠제는 '문화'의 개념에서 예술의 사회적 기능을 파악했는데, 두 가지 논의가 대표적이죠. 1930년대 파시즘과 관련해 전체주의 사회에서 문화를 분석했던 논문 〈문화의 긍정적 성격에 관하여〉(1937) 그리고 1960~1970년대 68혁명의 전후 상황에서 후기산업자본주의 사회를 문제시했던 저서 《일차원적 인간》(1964)을 들 수 있습니다. 흔히 '긍정적 문화'와 '일차원적 문화'로 부르는 것인데, 그 둘을 관통하는 공통적인 주제가 바로 체제순응주의예요.

순응주의는 우리 사회에서도 대세가 된 지 오래되었습니다. 너무도 쉽게 무한경쟁 시스템을 긍정하고 누가 더 빨리 적응하는가 하는 것만이 중요해졌어요. 헬조선이니 수저계급론이나 신조어들이 우리 사회의 특징을 대변했는데, 이상하게도 그 체제에 대한 저항은 거의 없습니다. 최근에 드라마 〈오징어 게임〉이 대변하듯 젊은 세대의 절망은 그저 패자의 태도에 머물러 있었어요. 공정하고 정당한 게임에 참여해 자신의 능력 부족으로 탈락한 듯한 모습이요. 애초부터 잘못된 게임의 룰을 바꿔야 한다고 생각하지 않은 것 같습니다. 사회는 아무 문제가 없고 문제가 있다면 자기 자신에게 있다는 것이 순응주의의 전형이죠. 체제에 완벽히 동화되는 것이 나에게 더 큰 자유를 보장할 것이라는 의식 말입니다.

마르쿠제가 '문화의 긍정적 성격'을 통해 이야기하는 바가 그것인데, 그는 근대 부르주아계급에 의해 지배의 논리로서 계발된 '문화' 개념을 제시했어요. 실제로는 불평등한데도 그것을 마치 평등한 것처럼 느끼게 만듦으로써 진실을 은폐하는 이데올로기적 성격을 지적한 것인데, 그것은 20세기 후반 자본주의 사회의 문화 연구로 이어집니다. 가령 기술과 자본의 논리에 속박되어 있는데도 마치 기술과 자본이 자유로운 삶을 실현해준 것처럼 느끼게 해주니까요. 오늘날까지도 문화는 사회의 곤란한 문제들을 해결해주는 것처럼 느끼게 만든다는 점에서 이데올로기로 기능한다고 봅니다.

논문 〈문화의 긍정적 성격에 관하여〉에서 부르주아 시대에 등장한 문화 개념이 지배계급의 이데올로기였다는 논의가 흥미로웠습니다. 봉건제의 붕괴는 자유와 평등이 보편적으로 실현될 가능성을 의미했지만, 새로운 지배계층으로 부상한 부르주아 집단은 그것을 가능케 해줄 물질적 부를 독점함으로써 부자유와 불평등을 고착화시키고 지배를 정당화시키는 논리로 문화 개념을 계발했다는 내용이에요. 그에 따르면, 부르주아계급은 사회의 모든 모순과 불만을 개인의 내면적인 문제로 돌리고자 했어요. 자유를 사회정치적 사안이 아니라 개인의 결정에 달린 문제로, 또 불평등은 개인의 능력에서 비롯된 것이며 불행 역시 개인의 마음가짐에 따른 것이라고 말이죠. 그 말인즉슨 행복은 다 마음먹기에 달렸다, 현실의 부자유와 불평등은 개인의 내면에서 극복할 문제라는 겁니다. 그것은 효과가 있었습니다. 아무리 현실의 삶이 비참할지라도 정신적으로는 행복감을 가질 수 있다며, 결국 현실은 아무 문제가 없는 것처럼, 현실의 불행을 당연한 것처럼 '긍정하게·수긍하게' 만들었으니까요. '긍정적 문화'는 현실의 부자유와 불평등을 개인이 스스로 자신의 내면세계에서 극복할 수 있는 것처럼 속이는, 심지어 그렇게 극복함으로써 자유롭고 평등한 세계에서 살고 있다고 속이는 이데올로기로 제시되었습니다.

문화의 긍정적 성격, 그 요점은 그럼으로써 실제의 부자유와 불평등한 삶을 변화시킬 힘, 다시 말해 사회 개혁을 바라는 혁명성을 약화할 수 있었다는 겁니다. 자유는 사회정치적인 사안이라기보다 순전히 개인적인 문제가 되니까요.

그러니까 부르주아 문화의 결정적 특징은 무조건 긍정해야 하는 보편적 의무가 있고 영원히 더 좋으며 완벽한 가치를 지닌 세계를 주장하는 것입니다. 마르쿠제에 따르면, 그 세계는 생존투쟁이라는 일상의 실제세계와는 근본적으로 다른 영역이며, 개인들이 각자 자신의 '내면으로부터', 즉 실제로 존재하는 사실들을 하나도 바꾸지 않고도 얼마든지 실현시킬 수 있는 세계입니다.

그런 점에서 문화는 관념론적이라고 할 수 있어요. 비참한 삶이라는 불행을 관념적으로 받아들이게 하니까요. 부르주아 사회는 일상생활에서 충족될 수 없는 욕구들을 문화적 이상으로 삼았습니다. 여기서 부르주아 문화는 관념론 미학과 만나는데, '미적 가상'이 그것이에요. 가상은 현실이 아닌 것으로, 관념론 미학은 예술을 '아름다운 가상'으로 규정했습니다. 모든 이상적인 것들은 아름다움의 세계로 들어가요. 비참한 현실세계는 아름답지 못하기 때문에 미조차도 관념적이어야 했습니다. 그처럼 부르주아 문화는 미적 가상이라는 관념을 수용해서 이상적인 것들을 예술의 대상이 되게 했어요. 가령 인간성이나 정의, 연대 같은 행복한 삶에 대한 동경은 예술을 통해서만 진지한 가치로 용인되었습니다. 예술은 미를 매개로 행복이 실현된 사회를 예시한다는 점에서 문화를 대표할 뿐만 아니라 문화의 최상, 그 핵심에 자리하게 됩니다. 부르주아 문화는 예술을 그 어떤 것과도 차원이 다른 것으로 만듦으로써 예술의 고유한 사회적 위상 혹은 예술의 자율성을 확립했어요. 한마디로 문화사적으로 예술은 부르주아 시대 사회의 모순에 의해 사회적 의미를 획득했는데, 관념론 미학이 이를 뒷받침했다고 봅니다.

그 설명에 따르면, 예술의 진리는 문화에서 발견됩니다. 예술은 긍정적 문화가 근거하고 있는 사회의 모순, 즉 현존하는 삶은 행복이 없어 허무하지만 그러한 삶을 견딜 수 있으려면 행복이 필요하다는 모순을 표시합니다. 그런데 현존하는 삶 속에서 그 모순을 해결하려면 그것은 단지 가상적일 수밖에 없기 때문이에요. 예술은 가상의 세계로서 현실에 존재하지만 진짜 현실은 아닙니다. 예술은 행복에 대한 욕구와 실현이 단지 가상의 세계에 속하며, 행복과 자유에 대한 욕구는 아름다움에 의해 충족되는 것임을 증명하는 것이죠. 물론 그러한 행복은 비현실적이며 허구적이지만, 그럼에도 불구하고 가상은 욕구를 충족시켜준다는 점에서 효과가 있습니다. 하지만 부르주아 문화에서 예술의 가상적 성격은 어디까지나 행복이 현실화될 가능성이 없다는 점을 분명히 하는 것입니다.

예술의 사회적 기능은 비판, 비판의 핵심인 '부정'은 해방의 필수조건

우리는 문화 개념을 통해 '사회와 예술', 그 관계에서 어떤 긴장감을 포착하게 됩니다. 일종의 변증법적 관계라고 할 수 있는데, 예술은 사회의 안티테제와 같은 명제가 성립해요. 그렇게 보면 예술의 사회적 기능은 현 사회의 모순을 인식하는 것입니다. 그로부터 예술의 사회적 기능을 '비판적'으로 파악하는 관점이 생겨나는데, 현실의 모순을 인식하여 그 현실을 부정함으로써 결국 그 사회의 지배적인 질서에 대립한다는 의미를 이해할 수 있어요.

먼저 예술의 기능이 사회비판적이라는 말은 예술이 사회를 비판하는 수단이나 도구라는 뜻이 아니라는 점을 확인할 필요가 있겠습니다. 제가 예술의 기능이라는 주제에 관심을 두게 된 계기가 비판이론이었는데, 초기 '철학의 기능'에 관한 논문들에서 그들은 물었죠. 철학이란 무엇인가, 철학은 무엇을 해야 하는가, 철학은 왜 필요한가 등등. 예컨대 막스 호르크하이머는 〈전통이론과 비판이론〉(1937)에서 플라톤을 거론하며 철학의 본령이 자유의 실현에 있음을 상기시켰습니다. 호르크하이머는 비판이론이 고대 철학이 추구했던 목표와 궤를 같이한다면서 그것을 '노예적 상태로부터 인간을 해방시키는 일'이라고 말했어요. 그에 따라 비판이론은 철학의 사회적 기능을 현존하는 세계에 대한 비판에 있다고 밝혔습니다. 그리고 철학에서 비판이란 어떤 사실에 대한 비난이나 불평 혹은 거부를 의미하는 것이 아니라 '지배적 이념이나 행동방식이나 사회적 상황을 무반성적이고 습관적으로 받아들이지 않으려는 노력'으로 설명합니다. 더불어 비판의 목적은 현재의 사회조직을 통해 제시된 이념이나 활동방식 속으로 사람들이 휩쓸려 들어가는 것을 방지하는 데 있다고 말하죠. 저는 비판이론이 말하는 철학의 기능이 예술의 기능과 다르지 않다고 봅니다. 그래서 예술의 비판적 기능은 철학에서 말하는 비판의 의미를 따릅니다.

비판이론의 '비판적' 의미에 따르면, 동시대 사회를 비판적으로 인식한다는 것은 현존하는 사회를 '부정'한다는 의미입니다. 이는 단순히 부정적 견해를 밝힌다는 것이 아니라 다른 가능성을 제시함으로써 현존하는 체제와 대립한다는 거예요. 만약 그 사회가 자유로운 인간의 실현을 방해하고 있다는 것으로 밝혀진다면 결국 그 사회는 다르게 되어야 한다. 즉 변혁해야 하는 것으로 드러난다는 것을 말합니다. 그런 점에서, 비판이론은 착취와 억압으로 개인을 불행하게 만드는 현존 세계를 '부정하는' 태도를 취한다는 점을 강조하고 있죠.

그것이 철학의 기능으로 제시되었지만, 예술에도 적용할 수 있습니다. 실제로 '도구적 이성'이라는 표현으로 대변되는 이성의 몰락이 곧 철학의 기능 상실로 이해되었을 때 그들이 관심을 가졌던 문화 연구 역시 비판적이었으니까요. 비판이론에서 이미 철학의 기능은 예술의 기능으로 이행했다고 보이는데, 따라서 예술의 사회적 기능이 비판적이라는 말은 일종의 기존 사회를 부정하는 태도를 가리킵니다. 비난이나 불만을 표현하는 도구로 이용된다는 의미가 아니고요.

'부정'은 변증법적 사고의 핵심입니다. 1960년 발간된 《이성과 혁명: 헤겔과 사회이론의 부상》(1941) 서문에서 마르쿠제는 변증법의 의미를 설명하면서 그 핵심으로 '부정'의 개념을 제시한 바 있습니다. 그에게 변증법적 사고는 그 자체로 부정입니다.

변증법적 또는 부정적 사고의 목적은 선진산업사회를 구성하는 모순을 폭로하고 혁명적 행동으로 극복하는 것입니다. 가령 부의 증대와 빈곤의 공존 같은 것이 사회적 모순의 대표적 예인데, 자본주의 체제에서 노동자는 자신의 노동을 통해 자유롭고 합리적인 주체가 되는 것이 아니라 사용되는 대상으로 전락합니다. 생산의 혜택을 누리지 못하고 생산을 위한 수단으로만 이용되는 상황에서 자유롭고 이성적인 인간으로서 잠재력을 발휘하지 못하고 노예와 같은 삶을 지속할 뿐이에요. 부정의 임무는 이러한 상황을 의식화하는 것입니다. 이러한 상황이 의식화되면 혁명적 실천을 통해 해결할 수 있다는 발상이에요.

마르쿠제는 부정을 해방을 위한 필수조건으로 제시합니다. 그렇다면 예술의 해방적 기능 역시 부정에서 찾을 수 있겠죠. 그리고 그는 부정성이 미학적 형식에 있다고 말했습니다. 우리가 여기서 미학적인 것으로서 예술을 주목한다면, 예술은 미학적 형식에 의해 독자적인 존재가 되고 거기서 고유한 의미와 기능이 생겨납니다. 예술은 그 사회의 모순을 드러낼 수 있고 그럼으로써 사회를 변화시킬 수 있는 잠재력을 보유하게 되죠. 그것이 예술을 해방의 가능성으로 만들어줍니다.

네, 미학적 형식은 현존하는 체제에 통합되지 않고 그 현실과 다른 차원의 영역으로 존재하면서 주어진 사회에 대립할 수 있게 해줍니다. 마르쿠제는 미학적 형식이 현실적 삶의 형식들과 분리된 가상, 허구의 세계를 형성함으로써 부자유한 사회에서도 자유로운 삶의 이상을 보존하는 등 주어진 현실 외 다른 차원의 현실이 있음, 즉 '다른 가능성'을 상기시킨다고 봅니다. 예술은 사회가 기만하는 진실을 미학적 형식을 빌려 늘 그 맞은편에 갖다 놓음으로써 사회와 대립하고, 그럼으로써 기성사회에 대한 반대와 부정의 기능을 담당해왔다고 말할 수 있어요. 하지만 관념론 미학에 의한 예술의 가상적 성격은 20세기 들어 사실상 문제가 되었습니다. 그러한 '부정'은 현실을 바꿀 수 없었으니까요. 그에 대한 반발은 유물론적 미학이 대표적이고요.

마르쿠제의 논의에서 명시적으로 드러나 있지는 않지만, 가령 20세기 초 관념론 미학을 비판했던 루카치를 생각해볼 수 있습니다. 알다시피 유물론적 미학은 관념론적 미학이 체제타협적 혹은 체제순응적이라고 비판했습니다. 문제시된 것이 미의 가상적 성격이었지요. 현실로부터 분리시킴으로써 현실적으로 어떠한 구체적 목적도 추구하지 않은 유희로 규정했다는 것, 그럼으로써 결국 예술이 노래하는 그러한 세상은 현실에서는 존재하지 않는다는 관념으로 굳어지게 했다는 것입니다. 현실적 삶에 안주하고 체념을 미화하면서 기존 사회체제를 긍정하고 순응하는 결과를 가져오는 것이 예술의 사회적 기능이 되었다는 점이 비판의 요지이지요. 루카치는 실러의 미학적 교육 이념인 "자유의 왕국에 도달하기 위해서는 반드시 미의 왕국을 경유해야만 한다."가 봉건절대국가를 폭력적 혁명의 과정 없이 극복하고 인간이 그 자체 목적으로 존경받게 되는 시도로서 구상되었다는 점을 인정했습니다. 하지만 실러가 혁명을 통해 문제를 해결하지 않고 개별적인 인간의 변화를 통해 간접적으로 해결하려고 함으로써 결국 그토록 신랄하게 비판했던 정치적·사회적 현실과 실제로 타협하고 있다고 비판했습니다.

결국 그 한계가 20세기 후반 문화에서 적나라하게 드러나게 됩니다. 모든 '부정'이 불가능하게 된 사회에서 예술의 부정성 역시 작동할 수 없게 되었으니까요. 마르쿠제는 부정이 불가능해진 후기산업자본주의사회를 '일차원적 사회'라고 불렀는데, 여기서 '일차원적'의 반대가 '변증법적'입니다. 그는 고도로 발달한 선진산업사회의 풍요로움이 혁명을 차단해버린 상황을 비판적으로 분석하면서, 자본주의 체제에 확고하게 종속되어 노예 같은 삶을 살면서도 그러한 억압을 전혀 인식하지 못함으로써 혁명성이 소멸된 사회를 지적했습니다. 경제적 풍요가 안락하고 행복한 삶을 보장하기 때문에 '자발적으로' 그 체제에 복종함으로써 마치 자유를 누리는 것처럼 착각한다거나 아니면 체제가 보장하는 자유가 실은 교묘하게 개인의 삶을 통제하는 방식으로 이루어지고 있다는 사실을 충분히 알면서도 어쩔 수 없다고 체념하는 것이 다르지 않다고 했죠. 마르쿠제는 일차원적 사회의 특징이 변증법적·부정적 사고의 불가능이라고 말했습니다.

▎ 모든 부정이 차단된 일차원적 사회를 깨부술 무기 '상상력'

일차원적 문화는 앞서 호르크하이머와 아도르노가 저서 《계몽의 변증법》(1944)에서 분석했던 '문화산업' 논의와 같은 맥락에서 이해할 수 있습니다. 그들은 대중문화가 예술의 진리를 담고 있지 못하다는 점을 지적했어요. 아까 말한 대로, 예술의 진리가 현 사회의 안티테제로서 모순을 인식하는 데 있다면, 대중문화는 사회와 예술의 대립에서 발생하는 긴장을 완전히 제거해버렸기 때문에 예술은 그 기능을 하지 못하게 됩니다.

> 마르쿠제의 말을 빌리면 그것은 문화적 가치들을 기성사회의 질서와 일률적으로 차별 없이 합병하고 대량으로 재생산하며 전시함으로써 이루어졌습니다. 문화는 점점 더 상품형태를 띠면서 인간의 모든 생산물을 상품화시키는 자본의 논리가 지배하는 질서에 완전히 편입되고 말았죠. 문화는 상품으로 포장되어 판매되고 광고에 이용되거나 위안거리와 심심풀이 오락으로 유통되며, 신뢰할 수 있는 재화와 서비스가 됩니다. 예술은 '문화기계의 톱니바퀴'가 되어 현재 상태를 찬양하고 분석하는 장비의 일부로서 유통되면서 기존의 사회질서를 반대하거나 거부하지 않고, 그 체제를 유지하고 긍정하는 데 이바지한다는 내용이에요.

그 말은 부정하는 사고를 불필요한 것으로 만든다는 뜻인데, '정신의 정지'라는 표현을 쓰죠. 대중문화는 기본적으로 진리가치는 고려되지 않고 교환가치만 중요한 상업적 질서에 통합되어 있고, 그 문화의 흡수력은 적대적인 것들을 거리낌 없이 융해시켜 차별 없이 만들어버린다는 점이 특징입니다. 그래서 "전체주의가 문화의 영역에서는 조화로운 다원주의의 모습으로 새롭게 등장하며, 그 속에서는 현실과 모순적인 것들이 마치 현실인 양 조화롭게 공존하고 있다"고 표현했어요. 그런 식으로 기술과 자본이 지배하는 선진산업사회에서 현실의 모순을 인식하던 예술의 진리가 무력화되는 현상을 설명했습니다.

네, 이제 문화는 점점 더 광범위하게 부정과 반대를 불가능하게 만드는 역할을 한다고 분석했습니다. 기존 질서를 미화하고 긍정하며 정당화시키면서 그 사회의 지배질서를 유지하는 데 기여함으로써 문화는 순응주의를 한층 더 강화합니다. 단순히 모순적인 현실을 은폐하는 이데올로기로서 기능했던 부르주아 사회의 긍정적 문화와 달리, 일차원적 문화는 그 모순을 인식할 수 없도록 개인의 욕망과 의식을 조작함으로써 성립하니까요. 이에 따라 예술의 기능은 변질되고 비판적 기능은 상실한 것으로 드러납니다. 그래서 예술의 불가능성 이야기가 나온 거고요. 따라서 문제는 어떠한 사회적 변혁의 힘도 무력해진 상황에서 해방의 가능성이 과연 있는가 하는 것이었습니다.

그에 대해서는 좀 비관적이었죠. 하지만 1960년대 후반 학생운동 등 서구사회에서 사회변혁을 바라는 움직임이 커지자 그 가능성의 씨앗을 발견했습니다. 《해방론》(1969)에서 마르쿠제는 혁명이 과거처럼 억압되고 소외된 집단을 통해 가능할 수 없다며 '새로운 감성'을 요구했지요. 그것은 특정 세대나 성별, 계층과 같은 구체적인 행위자의 특징이 아니라 완전히 새롭게 지각하는 감각에 관한 이야기입니다. 마르쿠제는 기존 사회체제의 합리성에 의해 조건 지워지고 억제되었던 감성이 아니라 새로운 방식으로 보고 듣고 느끼는 새로운 감성, 엄밀히 말하면 새로운 주체를 요구합니다. 이처럼 해방의 계기로서 익숙하게 규제된 지각방식의 해체를 주장하며, 결국 지각의 혁명이 사회의 물질적·정신적 개조를 동반해 새로운 환경을 창출한다는 점을 강조했어요.

마르쿠제의 새로운 감성 논의는 앞서 프로이트의 충동이론을 사회학적으로 해석한 저작 《에로스와 문명》(1955)에서 논의한 '미학적 차원'과 연결해 생각해볼 수 있습니다. 그는 자유 이념의 상징으로서 미적인 것을 발견한 칸트와 실러, 헤겔을 거론하며 그 영역의 정신능력을 '상상력'이라고 불렀습니다. 그리고 상상을 새로운 감성의 원천으로 간주했는데, 상상은 총체적 지배의 현실을 자각하고 해방을 실현하기 위한 실천에서 중요한 무기가 됩니다. 그의 말을 빌리면, 상상은 "어떤 대상이 현존하지 않더라도 그 대상을 '직관'할 수 있는 독특한 능력 그리고 주어진 인식재료들을 근거로 무언가 새로운 것을 창조하는 능력 덕분에 주어진 것에 대한 고도의 독립성, 즉 부자유의 세계 안에서 자유"를 가리킵니다.

상상의 진정한 가치는 실제로 존재하는 부자유를 부정하는 데 있다고 말합니다. 현재의 현실과 타협하지 않는 것이에요. 다른 가능성을 상상한다는 것은 존재하는 것, 주어진 것이 전부가 아니라는 것을 뜻합니다. 현실적이지 않을 가능성, 실제로 존재하지 않은 '다른' 가능성을 만들어내는 힘이라고 강조하는데, 무슨 논의인지 짐작이 가죠?

예술을 떠올리게 합니다. 우리 정신에 있는 상상이 실제 현실세계에 존재하는 것이 예술이라면, 예술의 기능은 상상의 기능을 공유해요. 상상이 불러내는 자유와 행복은 그것이 현실이 되어야 한다고 요구하고, 그 말은 현실적인 부자유와 불행을 당연한 것으로 수락하기를 거부하는 기능이 있다는 뜻입니다.

또한 그 말은 "무엇이 될 수 있었는가?", "무엇이었어야 했는가?"를 망각하는 것을 거부한다는 뜻이기도 해요. 다시 말해, "무엇이었어야 했는가?"를 기억하고 "무엇이 될 수 있는가?"를 실현하고자 하는 것, 그것이 상상의 힘입니다. 여기서 마르쿠제는 기억을 해방의 수단으로 내세웁니다. 자유를 상상한다는 것은 잊어버리고 있던 자유를 기억하는 것이나 다름없다고….

이성의 부정하는 정신이 불능상태에서 다른 가능성을 찾아야 했으니까요. 문화는 이미 물화되어서 어떤 변혁도 불가능해졌다는 비관론적 분위기를 대변하는 문구가 "모든 문화는 망각"입니다. 호르크하이머와 아도르노는 대중문화가 망각의 기제를 작동시킨다고 진술했는데, 문화는 억압을 잊게 하는 마취제에 비유되기도 했어요.

자본주의 사회에서 예술의 불가능성은 체제에 굴복하는 것, 즉 예술의 상업화를 의미하는 것이 아니라 노예와 같은 삶이 주는 고통을 잊게 해주는 여러 가지 억압적 장치들을 예술이 외면하고 있다는 지점을 가리킵니다. 쾌락을 강조함으로써 망각을 가능케 하는 갖가지 요소들이 그야말로 마취제처럼 대중을 현혹시키는 것, 그것을 자본만이 가능케 하는 대중문화의 특성으로 여겼으니까요.

　　마르쿠제가 《에로스와 문명》에서 해방을 저지하는 가장 강한 세력으로 망각을 거론했던 것과 일맥상통합니다. 고통을 망각하게 함으로써 그 고통을 없앨 힘과 희망을 사라지게 만드는 것 말이죠. 그로부터 마르쿠제는 프로이트적 개념을 가져와 예술에 기억의 의미를 부여합니다. 예술은 부재한 것을 기억하게 합니다. 물론 부재한 것은 모든 억압으로부터 자유, 해방이고요.

어떤 억압도 부재했던 순간을 기억하라, 춤추는 몸과 인간 해방

　　그럼으로써 우리는 예술의 문제로 돌아오게 됩니다. 마르쿠제는 예술의 해방적 계기가 '미학적 형식'에 있다고 주장했는데, 미적인 것은 근본적으로 감성적인 것으로 그 근본에 에로스적 충동이 있음을 말했어요. 이렇게 감성을 이해할 때, 마르쿠제는 바로 그 감성적 특성 때문에 미학적인 것에 정치적 잠재력이 있다고 역설합니다. 에로스는 삶을 위해 죽음에 저항하는 충동인데, 혁명이 바로 삶을 위한 투쟁이라는 점에서 새로운 감성을 정치적 에로스라고 불렀어요. 하나의 예를 들어보면 어떨까요? 박 선생은 박사학위 논문에서 마르쿠제의 새로운 감성을 1970년대 독일의 현대무용인 '피나 바우쉬(Pina Bausch)의 탄츠테아터(Tanztheater)'를 통해 구체적으로 논의하고자 했는데, 간단하게 그 내용을 인용하면 좋겠습니다.

> 탄츠테아터는 문자 그대로 번역하면 '무용극'입니다. 흔히 사용되는 용어인데, 무용가 피나 바우쉬에 의해 독특한 개념으로서 통용되었어요. 저는 마르쿠제의 아이디어를 바탕으로 해서 탄츠테아터의 사회 비판적 성격을 드러냄으로써 춤의 해방적 잠재력을 제시하려고 했습니다.

전문가가 아닌 이상 일반적으로 서양 무용의 역사를 자세하게 알고 있지는 못하지만, 그래도 '서양 무용'하면 보통 고전발레와 현대무용의 차이로 그 대략적인 특징을 이해합니다. 말 그대로 현대무용은 20세기 '현대예술로서의 춤'을 통칭하고 현대예술이 흔히 그러하듯 새로운 형식의 춤이에요. 여기서 혁신의 대상이 서양 예술의 대표적인 춤 형식인 발레인데, 그 둘의 차이는 명백하게 움직임에서 파악할 수 있죠. 외관적으로 차이가 분명하니까요. 현대무용은 '몸의 해방'을 기치로 고전발레의 이데올로기를 부수고자 했다고 알려져 있습니다. 절대왕정의 궁정문화로서 탄생한 발레는 철저히 지배의 규범을 긍정하게 설계되었고, 곧이어 19세기 부르주아 문화에 의해 오늘날의 형식으로 발전되었습니다. 고전발레가 서양문화에서 육체의 억압이라는 이데올로기를 내포하고 있다고 볼 수 있다면, 현대무용은 '춤추는 몸'의 해방을 내세워 그 메시지를 환기했어요. 그래서 현대무용은 흔히 '자유로운 움직임'

이라는 이미지로 각인되어 있습니다.

대중적으로 현대무용의 이미지는 이사도라 덩컨이 대변하는데, 고전 발레의 모든 규범으로부터 벗어나는 춤을 추구했지요. 20세기 전반의 현대무용은 몸의 해방을 선언하고 규범적인 동작들의 파괴로 그 목적을 이루려고 했습니다. 하지만 움직임의 자유로움이 곧 몸의 자유로움과 연결되지는 않았지요. 결국 몸의 해방은 수사학적 표현에 불과하고 여전히 춤은 억압된 몸을 전제로 하고 있었습니다. 춤의 발전은 기교의 발전일 뿐이었고 전문화는 결국 규칙의 보편화를 의미할 뿐이었어요. 춤동작의 정확성은 몸의 다양한 표현성과 개별적인 움직임의 가능성을 제압함으로써 가능한 것이었기에, 결국 무용의 역사는 개인의 몸을 점진적으로 규격화한 역사로 이해되었습니다. 다시 말해, 춤에서 몸은 여전히 기술적인 수단에 머물러 있었고, 20세기 후반 현대무용가들은 그 점을 알아챘습니다. 피나 바우쉬에게 문제가 된 것도 바로 몸 그 자체였어요. 그에게 춤은 사회적 억압으로부터 해방되거나 그것을 전복하고자 하는 새로운 몸을 제시하는 것으로 드러납니다.

정확히 어떤 점에서 혁신이 있을까요? 새로운 몸이란 무엇으로 이해할 수 있습니까?

춤에서 육체는 보통 춤추는 몸을 생각하게 되는데, 피나에게 몸은 인간을 가리킵니다. 그러니까 몸의 해방은 곧 인간의 해방인 셈이죠. 피나의 탄츠테아터에서 춤추는 몸은 그저 춤추는 혹은 연기하는 무용수가 아니라 구체적이고 개별적인 인간, 즉 개인으로 존재합니다. 다시 말해, 발레와 같은 전통적인 춤에서 춤추는 몸은 무언가를 표현하는 수단이었다면 피나는 그것을 거부했던 거예요. 무용수들은 모두 각자 고유한 이름을 가지고 고유한 역사를 가지고 살아 있는 개인들이니까요. 그런 식으로 춤에서 몸에 대한 인식을 혁신하며 결국 몸의 새로운 가능성을 요구했습니다. 몸은 개인 고유의 경험으로 형성된 것으로 개인의 삶, 그 역사가 기록되어 있어요. 그런데 그 역사는 사회적·문화적 혼합으로서 우리가 의식할 수는 없지만 이미 우리의 몸은 사회적 억압이 기입되어 있다고 볼 수 있습니다. 피나는 기존의 춤에서 무용수들의 움직임이 그렇게 억압된 몸을 증명한다고 보고, 새로운 움직임을 통해 춤에서 몸의 해방을 꾀했습니다.

춤이 인간의 자유로움을 예시한다고 생각한 것 같습니다. 춤을 보지 않고 말로만 들어서는 이해가 쉽진 않지만, 몸의 해방이란 억압적 질서에 종속되어 물화된 육체를 거부하는 것으로 생각되네요. 피나 바우쉬가 강조한 몸의 해방은 새로운 감성만이 사태를 새롭게 할 수 있다는, 즉 억압적 사회를 변화시킬 수 있다는 문제제기와 연결해볼 수도 있겠습니다.

조금만 더 설명하면, 무용수들은 이미 오랫동안 훈련된 움직임에 갇혀 있었습니다. 전문교육을 받으며 훈련된 몸 그리고 체득되어 고정된 움직임만을 구현했어요. 춤은 정형화된 동작들을 가리켰죠. 거기서 개인의 자유로운 몸짓을 찾기란 어려워요. 내가 자유롭게 움직인 다고 여기지만 실제로는 그렇지 않습니다. 우리의 몸은 어떤 움직임 이 허용되고 어떤 움직임이 불허되는지 이미 통제하고 있으니까요. 그렇다면 자유로운 움직임이라고 해도 이미 주어진 것, 한정된 또는 제한된 범위 안에서의 자유일 뿐이죠. 피나가 보기에 그것은 진짜, 즉 진실한 움직임이 아니었습니다. 온전히 자신에게서 나오지 않은 움직 임은 개인 고유의 것이라고 할 수 없지요. 진정으로 자유로운 춤은 사 회적인 규율에서 벗어난 몸과 움직임에서 가능할 겁니다. 피나에게는 춤이 진실을 은폐하는 거짓된 감정과 동작이 되지 않도록 하는 것이 중요했습니다. 그래서 그는 무용수들에게 자신의 욕망이나 감정과 일 치하는 진짜 움직임을 찾도록 격려했는데, 그 작업의 핵심이 바로 기 억이에요. 이때 사회화되기 전의 움직임을 찾기 위해 주로 어린 시절 의 경험이 소환됩니다.

유년기는 보통 '잊힌' 시간입니다. 기억할 수 없는 때죠. 가령 프 로이트 같은 경우 유년기를 초자아의 형성과 연관 짓습니다. 용인 될 수 없는 욕망들이 억압되는데, 그것은 사라지지 않고 무의식에 보관되어 있다고 보는 식이에요. 일종의 망각입니다. 기억할 수 없으니까요. 우리에게 짧은 유년기는 그렇게 잊힌 기억으로 설명 됩니다.

피나에게 유년기란 '불가능한 것을 가능하다고 확신했던 믿음'입니다. 유년기에 체험한 수많은 것들이 성인이 되는 과정에서 다른 체험으로 대체되면서 묻혀버린 것이죠. 인간이 자기 스스로 세계를 받아들이는 과정이 유년기라면 이후의 시간은 조직된 사회의 특성에 의해 만들어진다고 봅니다. 따라서 유년기에 형성된 개인의 성질이 성인이 된 후 발현되지 못하고 외적 환경에 적합한 것들만 발전해요. 피나는 억압적 사회에서 사람들이 진실한 언어를 잃어버리듯 몸의 움직임을 상실한 것으로 보았습니다. 그것이 춤에서 아주 명확했고요.

피나는 아직 사회화되지 못한 몸, 억압이 부재한 유년기를 기억하는 작업을 통해 춤의 해방성을 모색한 셈이군요. 하지만 망각은 이유가 있습니다. 그 기억이 고통을 주기 때문이죠. 따라서 쉽지 않을 것 같습니다.

안무의 시작이 질문이라는 피나의 작업방식은 유명합니다. 보통의 춤 작업이 연습실에서 직접 팔과 다리 등 몸을 풀며 춤의 기본동작을 실행하면서 시작하는 데 반해 그의 무용단은 연습실에 앉아 질문과 대답으로 새로운 작품을 시작한다고 알려져 있어요. 처음에는 이 같은 작업방식에 무용수들이 격렬하게 저항했다고 합니다. 우리도 그렇듯, 무용수들은 지나간 삶을 기억하거나 자신의 이야기를 공개적으로 언급하는 것을 싫어했어요. 하지만 그 과정은 흔히 말하는 치유·치료와는 관련이 없습니다. 피나에게 중요한 것은 '부재한 것들'이니까요. 유아기 때는 있었는데 지금은 없는 것, 더 이상 존재하지 않아 섭섭하고 아쉬운 것을 기억하도록 했습니다. 차츰 무용수들은 적응하기 시작했고, 자신들이 잃어버린 것이 '아무것도 가지지 않고도 놀기'처럼 다시 아이가 될 가능성, 가식을 버리고 아이들처럼 솔직하게 행동하고 표현할 가능성에 관심을 두었습니다. 지속되는 기억의 과정을 거쳐 마침내 동작들이 만들어지는데, 이 움직임은 무용수 개인이 몸소 체험한 경험이고 이때 춤추는 몸은 무용수 개인의 고유성을 드러냅니다. 이것이 탄츠테아터의 특징입니다.

피나의 탄츠테아터는 무용수들 각자 고유의 이야기와 체험을 기억하게 하는 것에 기반을 둔다고 보면 될 것 같네요. 그들의 춤은 고유한 개인의 이야기이며 그 이야기는 무용수들이 각자 자신을 기억하는 방식이라고 이해할 수 있겠습니다. 정신 속의 기억이 몸의 움직임으로 구현된다는 점에서, 춤추기는 일종의 기억하기인 셈이군요.

무용수들의 사적 경험에서 소환된 움직임들이 작품의 재료가 되었는데, 이 같은 안무방식은 피나가 이 움직임들을 재료로 하여 하나의 작품을 위해 사용하고자 함이 아닙니다. 춤추는 이가 자신의 고유한 몸에 집중하게 만듦으로써 몸이 춤을 위한 수단이 되지 않도록 해줍니다. 전문 무용수를 대상으로 했던 안무 작업은 이후, 그러니까 말년에 이르면 일반인에게 확대되는데, 하나의 사회운동으로서 발전하는 모습을 볼 수 있어요. 춤추기를 통해 자신의 몸, 정확히 억압된 것들을 지각하게 하고 그로부터 벗어남으로써 개인이 얼마든지 자유로울 수 있음을 증명하고자 합니다. 춤이 개인의 기억을 소환하는 작업이라는 데서 알 수 있는 점은 바로 몸이 그 기억의 저장고라는 사실입니다.

몸에는 억압된 것들, 가령 이루어져야만 했지만 이루어지지 못한 소망이나 희망이 새겨져 있다고 봅니다. 따라서 몸은 숨겨져 있는 유토피아의 보고인 셈이에요.

여기서 몸의 이야기는 감각의 이야기로 들립니다. 궁극적으로 춤을 통해 이야기하는 바는 감각의 새로움 혹은 감성의 해방이겠죠? 마르쿠제에게도 기억은 감성·감각의 문제입니다. 기억은 단순히 정보가 저장된 정신상의 장치도 아니며 그런 정보를 불러오는 정신과정도 아니에요. 기억은 잠들어 있는 것을 깨우듯, 억압과 망각된 것을 감각적으로 지각하게 한다고 봅니다. 그럼으로써 말해지지 않고 보이지 않고 들리지 않았던 진실을 드러나는데, 그것이 예술이 현재의 억압된 사회에서 하는 일이라고 볼 수 있어요. 그러므로 예술은 그러한 망각에 저항하는 새로운 형태들로 등장해야 하며, 그것만이 자유에 대한 투쟁을 지속할 수 있게 해줄 것이라고 주장합니다.

그 내용을 압축하는 에피소드가 하나 있습니다. "아우슈비츠 이후 여전히 시가 가능한가?"라는 질문에 대해 마르쿠제는 이렇게 대답합니다. "그렇다. 그 시가 있는 그대로의 끔찍함을 가차 없이 낯설게 다시 보여준다면." 그에 따르면, 예술은 끔찍한 현실에서 다른 가능성, 즉 그 불행한 삶이 더 이상 불가능할 것을 반복해서 이야기해야 합니다. 그 공포가 당연한 것이 아님을, 그래서 다시는 똑같은 공포가 인간의 삶을 덮치지 못하도록 그것을 기억하는 것이라고요. 예술은 아우슈비츠 같은 끔찍한 공포 속에서도 살아남아서 다시는 그것이 가능하지 않을 것임을 기억하는 것이고, 예술이 아우슈비츠를 기억한다는 것은 "아우슈비츠에도 불구하고 또 아우슈비츠에 대립해서 그와 다른 가능성, 즉 아우슈비츠의 불가능성에 대한 기억을 보존"한다는 뜻입니다. 만약 그 기억마저 침묵시켜버릴 수 있다면, 그것은 '예술의 종말'일 것이라고 이야기해요. 아우슈비츠를 기억한다는 것은 아우슈비츠를 현재화한다는 것이고, 그것은 오늘날 새로운 모습으로 형태를 바꿔 계속해서 등장하는 아우슈비츠에 저항하기 위함이라고. 저는 이것이 예술의 불가능성에 대한 최종 대답이라고 생각합니다.

예술은 지금 없는 것, 생각할 수도 없는 것을 선취하며, 다른 것을 지각하는 감성이 미학적 형식을 만들어낸다고 정리해볼 수 있겠어요. 그것은 주어진 역사적 현실에 대립하는 것으로서 현실에 저항하면서 현재의 불안, 공포, 절망을 이겨내는 힘으로 제시됩니다. 그러므로 미학적 형식은 단순히 형식적인 미를 말하는 것도 아니고, 기존의 형식을 부정하고 해체하는 새로운 형식을 뜻하는 것도 아닌데, 만약 미학적인 것이 인간의 삶과 무관하다면 그것은 진정한 예술이라고 할 수 없을 거예요. 미학적 형식이 주는 감각이 직면한 현실을 새롭게 지각할 수 없는 것이라면, 또 익숙한 것이 즐거움을 준다면 그것은 혁명성을 상실한 예술입니다.

예술은 잊힌 것을 기억하게 함으로써 해방을 향한 길을 잃지 않도록 한다

아직 할 이야기가 많지만, 안타깝게도 시간이 다 되어 슬슬 이야기를 마무리해야 할 것 같습니다. 예술의 해방적 기능을 복원함으로써 우리는 예술의 가능성을 말할 수 있게 되었습니다. 마지막 논문 〈미학적 차원〉에서 마르쿠제는 예술이 정치적 실천과 함께 간다고 말합니다. 예술과 혁명은 둘 다 삶을 위해 발언하고 죽음에 저항하기 때문이라며, 혁명이 해방을 목적으로 한다면 예술 또한 자유롭고 행복한 사회를 목표로 하므로 그 둘은 같은 목적을 향하고 있다고 말하죠.

하지만 예술은 혁명이 될 수 없다고 덧붙입니다. 예술과 혁명은 둘 다 세계를 변화시킨다는 의미에서 하나가 되고 해방이라는 목적을 공유하지만, 예술은 그 자체로 세계를 변혁할 수 없습니다. 결국 해방은 정치적 혁명을 통해서만 성취될 수 있습니다. 이 혁명의 길에 예술은 동반자가 될 것이지만 결코 혁명의 수단이나 구성요소가 될 수 없어요. 마르쿠제에 따르면, 예술은 해방을 약속하지만 그 약속의 이행은 예술의 몫이 아니라 전적으로 혁명과 같은 정치적 실천에 달려 있습니다.

그래서 결론적으로 예술의 자율성을 옹호합니다.

그렇다면 예술의 자율성이 내포하는 가상적 성격을 옹호하는 관넘론 미학을 따른다고 이해할 수 있겠어요. 그래서 마르크스주의 미학으로 보면 애매해지는 지점이 있습니다.

마르쿠제의 주장은 정합적인 논리로 증명되는 것이 아니라서 어딘가 모호하고 부정확하다는 비판이 있습니다. 그게 난점입니다. 가령 예술이 해방을 위한 투쟁에 도구로 쓰인다는 식으로 오해될 만하죠. 그게 아니라면 그저 예술이 그랬으면 좋겠다는 식의 바람을 드러내는 것밖에 되지 않거나…. 예술이 혁명에 직접적으로 가담하지 못하는 이상 해방의 기능과 무관하다는 그런 견해가 있는데, 흔히 노래나 그림, 시가 정치적 혁명의 수단이 되는 것이 마땅하다고 보는 주장이 있습니다. 말씀하신 마르쿠제의 마지막 미학 에세이의 부제가 "특정 마르크스주의 미학에 반대하여"라는 사실은 어떻게 보면 자신의 미학에 대한 변명 같은 것으로 보일 만합니다. 여기서 특정 마르크스주의 미학이라 함은 예술을 계급 이데올로기로 해석하는 정통파 미학이랄까, 아무튼 교조주의적 관점을 가리키는데, 마르쿠제는 정통 마르크스주의 미학이 소위 부르주아적 미학에서 부르주아적이란 말이 계급과 아무 상관이 없음에도 불구하고 미 관념을 완전히 배척함으로써 예술을 이데올로기로 취급하고 계급의 요구와 동일시했다고 비판했습니다. 그러면서 마르크스의가 진정으로 추구하는 혁명성이 미적인 것으로서 예술에 내재되어 있음을 주장하고자 했어요.

확실히 마르쿠제는 마르크스주의가 목표로 하는 계급투쟁에 예술이 하나의 수단으로서 기여해야 한다는 입장에는 반대했습니다.

예술의 정치성은 그런 데 있지 않다고 봤으니까요. 마르쿠제는 마르크스주의 미학을 대변하는 것처럼 보이는 소비에트 사회주의 리얼리즘 미학을 비판하면서 예술의 진정한 혁명성이 자율성에 있다고 주장했습니다. 그런 점에서 예술의 정치성, 혁명의 가능성이 어디까지나 미학적인 것 그 자체에 있다는 견해는 다소 논란의 여지를 남깁니다.

> 예술의 자율성은 인간의 고유한 가치와 존엄성을 예술에 부여하는데 있지 않고 기존의 현실에 대항하는 예술의 정당성에 있다고 밝히고 있습니다. 그리고 예술의 진리는 예술을 존재하게 하는 바로 그 사회에 대립하게 하는 자율성에 있는 것이지, 기존의 사회적 현실을 반대하는 내용이나 단순히 기존 형식과 다른 새로운 스타일이나 양식의 문제가 아니라고요. 결국 예술의 자율성은 현실사회의 모든 형식과 구분되는 미학적 형식에 의해 가능해지는데, 예술의 사회적 기능은 바로 이 자율성으로부터 형성된 것으로 봅니다. 마르쿠제는 예술의 자율성을 불가역적인 것으로 보는 전통에 서 있어요. 예술이 만약 어떠한 것의 수단이 된다면 예술은 더 이상 예술일 수 없다는 견해를 고수합니다. 분명 비판적, 즉 사회와 예술이 변증법적 관계가 성립하기 위해서는 기존 사회체제에 포섭되지 않은 그 대립적인 위치에 예술이 있어야 한다는 점을 분명하게 했습니다.

예술의 정치성이 미학적 형식을 통해 갖는 자율성에 있다는 주장에 따르면, 자율성을 상실하면 정치적 기능도 상실하게 된다는 마르쿠제의 주장을 이해할 수 있을 것 같습니다. 여기서 우리는 예술의 해방적 기능의 의미를 조금 더 분명하게 알 수 있다고 생각해요. 예술은 그 자체로 세상을 변화시킬 수 없듯이 직접 자유로운 사회를 만들 수 없지만, 끊임없이 자유의 이미지를 제공함으로써 현실에 매몰되지 않고 자유라는 목표를 향해 나아가도록 자극하고 독려합니다. 부족한 점이 있지만, 이것으로 정리하기로 하죠.

> 솔직히 말해, 대담 전에는 이런 주제에 대해 어떻게 대화를 해야 할지 고민을 많이 했는데 막상 이야기를 나누다 보니 부족한 부분들이 확인된 것 같아 한편으로 다행이라는 생각이 듭니다. 예술과 사회의 변증법적 이해를 기본으로 할 때, 예술 연구가 사회철학적으로 제자리를 찾을 수 있다는 점이 분명해졌어요. 최근 관념론 미학의 정치성을 다시 돌아보는 분위기라는 점에서 마르쿠제의 마지막 논의도 의미가 있다고 생각합니다.

서구사회에서 1990년대 마르쿠제의 인기는 시들어졌다고 보지만, 그것은 그 이전에 비해 약해진 것이고 최근까지도 마르쿠제에 관심 있는 연구들은 이어지고 있습니다. 몇 년 전부터 다시 새로운 관점으로 마르쿠제에 관한 연구가 서서히 증가하고 있다고 들었어요. 특히 페미니즘과 생태주의 같은 사회변화를 갈망하는 개혁가들에게 아이디어를 주고 있죠. 더구나 감성과 예술에 관한 관심이 더 커지고 있는 상황에서 마르쿠제의 기본 아이디어를 간과할 수 없어 보입니다. 핵심은 '해방'이라는 키워드로 표출되는 사회 변혁에 대한 관심과 희망이 여전히 유효하다는 데 있다는 것이죠. 그에 대한 실천적 운동의 원동력으로서 마르쿠제의 논의는 여전히 가치가 있다고 보는데, 박 선생도 좀 더 분발해서 연구 성과를 내주길 바랍니다.

오래전 일이 생각납니다. 선생님께서는 제가 학위논문이 마냥 늦어지는 것을 염려하셔서 학위과정 시간이 임박하자 논문 작성에 집중하라고 채근하셨어요. 10년이라는 과정 시간이 임박했는데도 아직 더 검토해야 할 내용이 남았다고 논문을 마무리하지 못하고 있는 저를 '시간이 없다고' 압박하셨지요. 모든 것을 완벽하게 완성할 수 없으니 이제 시작이라고 생각하고, 더 공부해야 할 문제들은 앞으로의 과제로 남겨놓고 차근차근하라고, 지금까지 공부한 것보다 앞으로 연구해야 할 것들이 더 많다며 격려하시듯 온화한 표정으로 말씀하셨는데, 솔직히 경고성 꾸짖음처럼 들려 떨었던 기억이 납니다. 부지런히 좋은 후속 연구로 대답해야겠다고 다짐했지만, 이런저런 일에 치여 몇 년이 지난 후에도 사실 이렇다 할 결과가 없어서 부끄러운 마음이 컸습니다. 시간이 지나면서 한편으로 학위논문이 시작이 아니라 끝이 되어 버릴까봐 두렵기도 했고요. 오늘 대화가 저에게는 새로운 계기와 자극이 된 것 같습니다. 아쉽지만 즐거운 대화는 이것으로 마쳐야겠어요. 긴 시간 내주셔서 고맙습니다, 선생님.

6장

근대국민국가와 생명
그리고 권력

대화자 이원혁

▌사회철학의 의미

선생님, 안녕하세요? 이렇게 대담 자리에서 뵈니 감회가 남다릅니다. 선생님께 공부를 배운 지 어느덧 20년에 가까운 시간이 흘렀네요. 저는 사회철학, 정치철학을 전공하면서 학부와 석사과정을 거쳐 박사학위까지 취득했습니다. 선생님께 배운 사회철학과 정치철학은 연구자로서뿐 아니라 인간으로서 제 삶에 큰 영향을 주었습니다. 선생님께서는 항상 "공부는 함께하는 것이다"라는 점을 강조해오셨습니다. 그래서 수업시간 외에도 많은 세미나와 콜로키움 등을 개최해주시고 지도해주신 기억이 남습니다. '함께' 공부한다는 것은 어떤 의미를 가질까요?

이원혁 선생, 반가워요. 벌써 시간이 그렇게 흘렀군요. 함께 공부한 시간 속에서 서로에게 울림을 남길 수 있어 저도 선생으로서 기쁘기 그지없네요. 맞아요. 제가 '공부는 함께하는 것'이라는 점을 강조해왔지요. 그것의 의미는 참 여러 가지가 있는데요. 우선은 우리가 공부한 텍스트의 특징을 뽑을 수 있습니다. 철학의 고전들은 대가들의 엄청난 사고와 사유의 결과물인 동시에, 짧게는 백여 년, 길게는 수천 년 동안 후대사람들에게 검증을 받거나 다양한 해석을 낳기도 했습니다. 플라톤, 아리스토텔레스, 칸트, 헤겔 등 대가들의 저작은 그들의 깊은 학식과 사유의 결과물로 위대한 학문적 울림을 전해주고 있습니다. 하지만 그들의 저작은 종교의 경전들처럼 오직 일인의 천재적 혹은 기적적인 결과물이 아닙니다. 시대의 고민과 다양한 입장들 속에서 그들은 자신의 철학을 견지해나갔지요. 따라서 그들의 저작을 읽고 공부할 때는 다양한 시각과 입장들을 고려하며 읽는 것이 도움이 되겠지요. 또 고전들은 오랜 시간 동안 다양한 해석과 주석 그리고 비판을 받아왔습니다. 그러한 검증들을 통해 살아남은 저작들이 오늘날 우리 고전이라고 불리는 명저들입니다. 우리는 자신의 기준으로 어느 철학자나 그 저작을 쉽게 받아들이거나 비판을 하기도 하는데 그럴 경우 자칫 독단이나 오독에 빠질 위험이 다분합니다. 플라톤의 대화편들은 현자 소크라테스가 일방적으로 자신의 사상을 주변에 강요하는 것이 아닌 대화와 토론을 통하여 인류가 지성을 이루어가는 모습을 보여줍니다. 플라톤의 저작들에 등장하는 인물들은 대부분 자신만의 논리와 근거로 그럴듯하게 자신의 생각을 주장합니다. 아마 그런 사유들은 혼자서 사유했을 때 상당한 자신감을 가졌을 수도 있었겠지요. 그러나 토론을 통하여 자신의 사유와 논리의 허점을 발견하고 이를 수긍합니다. 논리적 오류나 텍스트의 오독은 자신의 눈으로 스스로 발견하기 어렵지요. 그건 선생인 저도 마찬가지입니다. 자신의 오류는 스스로 찾기 힘든 법이지요. 그래서 여럿 지성이 함께 고민하고 토론하면서 공부하길 권한 것입니다. 고전들은 보통 그 깊이가 깊고 새로운 해석의 여지가 항상 있습니다. 그래서 특히 철학은 여러 지성이 어울려가면서 그 학식이 쌓여가는 것입니다.

여러 지성이 함께 학식을 쌓아간다는 말이 참 와닿습니다. 선생님 조금 어리숙한 질문일 수도 있는데요. 굳이 여럿이 공부하는 방법도 있지만 선생님과 같은 훌륭한 학자의 강의를 듣는 방식의 공부 방법은 어떨까요?

네, 훌륭한 학자의 강의를 듣는 것도 좋은 방법이 될 수는 있겠지요. 그러나 그럴 경우 우리는 결코 교실에서 벗어날 수가 없습니다. 프랑스의 철학자 자크 랑시에르는 《무지한 스승》이라는 책에서 우리가 가진 배움에 대한 선입견을 이야기한 적이 있습니다. 그는 현대교육은 크게 세 가지 전제를 가지고 있다고 합니다. 첫째, 선생만이 다 알고 있다. 둘째, 학생은 스스로 알 수 없다. 셋째, 선생의 설명이 가장 중요하다는 것입니다. 그러나 그는 이러한 전제가 수행하는 것은 바로 '바보 만들기'라고 비판을 하지요.

그는 조제프 자코토라는 사람을 예시로 듭니다. 그는 프랑스인으로 네델란드에 정치적으로 망명을 한 사람입니다. 그는 망명지인 네델란드에서 불어교사로 근무를 하게 되었습니다. 그런데 그는 네덜란드어를 전혀 할 수 없었습니다. 그러나 그는 누구보다 훌륭히 불어교사로서 그 소임을 다했습니다. 그의 수업 방식은 독특했는데 그것은 수업을 안 하는 것이었습니다.

수업을 안 했다고요?

재미있지요? 그는 불어와 네덜란드어가 나란히 있는 책을 교재로 하고 학생들이 불어와 네덜란드어를 비교하면서 반복해서 쓰고 외우게 했습니다. 그랬더니 놀랍게도 1년이 지나자 학생들은 불어로 어느 정도 글을 쓸 수 있게 되었다 합니다. 그는 비슷한 방식으로 문학, 그림, 수학, 아랍어, 히브리어 등을 가르쳤고 성공적인 성과를 이루었어요. 우리의 통념에 따르면 교사는 학생들에게 설명을 하는 존재였지만, 그는 그것이 교사의 역할이라고 생각하지 않았어요. 학생들은 누구나 배울 수 있는 능력을 가지고 있고 그 능력은 교사 주도의 주입이 아니라 학생 스스로의 방식과 능력으로 성취되는 것이라는 것이죠. 랑시에르는 교사와 학생 간의 지적 평등을 주장했습니다. 교실에서의 모든 권위를 교사를 가진다면 학생은 스스로 사고하기를 멈추고 교사의 설명에만 의존하게 되지요. 반대로 교사는 학생을 스스로 깨우칠 수 없는 존재로 격하시키기 때문에 자신이 이해한 방식과 사유를 학생에게 주입시

키려 합니다. 이러한 상황에서 교사의 말은 절대화 또는 신성화
가 됩니다. 여기서 한국 대학사회의 교육의 문제를 짚어볼 수 있
어요. 스승을 존경하고 따르는 것은 너무나 중요한 일입니다. 그
러나 스승을 존경하는 것과 맹신하는 것은 다른 이야기지요. 공자
와 맹자의 말씀을 암송하듯이 맹목적인 강의와 학습은 올바른 학
습의 태도가 아닙니다. 특히 대학이라는 공간에서는요. 참된 스승
은 자신의 말을 제자들이 받아쓰고 외우게 하는 것이 아니라 제자
들이 스스로 생각하고 고민하고 비판하게 할 수 있는 사유의 장을
만들어주는 것입니다. 끝없는 지적 계기를 만들어주며 함께 토론
할 선생과 동료를 자리하게 하는 것이 훌륭한 교수법이라고 생각
합니다. 제가 대학 강의를 30년이 넘도록 했지만 가장 쉬운 강의
는 일방적으로 교수가 혼자서 이야기하는 강의입니다. 내가 가진
학식과 사유를 수업시간에 맞게 내가 편한 대로 말하면 되니깐요.
그러나 그런 수업은 학생에 대한 평가절하를 전제할 수밖에 없습
니다. 랑시에르의 말대로 '지성의 평등'에 대한 믿음은 교사가 가
져야 할 중요한 덕목입니다. 선생은 적절하고 유용한 계기를 마련
해주고 학생은 스스로 학습하고 자신의 고민의 수준을 높여가는
것이 대학의 학습방법이 되어야 합니다. 종종 보이는 대학사회에
서의 과도한 권위주의는 바로 이런 점을 간과했기 때문이기도 합
니다. 훌륭한 선생은 자신이 아니라 학생이 수업의 주인공이 되게
하는 것이지요. 그러기 위해서는 일방적인 강의보다 학생의 참여
를 높이는 수업이 선생에게는 더 많은 노력과 수고가 들기도 합니
다. 학생은 수업을 통해 새로운 학식을 쌓는 동시에 그 결과로 자

신의 성과물을 만들 수 있어야 합니다. 일방적으로 듣고 마는 수업에서는 그런 성취를 얻기가 힘들지요.

그러고 보니 선생님의 수업에서 발제와 토론을 하고 그 결과물로 매번 소논문을 만들었던 기억이 납니다. 하나의 주제로 수업을 진행했지만 학생들은 평소 자신의 문제의식을 반영하여 다양한 소논문들을 만들었는데 이제 와 생각해보니 그런 훈련들을 통해 많이 성장할 수 있었던 것 같습니다.

맞아요. 함께 공부한다는 것은 동일한 사유를 가지라는 것이 아닙니다. 함께 공부하면서 서로의 이해를 깊게 해주는 동시에 서로의 다양한 문제의식과 사유를 공유하고 풍부한 사유를 가질 수 있게 하는 것이지요. 그렇게 다양하고 풍부한 문제의식과 발표를 통해 선생인 저도 배울 때도 있습니다. 공부와 배움에는 상하가 없는 법이거든요. 스승으로서 가장 뿌듯한 순간이 언젠지 아세요?

언제인가요? 제자들이 학위를 받을 때인가요?

물론 그때도 말할 수 없는 기쁘고 성취감이 있지요. 학위는 마치 자식을 결혼시키는 것과 마찬가지로 만감이 교차하는 통과의례이지요. 물론 아이가 태어나고 성장하고 출가하듯이, 학생이 입학하고 공부하고 학위를 받는다는 것은 스승으로서 무엇과도 바꿀 수 없는 순간입니다. 하지만 그것은 상징적인 과정일 뿐 진정한 기뿜은 자식이 훌륭하게 자란 모습을 보는 것이 아니겠어요? '청출어람'이라고 하죠. 제자가 훌륭한 학자로 성장하여 스승의 성취를 뛰어넘는다면 그만한 복이 세상에 어디 있겠습니까? 제자가 그렇게 성장하기 위해서는 선생은 열린 마음과 태도로 수업에 임해야 합니다. 이원혁 선생도 앞으로 많은 학생들을 만날 텐데 우리가 함께 공부했던 순간들을 잊지 말기를 부탁드립니다.

▌고대와 중세에서의 정치와 권력

네, 꼭 그렇게 하겠습니다. 함께했던 수업과 세미나의 기쁨들이 후학들에게 이어질 수 있도록 노력하겠습니다. 화제를 조금 돌려 질문을 드리겠습니다. 선생님께서는 우리나라를 대표하시는 사회철학 전공자이십니다. 선생님께서 생각하시는 사회철학은 어떤 것입니까?

제가 존경하고 좋아하는 노교수님의 말씀이 생각나는군요. 수년 전 방송통신대학교에서 정년퇴직하신 이정호 선생님의 말씀인데요. "돌아보니 모든 철학은 사회철학이었다"라는 말씀입니다. 철학자들은 자신들이 살았던 시대의 고민을 철학으로 승화시켰습니다. 그들이 살았던 시대가 그들에게 준 학문적, 정서적, 이성적 영감들이 존재할 것입니다. 앞서 말한 플라톤이나 헤겔 등 대가들의 철학은 그들이 살던 시대의 고민이 존재론과 인식론 등으로 승화되어 학문이 된 것입니다. 플라톤이 살던 고대 그리스 시대의 말기와 헤겔이 살았던 독일제국 형성기는 고대 민주주의의 위기와 근대 민족주의와 공화주의의 형성이라는 시대적 과제가 있었습니다. 이들은 산속의 고행자처럼 혼자서 득도를 한 것이 아니라 인간들 간의 관계들, 즉 사회 속에서 자신의 철학을 만들었습니다. 우리는 보통 그들의 존재론과 인식론만을 떼어내어 초역사적인 관점에서 그것을 연구하고 받아들이려고 합니다. 폴리스의 삶을 인간의 완전한 삶으로 여겼던 플라톤에게는 폴리스를, 프로이센이 독일을 통일하고 근대 계몽국가를 완성해갔던 시기에 살았던 헤겔에게 근대국가를 제외하고 그들의 철학을 이야기하는 것이 과연 가능할까요? 동서고금을 막론하고 철학자들은 현실을 초월한 진리로서 탐구하지 않았습니다. 현실을 분석하고 그 문제를 해결하기 위한 그들의 체계적 사유가 바로 철학이었습니다. 철학자들은 자신이 살고 있는 시대를 기준으로 인간과 인간사회를 분석하고 그 사회를 지탱하고 있는 질서와 그 힘에 대해 연구했습니다. 이것이 바로 철학의 3요소인 존재론, 인식론, 윤리학이 형성되는 계기이기도 했습니다. 따라서 사회철학은 단순히 정치나 사회현상에 대한 연구만을 의미하는 것이 아닙니다. 사회철학은 인간과 사회를 구성하는 모든 영역을 존재론적, 인식론적으로 탐구하여 그 근본적 성질을 밝히고 사회의 새로운 길을 제시하는 것입니다. 그것은 철학이 종교의 권위를 넘어 자신의 역할을 수행하고자 했던 바로 그 모습이기도 합니다.

그러고 보니 종교 역시 그러한 역할을 수행해왔던 것 같습니다. 종교는 인간에 대한 존재론적 새로운 방향 제시, 즉 구원을 자신의 주된 과제로 하고 있습니다. 사람들은 종교를 통하여 안락과 안식을 누리기도 합니다. 종교와 사회철학의 차이는 무엇일까요?

네, 종교와 철학은 비슷한 역할을 수행합니다. 말씀하신 '구원'은 두 곳 모두의 궁극적인 목표이기도 하지요. 유한하고, 현실의 다양한 문제에 온몸으로 직면하고 있는 인간에 대한 구원은 철학과 종교가 발생한 원인이기도 합니다. 그러나 이 둘은 엄청난 차이가 있는데요. 그것은 종교는 신에 의한 구원이라면, 철학은 인간에 의한 구원을 말하기 때문입니다. 철학은 인간의 힘으로 인간을 구원하는 학문입니다. 종교는 계시에 의해 인간에게 현실을 초월한 질서와 존재론적 지위를 부여합니다. 다시 말해 현실의 억압적인 질서가 아닌 평화롭고 정의로운 질서를 영원하고 완전한 신체와 영혼이 누리게 합니다. 따라서 대부분의 종교는 이러한 구원을 사후에 누릴 수 있는 것으로 설명하며, 현실은 사후에 누릴 안식을 준비하는 단계로 인지합니다.

철학에 비해 종교가 내세에 집중한다는 말씀이시군요?

처음부터 종교가 내세에 집중한 것은 아닙니다. 고대의 종교들은 현실에서의 두려움을 현실 속에서 극복하기 위해 만들어졌습니다. 고대 로마에서 기독교인들은 로마인들의 가혹한 탄압을 예수의 재림으로 극복하며, 현실에서 로마인들이 벌을 받고 기독교인들에게 천국이 이루어질 것이라고 믿었습니다. 왜냐하면 그들은 신이 현세에서 직접 벌과 상을 내린 구약과 같은 내용에 더욱 익숙했기 때문입니다. 구약에서 신은 직접 홍수, 벼락, 불 등 재해로 인간을 응징했으며, 그 결과 현실에서의 개별인간이나 인간사회가 변했기 때문이지요. 그래서 고대 로마의 초기 기독교인들은 그들의 종교를 내세를 위한 것이 아닌 현세에서의 구원을 기대하며, 자신들의 믿음을 유지했습니다. 따라서 그들이 구원이 이루어지는 세계가 현실이라는 점은 최소한 고등 종교와 철학의 출발점인 고대사회에서는 구분이 없었습니다. 종교가 구원의 무대를 내세 중심으로 옮겨가게 된 것은 현실 역사가 그 진행 과정에서 국가의 등장 등으로 인간의 삶의 범위가 크고 정교해졌기 때문입니다. 작은 부족이나 씨족 단위의 사회는 신화를 중심으로 한 구전의 문화가 지배적이었으나, 고대국가들은 구전만으로는 사회를 통제하거나 이끌 수 없었기 때문에 문자와 기록이 발달했습니다. 이는 신화의 세계에서 역사의 세계로의 변화입니다. 구전은 그 특성상 인간의 감정과 상상력이 보태지면서 인간들의 희망과 사상들이 여러 비유들과 함께 부풀려져 전해집니다. 이것이 고대 신화의 특징입니다. 종교는 이러한 신화의 맥락에서 고대사회의 정신적 지도 역할을 했습니다. 부풀려진다는 것은 원본의 손상만을 의미하는 것이 아닙니다. 오히려 시대의 변화상에 맞추어 집단의식을 통하여 그 내용이 보충되거나 수정되어 시대에 맞게 변화된다는 것을 의미하기도 합니다. 구전의 권력은 지배층이 아니라 전체 집단의 의식에 있습니다. 신화의 어떤 내용이 변화하고 수정되는 권력은 소수 지배집단의 인위적 수정이 아니라 오랜 시간 동안 전체 집단의 가치관에 따라 조금씩 보태거나 삭제되면서 내용이 바뀌는 것입니다.

그러나 기록은 최초의 기록이 그대로 박제화되어 전달되기 때문에 집단의 의식보다는 대개 지배적 집단에 소속되어 있던 기록자의 의식에 더욱 의존합니다. 그러나 기록은 보다 정확하고 일률적인 의식을 전파할 수 있기 때문에 광역 단위의 국가를 운영하는 데는 훨씬 더 유리한 측면이 있었습니다.

작은 부족 단위의 집단의식에서 광역적 국가 단위의 지배층의 의식으로의 사회 헤게모니의 변경은 피지배층이 상상하는 구원의 무대를 변경하게 했습니다. 예전에는 저 나쁜 부족이 천벌을 받아 멸망하고 우리 부족이 현실에서 행복한 삶을 산다는 종교적 상상을 했다면, 고대국가의 탄생 이후에는 기껏해야 나쁜 왕의 교체 그 이상을 꿈꾸기 힘들었기 때문에 현실의 고통을 믿음으로 버티면 내세에 영원한 안락을 누릴 수 있다는 믿음 체계로 변해갔습니다. 그리고 지배층과 피지배층의 믿음이 점차 동일해져갔다는 문제도 발생했지요.

로마의 기독교 국교 인정, 신라의 이차돈의 순교 등이 생각나네요.

네, 맞습니다. 선사시대에서의 종교적 믿음들은 다양했습니다. 부족마다 토템이 달랐으며, 신과 인간을 이어주는 샤먼도 부족별로, 심지어 마을별로 다르기도 했습니다. 심지어 같은 부족 내에서도 숭배하는 대상이 다르기도 했습니다. 그러나 고등 종교가 발생한 이후로 이런 믿음들은 점차 통합되어갔습니다. 믿음이 통합되어가는 과정은 크게 두 종류인데 아래에서부터 통합과 위에서부터의 통합이 있었습니다. 이 선생이 말한 로마의 기독교나 신라의 불교는 아래에서부터의 통합을 보여준 전형입니다. 사회 전반에 특정 종교가 국가의 통제를 벗어나 퍼져나가기 시작하여 그것을 배제하기가 어려워질 때 국가는 오히려 그 종교의 권위를 국가의 권위와 통합하려 합니다. 그리고 그 종교가 가진 사회 통합의 힘이 국가의 힘이 됩니다. 그래서 반대로 중동의 이슬람이나 인도 불교의 왕들처럼 국가 권력이 먼저 종교를 통합하려는 움직임도 나타난 것입니다. 이것은 종교의 입장에서 엄청난 변화였습니다. 국가가 종교의 권위를 가짐으로써 종교적 구원의 장은 현세가 아닌 내세가 되었기 때문입니다. 예수가 재림하여 로마 병사들을 휩쓸어주기를 바랐으나 로마인들도 기독교 신자가 되어버린 현실에서 종교적 구원은 현실에서 이루어지기 어려웠습니다. 현실에 대한 신의 개입은 이제 민족과 국가 단위가 아닌 개인의 구복 문제 정도로 작아졌으며, 진정한 신의 권위는 현실이 아닌 내세에서 이루어지게 되었습니다.

현대인의 생각에서 종교가 내세가 아닌 현실에서 구원을 이룬다고 하면 조금 이상하게 느껴지긴 합니다.

네 고대국가의 발생 이후에 현실에서 종교가 구원을 한다고 하면 보통 둘 중 하나지요. 종교를 가장한 사이비 집단이거나, 종교를 내세운 혁명집단.

> 둘 다 종교를 내세운다는 특징이 있군요. 전자는 오늘날에도 문제가 되는 사이비 종교집단들을 이야기하는 것이군요. 얼마 전 신자들을 성적으로 착취하여 문제가 된 이단 기독교 집단 말입니다. 그들은 교주가 메시아인 것처럼 내세우더라고요. 그렇게 해서 수많은 사회적 문제가 발생한 것을 보았습니다. 그런데 후자는 익숙하지 않은데 어떤 것들이 있었나요?

네, 대표적인 것이 유럽 중세시대에 많이 발생한 천년왕국주의를 들 수 있겠네요. 천년왕국주의는 우리에게는 다소 낯선 정치이론이지만 고대에서부터 현대에 이르기까지 유럽에서 발생하는 이상주의 정치운동으로 큰 영향을 주어왔습니다. 고대 로마가 기독교를 국교로 인정하고 난 뒤에도 민중의 삶은 크게 개선되지 않았으며, 오히려 자신들의 신을 강탈당했다는 상실감이 사회적으로 팽배해졌습니다. 기독교인들만의 평화로운 세계로서 구원은 이제 요원해진 것이었습니다. 지배층과 피지배층이 같은 신을 믿게 되어버리니 피지배층으로서는 새로운 돌파구를 마련할 수밖에 없었던 것이지요. 이때 주목을 받은 것은 성경의 〈요한계시록〉 20장과 〈다니엘서〉에서의 심판, 즉 예수가 재림하여 기존 왕국을 무너뜨리고 천년 동안 융성할 새로운 왕국을 건설한다는 내용입니다. 이를 바탕으로 세속적 혁명운동들이 발생했고 이것을 천년왕국운동이라고 불렸습니다. 고대 이후 지방의 작은 수도원을 중심으로 행해졌던 천년왕국운동은 11세기 십자군운동의 폐단이 깊어지고 14세기부터 대량으로 발생된 기근, 가뭄 그리고 흑사병 등으로 민중들의 삶이 피폐해지자 널리 확산되었습니다. 당시 중세사회는 잘 알려진 대로 종교사회였기 때문에 혁명이론들은 종교적 외향을 가질 수밖에 없었고 이를 시도한 사람들 역시 수도사들이 대부분이었습니다. 이런 사상을 널리 퍼뜨린 사람으로 피오레의 요아킴이라고 불렸던 수도사가 있습니다. 그는 피오레산에 위치한 조바니 수도원의 원장으로 교황으로부터도 존중을 받는 유명한 수도사였어요. 그는 〈요한계시록〉 등에 기대어 종말과 구원을 역사 속에서 해석하려 노력했습니다. 유명한 단테의 《신곡》 역시 그의 이론을 모티브로 만들어졌습니다. 그는 교회가 타락하자 현실의 정치권력들로 가장한 적그리스도들이 난립하고 종국에 구세주가 적그리스도를 물리친다고 주장했습니다. 다시 말해 현실 교회의 타락으로 세속적 정치권력들이 권력을 장악하지만 이들은 종교적 이단이므로 다시 구세주가 등장해 기독교 세계를 복원한다는 것입니다. 그의 사상은 결국 현실적 정치권력뿐 아니라 교황과 같은 현실의 교회권력에 대한 비판에 이르렀기 때문에 그는 사후 이단으로 몰렸습니다. 그러나 그의 뒤를 이어 피터 올리비, 존 볼 등과 같은 수도사들을 중심으로 천년왕국주의가 유럽의 각지에서 유행을 했습니다. 십자군 원정과 흑사병 등으로 피폐해진 중세사회에서 내세에서의 구원을 기다리기에는 중세 하층민의 현실은 너무나 피폐했습니다. 따라서 선구적인 수도사들을 중심으로 종교의 힘으로 현실을 바꾸려는 노력들이 이어졌습니다.

종교가 정신적 안식을 넘어 육체와 현실에서의 구원에 나선 것이군요. 그 결과는 어떠했나요?

종교를 중심으로 현실적 개혁이나 혁명을 이루려는 노력에는 현실적으로 많은 제약이 있습니다. 우선은 해결방식을 너무 종교적으로 하는 경우가 있습니다. 현실적 정치권력을 획득하는 것보다 종교적 의식이나 믿음을 더욱 강조하는 경우가 발생하기도 하지요. 예를 들면 반란을 위해 군사를 증강하거나 훈련하는 것보다 기도나 정신무장에 더 치중하는 경우입니다. 그러나 이런 경우가 아니더라도 기독교 안에서 특정 집단의 독특한 교리해석에 의존하기 때문에 대중적으로 확산되기가 어려웠습니다. 그리고 수도원을 중심으로 확산된 이런 운동들의 결정적인 문제점은 기존 정치권력 전체를 적그리스도로 치부하고 고립주의를 선택했다는 것입니다. 그렇기 때문에 종교를 내세운 정치운동은 유의미한 정치권력으로 성장하는 데 실패했습니다.

기독교의 경우는 그런데 이슬람 세계는 종교를 중심으로 혁명을 성공하기도 했는데 이는 어떻게 보시나요?

이슬람 세계는 확실히 그런 측면이 있지요. 그러나 자세히 보면 그들의 성공은 중세 유럽사회와 다른 점이 있었습니다. 예를 들어 와하비즘의 경우 이슬람 율법학자인 압둘 와하브의 종교를 통해 현실적 구원을 이루려 했다는 점에서는 비슷하지만, 그는 사우디왕조라는 현실권력과의 공조를 통하여 아라비아반도에서의 혁명을 성공했다는 점에서 큰 차이를 보였습니다. 와하비즘은 이슬람 복고주의라는 종교적 함의를 가지고 있었으나 이를 현실적으로 실현한 것은 사우디왕가의 세속 권력이었습니다. 물론 와하비즘이 사우디왕가의 권력을 확산하고 정당성을 확보하는 데 큰 기여를 하였지만 그것만으로는 이슬람 세계의 종교적, 정신적 혁명에 대한 열망을 이루었다고 보기에는 힘들지요. 그래서 사우디왕가의 아라비아반도 통일 이후에도 이슬람 세계에서의 종교적 혁명의 요구가 이어져왔고, 그것이 현재 탈레반과 같은 형태로 이어져오고 있지요.

그렇군요. 다시 유럽으로 돌아와서 질문을 드리면 유럽의 천년왕국주의는 어떤 결말을 맞이했나요?

해방과 현실극복을 위한 강렬한 희망은 천년왕국주의에 호전성을 불어넣었습니다. 14세기 영국에서 발생한 농민반란과 15세기 이탈리아의 반 메디치가 봉기, 16세기 보헤미아의 타보르파 봉기 역시 천년왕국주의를 정신적 기반으로 발생했습니다. 이들은 계급적 문제를 타파할 새로운 사회적 질서를 현실에서 구현하기 위해 종교적 믿음을 바탕으로 조직을 만들고 활동을 했습니다. 그러나 앞서 말한 것처럼 이들의 저항은 새로운 국가질서를 만들기 위한 비전을 제시하지 못했고 사회적 공감을 이끌어내지 못했습니다. 이 운동들은 체계적이고 조직적인 국가 단위의 혁명이라기보다는 개별적 상황에 따른 봉기에 그쳤기 때문에 이들의 사상은 하나의 이론으로 체계화되기 어려웠으며, 새로운 체계를 구성하기 위한 이론이나 믿음 구조를 만들지 못했습니다.

다들 결말이 좋지 않았겠군요. 우리나라의 동학처럼….

동학은 농민의 현실과 외세의 침략이라는 보편적 가치가 있어 아주 넓게 확산되었지만, 중세 서구의 천년왕국주의는 수도원이나 도시 밖으로 확산이 어려운 경우들이 많았습니다. 결국 이단으로 파문당하며 처절하게 진압당했습니다. 이 점에서는 동학이 사문난적으로 몰린 것과 비슷하긴 하군요.

그렇다고 현실에서의 구원과 혁명에 대한 열망이 사라지지는 않았을 듯한데요?

네, 이제 철학이 등장할 차례가 왔지요.

중세가 끝나고 근대가 시작된 것이군요.

| 부권과 전제적 지배

아까 종교는 신의 힘으로, 철학은 인간의 힘으로 인간을 구원한다
는 말 기억하지요? 근대의 철학들은 이성의 힘으로 중세와 전근
대적 사회질서를 해체하기 시작했습니다.

> 뭔가 종교를 중심으로 세계를 변혁하려 했던 천년왕국주의와는 다른
> 전개가 기대되네요.

그렇다고 중세의 종교적 정치운동들이 철학적, 역사적으로 아무
의미가 없는 것은 아닙니다. 이들의 사상은 소위 '유토피아'주의
를 만들었습니다. 내세가 아닌 현실에서 이상사회가 이루어질 수
있다는 이들의 믿음은 철학자를 자부하는 이들에게도 목표와 지
향으로 남겨졌습니다. 현실의 고통을 중단시키는 이상사회의 건
설은 프랑스혁명, 미국 독립, 유럽의 공상적 사회주의, 마르크스
의 공산주의 등 다양한 서구의 근대 혁명운동으로 이어지고 계승
되었습니다. 근대사회와 근대철학은 이성을 바탕으로 사회의 변
혁을 구상했지만 그들의 목표는 중세의 사상에 빚을 지고 있다는
사실을 부인할 수는 없습니다. 하지만 철학자들은 수도사들과 전
혀 다른 방식으로 혁명을 구상했습니다.

> 어떻게 다르나요?

중세의 천년왕국주의는 기독교라는 기존 믿음체계와 질서 안에서의 운동이었습니다. 그리고 그 믿음체계 안에서 주도권을 가지려는 것이거나 반대로 믿음체계 안에서의 망명, 즉 수도원이나 해당 공동체 안에만 머무는 사상에 그쳤습니다.

왜 그랬나요? 또 철학은 왜 당시에는 침묵하였나요?

수도사들의 지성이 부족하거나 기독교가 그런 한계를 가졌다기보다는 당시 사회, 정치, 경제적 한계가 근대철학의 이성이 나타나기에는 여건이 되지 않았습니다. 근대 이성의 특징은 개별적 주체의 진리 인식 가능성으로 함축됩니다. 잠시 말이 어려워졌는데요. 중세시대에도 인간 이성에 대한 논의는 활발했습니다. 흔히 중세는 이성이 신앙이나 계시에 의해 침묵당한 시대로 알려졌지만 그렇지 않습니다. 우리가 잘 아는 토마스 아퀴나스 같은 철학자는 계시보다 이성의 우위를 이야기하기도 했습니다. 그렇다고 그가 비주류적인 인물이었던 것도 아니죠. 그는 철학자이기도 했지만 신학자였으며, 기독교에서는 성인의 반열에까지 오른 인물이었습니다. 그는 신을 이해하는 데 최고로 적합한 것은 신앙보다 이성이라고 말했습니다. 흔히 알려진 것처럼 중세에 이성이 금기시되었거나 무기력했던 것은 아니었습니다. 다만 근대의 관점에서 이성의 역할이 미진했던 것이지요. 근대 이성의 특성은 개별성, 자율성, 합리성입니다. 중세가 가진 정치, 사회, 경제적인 환경들이 당시 이성이 근대성을 드러내기에는 적합하지 않았던 것입니다.

마르크스의 역사적 유물론이 생각나는군요. 근대 이성이 사회철학으로서 자신의 모습을 드러낼 때 유럽의 상황은 어떠했나요?

하하. 역사적 유물론의 관점을 부인하는 것은 아니지만 도식화를 말하려는 건 아닙니다. 특히 경제결정론을 이야기하는 것은 아닙니다. 이원혁 선생이 말한 대로 근대 이성이 사회철학으로 자신을 드러내는 것은 17세기부터입니다. 이 당시 철학은 중세와 전혀 다른 전제를 가지고 정치·사회 질서와 권력에 대해 설명을 했습니다. 아직 산업혁명의 기관차가 출발을 알리지 않고 있던 시절이지요. 그러나 종교개혁, 대항해시대, 중세 장원의 몰락과 민족국가의 탄생, 상인·법률가·은행가와 같은 중간 계급의 성장, 기사 계급의 몰락 등 다양하고 급격한 정치·사회적 변화가 있었습니다. 그 중 가장 중요한 것은 '신성함'의 몰락입니다.

신성함이요? 교황권력의 쇠락과 같은 종교적 신성함을 말씀이신가요?

물론 종교의 비정치화와 같은 종교의 이야기도 포함됩니다만 그거보다 더 큰 이야기입니다.

더 큰 이야기라….

세속권력과 교회권력을 모두 포함한 주권과 권력 자체의 신성함입니다. 근대 이전의 주권과 권력은 신성함에서 비롯되었습니다. 고대에서는 신화적 권력이, 중세에서는 신으로부터 부여받은 권력이 정치와 국가를 구성했습니다. 고대 그리스신화에서 제우스나 포세이돈이 왜 바람둥이로 나오는지 아시나요?

인간들이 서로 자신의 정통성을 주장하기 때문 아닌지요?

맞습니다. 모두가 제우스나 포세이돈의 자손을 자처하여 자신의 권력을 정당화시키려하기 때문입니다. 모두가 자신이 제우스의 후손임을 주장하다 보니 제우스는 엄청난 바람둥이가 될 수밖에 없었지요. 따라서 왕권은 신성한 것이 되었습니다. 중세에 들어서서는 교황의 권위가 왕권을 신성하게 만들어주었지요. 고대의 왕권은 신과의 직접적인 혈연관계를 내세웠다면 중세는 신의 대리자로부터 축복을 받는 형식으로 왕권의 신성함을 획득했습니다. 혹시 주권이라고 하면 무엇이 떠오르나요?

"대한민국의 주권은 국민에게 있고, 모든 권력은 국민으로부터 나온다"라는 대한민국 헌법 1조 2항이 떠오르네요.

많이들 그렇게 생각하시죠. 그러나 주권이라는 단어 자체는 민주주의적 함의를 가지고 있지 않습니다. 오히려 그 반대죠. 전제적인 권력, 해당 집단의 모든 존재양식에 관여하고 조정하는 힘입니다. 따라서 서구에서 주권은 신적 권력을 의미했습니다. 그래서 구약시대의 신의 권위 역시 주권으로 설명됩니다. 구약이나 그리스신화에서 여호와나 제우스의 권력은 전제적 권력으로, 집단의 정치적 결정뿐 아니라 개별적 삶의 방식에까지 그 권위를 확장합니다. 이들의 권력이 가진 신성함은 단순히 신으로부터 나왔다는 '원인'에 그치지 않고 인민의 삶에 구체적이고 세세한 측면에까지 관여를 한다는 '결과'에서도 신성합니다. 다시 말해 주권의 권력은 옳고 그름의 기준을 제시하는데 그 범주의 개별존재의 세세한 삶과 그 생명 자체에까지 영향을 준다는 말입니다. 이러한 권력은 고대 부족사회에서부터 비롯되어 종교와 고대국가를 거쳐 집단화되었습니다. 이런 권력을 뭐라 부르는지 아시나요?

가부장제 혹은 부권적 권력 아닌가요?

네, 맞습니다. 부권적(paternal) 지배는 고대·중세의 국가와 근대국가를 나누는 기준이 됩니다. 아브라함과 제우스가 상징하는 부권은 로마시대를 지나 토마스 아퀴나스에 이르러 체계화되었습니다. 이 권력은 고대와 중세국가를 지탱하는 힘이 되었죠. 부권적 지배는 자연적 질서, 가족적 질서 그리고 정치적 질서가 서로 유비적으로 연관되어 있다고 주장하며, 가부장을 중심으로 한 정치적 질서의 도덕성을 강조합니다. 출생과 생육을 근거로 지배를 확보한 권력은 신에 의한 세계와 인간 창조라는 기독교 근본 교리와 결합하여 중세의 '부권적 지배'라는 패러다임을 만들었습니다. 토마스는 신과 세속적 권력 그리고 가정은 통치적 단일성을 가지고 있다고 말합니다. 이렇게 해서 부권적 지배의 원초성이 신권과 왕권의 절대적 권위에 정당성을 추가합니다. 가족과 자연은 출생을 통한 원초적 지배권으로서 부권적 지배에 근거를 제시합니다. 그러면 이런 권력을 일반 인민들이 받아들이는 데 가장 중요한 것이 무엇일까요?

그 권력을 받아들이고 수긍하느냐에 대한 여부가 아닐까요?

그렇습니다. 바로 복종(obedience)입니다. 일상용어나 종교적 단어 같지만 복종은 상당히 철학적인 단어입니다. 철학에서 복종의 개념은 플라톤의 《크리톤》에서 소크라테스의 대화에서 거의 처음으로 나타납니다. 사형을 앞둔 소크라테스는 자신의 친구인 크리톤과의 대화에서 아테네 시민들은 아테네에 거주하고 남음으로써 법과 정의를 집행하는 방식과 여타 다른 문제에 대하여 국가와 그 통치방식에 복종하기로 한 것이라 이야기합니다. 이것은 당시 아테네가 거주 이전의 자유를 억압하지 않았음에도 불구하고, 개인이 아테네에 거주하는 것은 사실상 복종에 합의를 한 것이며 개체성이 가진 돌발성과 독자성에 대해 권력이 제한하는 것을 정당화합니다. 이때 소크라테스는 폴리스(polis)의 법에 복종하지 않는 것은 폴리스가 낳고 길러준 것에 대한 배신이자 합의 번복에 따른 불의라고 말합니다.

고대와 중세에서 주권은 복종이라는 단어와 뗄 수 없는 관계를 맺고 있었군요. 고대와 중세가 주권이라는 개념에서는 상당히 동일한 지평에 있었다는 느낌이 듭니다.

물론 고대와 중세의 사회는 근본적으로 다른 사회입니다. 그러나 주권의 개념에 있어서는 가부장제라는 동일한 뿌리를 가지고 있습니다. 물론 그 둘의 차이도 큽니다. 고대의 가부장제는 가문과 폴리스를 벗어나지 않았습니다. 제우스와 로마제국의 권위는 가부장제로서 광역적인 세계를 통합하기에는 다소 무리가 있었습니다. 가부장제는 기본적으로 하나의 무리, 즉 가족을 전제로 하는데, 혈연에 따라 파편적으로 집단을 분리하는 그리스신화에서는 세계시민적인 가치로서 가부장제를 완성하기에는 어려움이 많았습니다. 그래서 그리스신화가 선택하는 방식이 근친혼이었지만 이 역시 한계가 많았습니다. 이를 극복하는 가장 쉬운 방식은 신을 바꾸는 것이었죠. 312년 로마황제 콘스탄티누스는 기독교로 개종함으로써 기독교가 가진 확장적 가부장제를 로마제국의 것으로 제도화했습니다. 기독교 기본교리는 모든 인간은 하느님의 자식으로 한 가족의 범주에 귀속됩니다. 이것은 종교적 의미에서 평등과 호혜의 의미로 해석될 수 있지만, 정치와 권력의 눈에는 모든 인간에 대한 완전한 귀속을 의미하기도 합니다. 이전의 지배는 귀족들이나 세금과 국방의 의무를 수행할 있는 제한된 의미로서 시민들을 통합하기만 하면 가능했습니다. 그러나 로마제국의 확산으로 만들어진 수많은 식민지와 그곳의 사람들 그리고 자유민과 노예의 경계를 오가는 인구, 그리고 국경지대를 월경하는 야만

인들이 늘어나면서 고대적 가부장제는 기독교라는 광범위한 정신적 통치수단을 가질 수밖에 없었습니다. 그리고 이미 내용적으로 고대의 가치를 벗어나고 있던 유럽세계는 로마제국이라는 고대적 질서가 무너지자 형식적으로도 달라졌습니다. 이것이 바로 중세의 시작이지요.

아, 이제 선생님께서 말씀하신 '신성함'의 의미를 알겠습니다. 부권과 복종을 기반으로 한 주권의 전제적 지배가 바로 고대와 중세의 권력이 가진 신성함이군요. 그러면 근대는 바로 이런 신성함에 대한 반기 혹은 거부로 볼 수 있는 것인가요?

▎ 계약으로서 주권의 탄생

권력의 신성함에 대해 이야기를 나누다 고대 여행까지 했군요. 부권적 지배로서 주권의 개념은 토마스에 이어 프란시스코 수아레스(Francisco Suarez, 1548~1617)와 절대왕권을 주장한 근대 초기의 장 보댕에게로 이어졌습니다. 이들에게 권력은 신민에 의하여 거부될 수 없는 것이었습니다. 권력이란 부권에 의한 것으로 태생적으로 권위를 가지는 것이었습니다. 즉 집안에서 아버지의 권위와 국가에서 왕의 권위는 동일한 형태란 것입니다. 그리고 그 권위에 대한 원초적인 수긍으로서 복종 개념이 자리를 잡았습니다. 여기서 부권에 의한 지배는 출생에 의한 것이기 때문에 협정이나 신의 계약을 바탕으로 하지 않았습니다. 수아레스는 서양 정신세계에서 익숙했던 가부장적 지배로서 가족의 개념을 국가로 상승시켰습니다. 아브라함의 구약 세계와 제우스의 신화 세계로 상징되는 가부장의 절대적 권력은 출생에 따른 자연적 종속성을 기반으로 삼았습니다. 그리고 이런 종속성은 부권적 지배로서 복종이라는 개념으로 중세사회에서 쉽게 주류적 생각으로 자리 잡았고, 그 정점을 장 칼뱅(Jean Calvin, 1509~1564)이 이루었지요.

그런데 그런 생각에 균열이 갔군요.

네, 맞습니다. 중세의 주권은 기본적으로 가족과 국가를 구분하지 않습니다. 모든 인간은 신이 창조한 아담의 후손으로 하나의 가족으로서 가부장인 아브라함의 권위에 귀속되었습니다. 이때 법과 권위는 개체에 선재하여 있었습니다. 소크라테스는 법은 '우리가 복종하거나 틀렸다는 것을 우리에게 확신시키기 위해 규칙을 준수하기로 동의한 것'이라고 했어요. 이 말의 포인트는 동의가 아니라 복종과 확신입니다. 나의 동의와 별개로 이미 옳음으로서 법은 존재한다는 것이죠.

개별인간의 동의보다 법이 앞서 있었다, 그리고 그것이 고대에서 중세까지 이어졌다는 말씀이신 거죠?

그렇습니다. 가볍게 물어볼게요. 고대와 중세사회에서 가장 권위가 있었던 것은 무엇이었을까요?

아무래도 종교가 아닐까요?

맞습니다. 그럼 종교가 사회를 통합하고 질서를 유지하는 방식에서 정치나 세속권력과 결정적으로 다른 점은 무엇일까요?

그것은 종교적 믿음인 계시가 아닐까요? 신화적 사고로서 계시가 개별인간들에게 도덕적 규범을 제시해왔던 것 같습니다. 말씀드리고 보니 이해가 가는군요. 종교의 계시로서 그 도덕적 규범은 개별인간의 동의 여부와 상관이 없네요. 종교에서 개별인간의 의지와 상관없이 선과 옳음은 존재하니깐요. 마치 전래동화에서 나쁜 임금이나 사또가 벌을 받고 마침내 권선징악이 이루어지는 것처럼 말입니다.

좋은 예시군요. 방금 말한 임금이나 사또가 의미하는 것은 두 가지가 되겠네요. 하나는 현상적인 세속권력이고 하나는 개별인간의 의지입니다. 고대와 중세사회에서 개별인간이 아무리 권력이나 힘을 가져도 종교적 교리로서 법은 언제나 그들을 앞서 있었습니다. 왜냐하면 그 사회에서 인간은 신의 모습을 닮은 불완전한 모형이었거든요.

아, 여호와가 자신의 모습을 본떠 사람을 만들고, 그리스신화에서도 신들이 인간의 모습을 하고 있는 것이 바로 그 근거가 되겠군요.

맞아요. 플라톤이 《국가》에서 말하는 '동굴의 비유'를 보면 현실
은 진짜 모습의 그림자일 뿐이라고 하지요? 그런 것처럼 고대와
중세사회는 개별인간의 가치는 개별성에 있는 것이 아니라 신에
게 있는 것이지요. 즉 개별성 이전에 존재한 신적 가치가 법과 권
위의 가장 중요한 요소였기 때문에 개인의 동의는 중요한 것이 아
니었습니다.

그런 사회에서 근대 사회계약론의 탄생은 상당한 충격이었겠습니다.

상당히 파격적인 이론이었지요. 사회계약론의 효시라 할 수 있는
토마스 홉스(1588~1679)는 신민의 저항권을 거의 인정하지 않았습
니다. 주권자로서 왕의 권한을 절대시했습니다. 그 권한에 도전한
다면 강력한 처벌이 뒤따라야 한다고 말합니다. 그의 주저인 《리
바이어던》 제목은 성경에 나오는 강력한 괴물 이름에서 빌려온
것인데, 홉스는 그런 괴물의 힘처럼 권력을 가진 주권자로서 왕의
권한은 절대적이어야 한다고 말합니다. 강력한 왕권을 주장함에
도 불구하고 홉스는 왕과 왕당파로부터 핍박을 받았는데 그것은
권력 탄생을 개별인간의 동의에서부터 출발시켰기 때문입니다.
잘 알려진 대로 홉스의 사회계약론은 자연 상태의 인간들이 전쟁
과 상호 살육을 막기 위해 상호 계약을 맺어 국가와 같은 권력을
만든다는 것입니다. 얼핏 단순해 보이는 이 이론은 2000여 년간
의 서구의 사회 질서에 대한 거부를 이야기했습니다. 인간이 지켜
야 하는 법과 질서가 보편이 아닌 개별 즉, 인간으로부터 나온다

는 주장은 왕권신수설에 대해 정면으로 반박하는 것이기도 했습니다.

　왕의 입장에서는 거의 반역과 같은 생각이었겠네요.

그렇죠. 당시 영국의 왕은 이러한 생각을 담은 홉스의 《시민론》을 두고 "지금껏 이렇게 불경한 책은 본 적도 들은 적도 없다"고 말했다고 합니다. 그리고 조금 전 제가 법과 권력의 성격에 대한 전근대사회의 특징은 종교에서부터 왔다고 했지요?

　네, 그러면 홉스는 종교적으로도 핍박을 받았겠군요.

홉스는 왕당파뿐 아니라 무신론자로 몰렸다고 해요. 1666년 '무신론과 신성모독에 대한 금지법'이 제정되고 홉스가 조사 대상자가 되기도 하는 등 여러 위기가 있었습니다. 그도 그럴 것이 법과 질서의 원천이 보편적 질서로서 신이 아니라 현상적이고 개별적인 인간들이라고 말을 하니 당시로서는 불경한 생각이었죠.

　홉스가 그런 주장을 할 수 있었던 배경은 무엇이었나요?

단순히 시대의 반항이였다면 그의 주장은 이런 파장을 가져오지 못했죠. 근대가 가진 여러 특징이 있겠지만, 정치철학의 관점에서 봤을 때 가장 큰 특징은 신적 권위의 추락과 인간 가치의 재발견입니다. 신항로 개척과 종교개혁은 기존 질서의 권위를 뿌리째 흔들었습니다. 신항로 개척은 단순히 지구가 둥글다는 것을 증명하는 것을 넘어 대항해시대를 열면서 기존 봉건귀족이 장악한 경제질서를 완전히 뒤바꾸었습니다. 종교개혁은 신과 인간을 매개하는 사제를 부정하면서 개별인간이 신과 직통으로 연결되는 계기를 마련했습니다. 전근대의 기독교에서 인간의 기도는 성모 마리아와 사제에 의해 순화되거나 대리되었습니다. 즉 개별 존재는 보편에 의해 규정되고 조정되었습니다. 그러나 종교개혁은 이러한 중간 매개를 철폐함으로써 개별인간이 기도를 통해 보편자로서 신과 직접 소통하는 것을 가능하게 했습니다. 이때 기도는 개별인간의 현상적이고 개체적인 생존과 욕망을 담고 있었습니다. 이런 변화들은 다양한 정치적 이벤트로 이어졌습니다. 바로 혁명이죠. 영국의 청교도 혁명은 왕권신수설에 반발한 의회권력의 봉기였습니다. 그리고 훗날 발생한 프랑스혁명 역시 기존 왕과 귀족으로 상징되는 전근대의 질서에 대한 거부이기도 했습니다.

그렇다고 근대 서구사회가 무신론으로 나아가지는 않았네요?

그렇죠. 하지만 신의 역할이 변모합니다. 이전에는 개인에게 법과 질서를 부여하는 아버지로서 신이었다면 근대사회에서는 반대로 개인에게 개체성과 그 권리를 보장하는 근거로 신이 자리하게 됩니다.

비슷해 보이지만 큰 차이가 있네요. 구체적으로 말씀 부탁드립니다.

토마스 홉스에 이은 사회계약론의 거두는 존 로크입니다. 그는 홉스보다 더 대담하게 개별인간의 가치를 주장하는데 그 근거를 신에 두고 있습니다. 존 로크의 사상은 단순한 교의에서 출발합니다. 인간의 신체는 신이 줬다는 명제를 제시합니다. 당시 사회에서 이 명제는 누구도 부정할 수 없었겠지요. 그러나 이 명제는 전근대를 부정하는 중요한 명제가 됩니다. 바로 신으로부터 부여받았기 때문에 그 누구도 그 신체와 그 자유에 대해 침범할 수 없다는 논리가 성립됩니다. 그리고 그는 이어서 그 자유로운 신체가 생산한 생산물에 대한 권한을 가집니다. 다시 말해 노동을 통해 만들어진 생산물에 대한 독점적인 소유권을 주장합니다. 따라서 로크에게 생명, 자유, 재산은 불가분의 존재로 하나로 이어진 것입니다. 그가 봤을 때 개인의 재산을 침해하는 것은 개인의 생명과 자유를 해치는 것과 진배없었습니다. 그것이 왕이 되었든 귀족이 되었든 개인을 침해하는 것은 오히려 신에 대한 도전이 되었습니다. 근대는 진정한 의미에서 아브라함의 시대에서 예수의 시대로의 전환을 뜻하기도 했습니다. 아브라함의 백성으로 부권적 지배를 받던 개별자들은 예수의 대속(代贖) 이후 인간은 개별로서도 성스로운 존재가 되었습니다. 종교개혁이라는 종교의 힘을 매개로 이러한 생각은 전 유럽으로 퍼져나갔고, 특히 개신교를 중심으로 정치적 운동이 되었습니다. 개인의 자유와 그 소유로서 재산을 절대시하는 가치관! 어디선가 익숙하지요?

미국 말씀이시죠?

네, 맞습니다. 레오 스트라우스(Leo Strauss)는 로크를 '미국 건국의 아버지'라 평가했지요. 미국 독립운동의 핵심 단어 두 개는 청교도와 재산권 침해입니다. 앞서 말씀드린 바와 같이 이 두 가지 단어는 근대의 개체성과 관계합니다. 미국의 청교도들은 영국 성공회 주교의 설교와 기도가 아닌 자신들이 직접 기도하면서 신과 소통하려 했고, 그들이 '주인이 없는' 신대륙에서 자신들의 노동으로 일군 재산을 세금이라는 명목으로 침해하는 영국을 거부하는 독립운동을 펼쳤습니다. 로크의 사회계약론은 생명, 자유, 재산을 보호하기 위해 사람들이 사회계약을 맺고 정부에 권한을 위임하는 것이기 때문에 이를 대표하고 보호할 의무를 수행하지 않는 한 법에 순응할 필요가 없다고 말합니다. 그런 의미에서 "대표가 없는 곳에 세금도 없다"라는 미국 독립운동의 유명한 문구가 이해가 됩니다.

학자마다 차이가 있지만 개별 존재와 그 존재의 권리 보장을 매개로 자신의 권한을 위임한 것이 사회계약이군요. 그것의 핵심은 "동의가 권력을 만든다"라는 것이고요. 그러면 권력은 어떻게 작동되고 자신을 유지하는 것일까요?

국가와 생명정치

홉스와 같은 사회계약론자들은 정치적 권력 구성에 있어 '동의'의 개념을 처음 등장시키면서 전근대와 이별을 했죠. 그런데 동의가 내포한 의미는 권력이 어디에서부터 나오느냐 하는 것에 한정되지 않습니다. 바로 그 권력의 행위에 대한 귀속성의 문제까지 달라집니다. 즉, 계약으로 인한 권력의 행위는 누구의 행위인가 하는 것이죠.

　　권력자의 행위가 국민의 행위가 되는군요.

그렇습니다. 전근대사회에서 권력자의 행위는 지배이자 통치행위로서 피지배자로부터 분리되어 있었습니다. 그렇기 때문에 플라톤이든 공자든 전근대의 사상가들에게 통치자의 자질과 덕성은 상당히 중요했습니다. 백성의 삶에 모범이 되는 것과 백성의 삶을 대표하는 것은 다른 문제가 됩니다. 전근대사회에서 군주는 백성들이 삶의 가치에 있어서는 원형이고, 실제 삶에 있어서도 지도자가 됩니다. 그 사회의 실패는 통치의 실패를 의미했기 때문에 실패의 책임은 온전히 군주나 지배층에게 전가되었습니다. 그렇다보니 사회의 변혁은 지도자의 교체로 이루어지는 경우가 허다했지요. 고대 중국에서 하나라의 걸왕을 몰아내고 상나라를 개국한 탕왕이나 상나라의 주왕을 몰아내고 주나라를 개국한 무왕의 이야기는 바로 이런 맥락이지요. 이때 왕의 교체는 통치권력 자체의 변화가 되며 이것은 국가 시스템이나 헤게모니의 변화로 이어지게 됩니다. 그러나 근대사회에서는 달라지게 됩니다. 근대사회에서 지도자는 통치시스템 자체를 의미하지 않게 되었습니다. 이때 한 명의 지도자가 교체된다 해서 본질적으로 사회 헤게모니의 변화로 이어지지는 않지요. 근대국가는 통치에 있어 형식적이든 강제적이든 피통치자의 동의를 요구합니다. 사회계약론의 핵심이기도 하지요. 근대국가에서 지도자는 대표자가 됩니다. 전근대의 복종에 비해 근대의 권력이 가진 가장 큰 차이는 대표성입니다. 따라서 근대사회에서 통치행위는 피지배자의 '본인의 행위'에 해당합니다. 이것은 무서운 이야기지요. 현재 한국 대통령이 어떤 실정을 한다면 그 책임이 바로 국민에게 있다는 것을 의미하기도 하기 때문입니다.

무서운 이야기군요. 선거에 막중한 책임이 부여되네요.

그러나 더 무서운 것은 그것이 아닙니다. 사회계약론의 관점에 따르면 근대 권력은 계약과 동의를 바탕으로 이루어졌지요. 이런 근대정치에서 대표자의 행위는 자신의 행위와 다를 바가 없기 때문에 그것을 거부하는 것은 자신을 거부하는 것이 됩니다. 홉스는 모든 사람은 모든 주권의 '저자'라고 말합니다. 홉스는 《인간론》에서 인간을 인공생명체인 '리바이어던'의 '저자'라고 말합니다. 홉스는 국가 안에서 인격(person)을 가졌다는 것은 시민의 자격을 가지고 계약에 동의한 사람을 말하지요. 그는 국가 안에서 개인 인격을 유지하기 위해서는 배우(actor)가 아닌 저자로서 행위해야 한다고 말합니다. 홉스는 배우가 대표성, 대표자(representer), 대리인(attorney) 등과 같은 의미를 가진다고 말합니다. 저자는 자신의 의지에 따라 타인의 행위에 대한 책임을 지기 때문에 근대국가에서 국가의 행위는 개인인 자신의 행위가 되며, 그 행위의 소유자가 됩니다.

그렇게 되면 권력에 대한 저항이 어렵거나 무의미해질 수 있겠네요.

바로 그 점에 제가 더욱 무섭다고 말한 겁니다. 근대사회는 실제 모습이 어떠하든지 간에 민주주의를 지향하고 권력에 대한 인민의 대표성을 주장합니다. 즉, 권력은 자기 자신에 대한 행위의 책임을 시민에게 부여하기 때문에 근대국가에서 저항이라는 것은 자신에 대한 부정을 통해서만 가능해집니다. 단순히 위선자를 교체하려는 전근대의 저항과 달리 근대사회에서의 저항은 자기 삶의 양식에 대한 부정을 바탕으로 이루어집니다.

헤겔과 마르크스가 생각나는군요.

네, 상당히 유사한 측면이 있습니다. 하지만 차이점도 있죠. 헤겔에게 있어 국가가 절대정신을 구현하는 존재가 되는 것은 자아가 변증법적으로 자신을 부정하며 대상과 타자를 받아들이는 과정에서 자신을 발전시키는 것이기 때문입니다. 홉스와 헤겔은 둘 다

권력의 기원을 외부적 요인으로 보지 않습니다. 그들에게 있어 권력의 기원과 근간은 개별존재입니다. 개별존재가 자신을 부정하면서 권력이 만들어집니다.

> 사회계약이란 것이 결국 자연법이 보장한 자신의 권리를 양도하는 것이니까요. 헤겔 역시 즉자가 자신을 지양해야 대자나 즉자대자의 상태로 나아가기 때문이죠. 둘에 있어 국가의 행위는 바로 자신의 행위가 되겠군요. 그럼 둘의 차이는 무엇인가요?

둘의 결정적 차이는 개체성이 전체 속에서 어떻게 존재하느냐 하는 것입니다. 헤겔에 있어 부정은 절대적 부정이 아닙니다. 헤겔의 부정은 변증법적 부정으로 부정을 통해 그 존재가 사장되는 것이 아니라 더 큰 존재로 나아가는 매개가 됩니다. 말이 어려워졌는데요. 개별존재가 외부세계와 결합하기 위해 자신의 권리를 내려놓는 형식으로 자신을 지양할 때 자신이 완전히 없어지는 것이 아니지요. 헤겔에 있어 국가 안에서 개인은 잠식되는 것이 아니라 개별성을 전체성 속에서 완전히 실현시켜 모순이 이상을 만듭니다. 헤겔의 유명한 말인 "이성적인 것이 현실적인 것이고 현실적인 것이 이성적이다"라는 말은 다양한 해석을 낳지만 이 관점에서 볼 때 고양된 정신으로서 이성은 구체적이고 개별적인 현실과 별개의 것이 아니라는 말입니다. 즉 절대정신의 매개로서 국가는 개체로서 개별존재를 내포하며 개체성을 자기 안에서 더욱 풍부하게 만듭니다. 그러나 홉스에게 있어 이런 것은 불가능하니다. 홉스에게 있어 개체는 계약을 통해 보편을 취득하지만 그 보편의 취득은 개체성의 중단을 의미합니다. 개별성의 세계인 자연상태는 계약으로 인한 국가의 성립으로 종식됩니다. 홉스에게 개체성은 오직 자연상태에서만 존립이 가능합니다. 국가 성립 이후에 주장되는 개체성은 국가의 적으로 간주되기 때문이죠. 개체는 계약을 통해 보편을 획득하여 자신의 생명과 안전 그리고 확장을 보장받지만 이것을 개체성에 대한 포기에서만 가능합니다. 즉, 국가 안에서 개체성이 보장되느냐 되지 않느냐가 둘의 결정적인 차이라고 할 수 있습니다. 오늘은 홉스의 관점에서 더 이야기를 해보려 합니다. 이 관점에서 국가는 개별존재로서 인간의 개체성을 침묵시키고 인간을 국가의 질서 내 적재적소에 국민, 시민, 신민 등 다양한 이름으로 배치시킵니다. 도덕, 법, 가치, 재산, 권리, 의무, 사회적 관계, 정의 등 시민사회의 요소들은 이러한 배치 이후에 탄생하기 때문에 이러한 가치들을 지키는 것이 개체성을 보존하는 것과는 다른 문제가 됩니다. 흔히 개별성이라고 하면 우리는 자신이 가지고 있는 윤리관, 재산, 정치적 자유 등을 떠올리지만 홉스가 봤을 때 이것은 개별성이 아닌 오히려 권력이라는 전체성의 문제가 됩니다.

혁명은 구체제에서의 자기 자신에 대한 부정이라는 마르크스의 사상과는 어떤 차이가 있나요?

마르크스는 소외(Entfremdung)라는 개념을 사용하지요. 그는 상품,

노동과정, 자신, 그리고 유적존재로부터의 인간 소외를 이야기합니다. 프롤레타리아는 자본주의 사회에서 완전히 소외되었기 때문에, 자신에 대한 해방은 자신의 사회적 존재에 대한 철폐를 통해서 가능해집니다. 다시 말해 프롤레타리아는 그 생존을 끊임없이 위협받으면서 지배받습니다. 마치 아감벤이 말하는 배제를 통한 포섭과 같습니다. 마르크스가 봤을 때 19세기 말 프롤레타리아는 자본주의 사회에서 언제든 죽을 수 있으며, 그들은 사회로부터 생존을 보장받지 못했죠. 그럼에도 당시 사회는 그들을 자신의 지배하에 두려 했습니다. 이러한 모순이 혁명의 씨앗이 되기도 했습니다. 생산수단으로부터 절연되어 임금노동만을 하는 자신의 사회적 존재를 폐지함으로써만 프롤레타리아는 현재의 위협으로부터 벗어날 수 있다고 믿었습니다. 그러나 홉스의 관점은 다르지요. 홉스가 봤을 때 신민이나 국민은 국가가 그 생명을 마음대로 처분하는 처벌지대에 머물게 하는 것이 아니라 생명을 유지시키는 합법적 영역에 둡니다. 그 영역은 개체를 보존시킵니다. 물론 그 법 안에 머물려면 개체는 자신의 개체성을 중단시켜야 합니다. 다시 말해 생명만을 유지하는 형태가 됩니다. 하지만 그 생명이 유지되는 한 생명은 국가의 권력을 끊임없이 재생산할 것입니다.

프롤레타리아가 권력 밖 존재라면 홉스의 신민은 권력 내부에 거주하는군요. 그런데 내부에 생명만을 유지하면서 존재한다는 것은 어떤 의미일까요?

홉스의 정치철학이 현대에 와서 재조명을 받은 이유 중 하나는 생명을 정치의 가장 중요한 주제로 삼았기 때문입니다. 푸코에 따르면 생명이 정치의 주제가 된다는 것은 근대정치의 특징입니다. 푸코가 봤을 때 근대의 주권은 죽게 만들거나 살게 내버려두는 권력입니다. 다시 말해 주권은 생살여탈권을 바탕으로 사회의 안전을 도모하면서 지배를 구축합니다. 이때 권력은 생명을 살게 하는 대신 규격화, 정성화시키면서 지배에 용이하게끔 강요합니다. 이러한 정치를 푸코는 '생명관리정치'라고 부릅니다.

생명을 정치의 주제로 삼는다는 공통점이 있군요. 그럼 상호 차이는 무엇인가요?

푸코는 생명에 앞선 권력이 생명을 관리하고 조정하는 정치를 하는 것이 근대권력의 특징으로 보았다면 홉스는 생명이 자신이 가진 선험적 창조성을 바탕으로 오히려 권력을 구성하고 그 권력을 끊임없이 재생산한다는 입장입니다.

쉽게 말하면 푸코는 생명을 통치의 대상으로 보았다면 홉스는 생명이 권력을 재생산하는 통치의 주체가 되는 것이군요.

그렇죠. 이런 관점에서 보면 현대국가의 통치성에 대한 새로운 모색이 가능해집니다. 푸코가 봤을 때 역사는 주권에 의한 단일한 질서체계가 아니라, 사회 근저에서 올라오는 욕망, 힘, 신체, 자본

등 내부적 권력관계의 전쟁과 투쟁에 의해 구성된다고 보았습니다. 그런데 푸코가 봤을 때 홉스는 이러한 투쟁을 국가의 권위와 힘에 의해 모두 무마시키려 했죠. 푸코는 권력이 생명 존폐의 문제를 종식시킨다는 홉스의 주장을 비판하며, 주권은 자신이 성립된 이후에도 생명을 끝없이 문제화시킨다는 점을 내세웠습니다. 푸코의 통치는 단순하게 한 국가나 지배자를 의미하는 것이 아니며, 권력관계들이 만들어내는 질서로서의 통치입니다. 그러면 그 질서는 어떻게 만들어지는가 하는 질문이 생깁니다. 강한 국가의 권력을 말하면 독재자를 등장시키면 되겠지만 푸코는 주권국가의 현상적이고 단편적인 형태에 집착하지 않고 담론으로서 사회적 질서에 의미를 부여합니다. 그러나 홉스의 관점에서 이런 관점은 사회·경제적 효과에 전능함과 신비함을 부여한 것으로 보이는데, 그런 효과들은 어디에서 왔느냐 하는 문제가 발생합니다.

요즘 시대를 말하는 것 같습니다. 한국 사회가 민주화가 되면서 예전 같은 강압적인 독재가 없는 현실에서는 지배가 어떻게 이루어지느냐 하는 문제가 있습니다.

계약론은 생명이 단순히 통치의 대상이 아니라 통치를 구성하고 재생산한다고 설명합니다. 정치에서 생명이 결과가 아니라 시작이라는 점은 상당히 중요한 관점입니다.

질문이 있습니다. 앞에서와 같은 생각을 위해서는 생명이 가진 창조성이 전제되어야 합니다. 생명이 창조적 능력을 가졌는지 말입니다. 그런데 근대 사회계약론에서 "생명이 창조성을 가졌다"라는 설명은 그 근거가 거의 '신'이나 '자연법'을 요청합니다. 근대 사회계약론이 현대적 의의를 가지려면 다른 돌파구가 있어야겠습니다.

그 부분은 이원혁 선생의 관심 분야로 가야겠군요. 근대 시기까지 생명이 가진 원초적 능력을 선험이라는 신비의 영역에 두었으나, 생물학과 언어학의 발달을 통해 새로운 시도들이 가능해졌습니다. 대표적인 것이 촘스키의 언어이론입니다. 촘스키는 독특한 언어이론을 가지고 있는데 그것은 바로 최소주의문법이론입니다. 간략히 설명하면 촘스키에게 언어는 생물학적 능력입니다. 누군가가 주입하고 교육한 결과가 아니라 인간이 생물학적으로 타고난 능력이라는 것입니다. 인간의 언어능력은 배운 것이 아니라 구성하는 것이라는 점입니다. 유아기 때 아이는 직접 듣고 배운 문장보다 수백 배 많은 문장을 사용합니다. 아이는 주어진 단어를 문법에 맞추어 구성하고 사용하고 확장합니다. 최소한의 주어진 문법만으로 아이는 대화와 법의 세계로 들어와서 새로운 문장을 지속적으로 생산합니다.

현실의 국가와 권력도 이러한 방식으로 만들어질 수 있다는 말씀이시군요. 언어를 가르치는 어머니가 아닌 아이가 끊임없이 스스로 새로운 문장을 만들어내듯이 권력 역시 최소한의 계기만 주어지면 시민은 스스로 지배와 통치를 만들고 유지하겠네요.

그렇지요. 이제 독재권력이 사라져도 현대 국가의 통치성과 권력
이 유지되는 비밀을 설명할 수 있게 되었습니다.

> 그렇게 되면 모두가 통치자인 동시에 피통치자가 되기도 하는 것이군
> 요. 피해자인 동시에 가해자가 될 수 있는 상황이네요. 선생님, 그러
> 면 민주화 이후의 우리 사회에서 국민과 권력은 어떠한 모습을 갖추
> 어야 할까요?

제 생각에는 시민들이 자신이 가진 힘에 대해 잘 알고 두려워할 필
요가 있습니다. 우리는 이 거대한 세계를 때로는 동의의 침묵으로,
때로는 적극적 활동으로 재창조하고 있습니다. 지난 권위주의 시
대에는 민주와 반민주라는 명확한 선악의 구도가 있었습니다. 그
러나 소위 민주화 이후의 시대를 살고 있는 우리에게 통치와 지배
라는 것은 눈에 명확히 보이지 않습니다. 투표에 의해 정권이 이리
저리 바뀌는 와중에도 우리는 크게 다를 것이 없는 삶을 삽니다.
흔히 민주주의는 '인민의 자기 통치'라는 말로 대변됩니다. 그러
나 인민의 자기 통치가 제대로 실현되고 있는지에 대해서 생각해
볼 필요가 있습니다. 민주적 장치가 안정적으로 작동하고 있다는
믿음 혹은 아직은 민주주의가 제대로 안착이 안 되었다는 자책 모
두 현실을 제대로 반영하고 있지 못합니다. 민주주의를 이상향이
아니라 현실의 통치체제로 이해한다면 지금의 대한민국은 이미 민
주주의의 시대에 살고 있습니다. 오늘의 민주주의를 독점 자본에
의한 지배로 바라보기도 합니다. 물론 자본과 그 권력은 현실 자본

주의 사회에서 강력한 힘을 자랑하고 현실의 질서를 만들어내기도 합니다. 하지만 그것만으로는 현실을 이루는 힘과 권력을 설명하는 데 부족한 것이 있습니다. 자본과 같은 숨어 있는 힘이 사회 이면 곳곳에 있다 하더라도 권력이 자신을 정치로 현현하기 위해서는 결국 신체화를 할 수밖에 없습니다. 민주주의 사회에서 그 신체는 대중이 됩니다. 다시 말해 대중의 결론적 행위를 거치지 않고서는 현실적 권위를 가질 수 없습니다. 결국 현대 사회에서 지배는 대중의 몸과 생명을 통해 이루어집니다. 이것이 민주주의가 가지고 있는 무서운 이면이기도 합니다. 이제 민주주의에서 남는 것은 '책임'이 됩니다. 현실사회에서 여전히 벌어지고 있는 착취와 폭력들에 있어 우리는 책임을 가져야 할 것입니다. 근대권력을 논의하면서 우리는 권력의 저자라고 말했었습니다. 저자의 의미는 내용의 귀속, 즉 자신의 행위라는 점을 알려주기도 하지만, 저술의 중단과 새로운 저술의 가능성을 말해주기도 합니다.

제헌적 권력을 말씀하시는군요.

그렇습니다. 우리에게 권력을 위임받은 대표자는 사회계약의 당사자가 아닙니다. 계약은 권력자와 인민 간에 맺는 것이 아니라 인민들 간에 맺는 것이기 때문입니다. 인민들 간의 협의로 대표가 선출되는 것이기에 대표자는 이 계약을 파기하거나 파괴적으로 재구성할 권한이 없습니다. 그 권한은 오직 계약의 당사자인 우리에게 있는 것입니다. 우리는 국가 속에 살면서 그 속에서 권리와 자유를 누리는 것은 명백합니다. 다만 그 권력의 행위에 대한 책임성을 항상 가지고 있어야 합니다. 그 행위의 저자가 우리이기도 하며, 그 실책의 결과가 우리에게 향하기 때문이기도 합니다.

그러면 우리가 알아야 할 것과 할 수 있는 것은 어떤 것들이 있을까요?

바로 자신의 역량입니다. 우리 인간은 생명 그 자체로 권위를 가지며 권력을 창출하는 능력을 가지고 있다는 사실에 대해 인지해야 합니다. 우리가 권력을 구성하고 만든 것은 위대한 지성의 힘이 아니라 인간 생명이 지닌 힘입니다. 우리는 수만 년간의 진화를 거듭하며 마침내 인지혁명을 통하여 언어와 규율을 습득하고 그를 바탕으로 사회와 국가를 구성했습니다. 이것은 고뇌의 찬 소수의 혁명이 아니라 오랜 시간 동안 인간 생명이 이룩한 힘입니다. 그리고 그 힘이 얼마나 무서운지 잘 알아야 합니다. 우리가 가진 힘이 나도 모르게 권력이 되어 폭력과 지배를 구성하고 타인을 억압할 수 있습니다. 민주주의를 표방하는 사회에서 지배적 권력에 가장 적극적으로 동의하는 방식은 바로 '침묵'이 될 수 있습니다. 우리가 나눈 근대국가의 권력구성에 대한 이야기를 바탕으로 현실에서 끝없이 자신을 드러내는 방식으로 나와 사회에 대한 책임과 보호를 감당할 수 있을 것입니다.

감사합니다.

3부 예술철학의
해방적 기능

7장

사진철학,
그 실현과 확장의 가능성들

대화자 이진욱

> **플루서 철학의 새로운 방법론은 현상학적 방법론인가?**
> **'사진 촬영의 몸짓' 개념을 통해 살펴보는 플루서 철학의**
> **후설 현상학 수용의 흔적**

제가 석사과정에 재학 중이던 당시 선생님께서는 이미 매체철학에 관심을 가지고 계셨던 것으로 기억합니다. 그때 제게 권해주셨던 플루서의 《사진의 철학을 위하여》가 매체철학을 공부하기 위해 독일행을 결심했던 중요한 계기가 되었는데요. 혹시 선생님께서 그때를 기억하시는지요?

그 당시 공부모임을 만들어 매체철학에 대해 함께 공부했던 것이 기억납니다. 당시 플루서의 책이 처음 번역되어 한국에 막 소개되던 때였어요. 당시는 매체철학이 아직 생소하던 시절이었는데….
당시 학생들에게 플루서의 책을 소개했던 것이 기억납니다.

그래서 오늘 선생님을 모시고 플루서의 매체철학으로서 사진철학에
대해 함께 말씀을 나눌 수 있게 된 것이 제게는 많은 감정을 불러일으
킵니다. 오늘 당시를 회상하면서, 다시 한번 가르침을 받는다는 마음
으로 이 시간에 임하도록 하겠습니다.

그래요. 오늘 다시 한번 그때의 기분으로 돌아가도록 합시다.

네, 그럼 이제 시작하도록 하겠습니다. 첫 질문은 아무래도 사진에 대
한 것으로 시작해야 할 것 같습니다. 사진은 사진의 발명 이전의 이
미지들, 즉 '전통적 그림'과 비교할 때, 무엇을 지시하고 있는지가 너
무나 명확하게 드러나 있는 것처럼 보여서, 대게 사람들이 생각하기
를 사진이라는 이미지의 경우 그것을 생산한 사람의 의도가 그 이면
에 숨겨져 있을 여지가 없는 이미지로 여기고 있는 것 같습니다. 빌렘
플루서(Vilém Flusser)의 매체철학에서 사진은 어떻게 이해되고 있는
지요?

사진 역시 전통적 그림과 같은 이차원 평면의 이미지이긴 하지만,
전통적 그림의 의미가 다의적(konnotativ)일 수 있는 것과 달리, 사진
은 마치 숫자처럼 그 지시대상이 명확한 일의적(denotativ) 이미지로
간주되고 있는 것 같습니다. 사진에 대한 이러한 이해는 현재까지

도 사진 이론 영역에서 통용되고 있는데, 사진의 일의성이라는 특징은 예술적 측면에서는 대게 전통적 그림, 특히 회화와 비교되며 폄하되는 요소로 작용해왔고, 기술적 측면에서는 때때로 과장되게 수용되어 사진을 마치 세상을 투영하고 있는 창문처럼 여기게 하는 근거가 되어왔습니다. 그러나 이러한 맥락 속에서 플루서는 자신의 사진철학에서 사진 의미의 일의성이라는 특징보다, 일의성이 사진의 특징으로 수용되고 있는 현상에 주목하고 있다는 것이 그의 사진철학의 차별성이라고 할 수 있겠습니다. 오늘날 매체철학자로 대중에게 알려져 있는 플루서의 사진철학은 바로 이러한 현상에 대한 문제 제기에서 시작된다고 볼 수 있을 것입니다. 즉 새로운 기술과 결합한 기구(Apparat), 다시 말해 신체의 확장(res extensa)으로서 노동과 연결된 기존의 기계(Maschine)와는 차별화된 기구의 산물인 이 새로운 이미지가 "왜 전통적 그림과 동일한 방식으로 인식되고 있는가?"라는 의문에서 시작되고 있는 것이라고 할 수 있습니다.

그렇다면 플루서는 이러한 현상에 대해 사진의 존재론적 층위가 오해되어 비롯된 결과로 보고 있는 것이라고 할 수 있겠군요?

네, 일의적이라는 사진 의미의 특징이 무비판적으로 수용되고 있는 현상은 사진을 전통적 그림과 동일한 존재 층위에 위치시키고 있는 결과로 인한 오해라는 봐야겠죠. 이는 이미지와 실재라는 관계항 속에서 새로운 이미지인 사진에 대해, 새로운 존재론적 질문이 제기되어야 함을 의미하는 것이라고 할 수 있습니다. 기존의 사진 이론들이 사진에 대해 "어떻게 실제적으로 사진이 존재하는가?"라던지, 혹은 "하나의 보편적인 사진 언어가 존재하는가?"와 같은 질문에 집중해왔던 것 모두, 사진 의미의 일의성이라는 특징이 전제되어 있기 때문이라고 할 수 있는 것이죠. 이러한 전제는 사진이 그 원본과의 관계, 즉 지표성(Indexikalität)이라는 관점에서 해석되어왔음을 보여주는 것이라고 하겠습니다.

> 현재 사진 이미지의 디지털화로의 이행과 맞물려 이미 포스트-포토그래픽 시대(post-photographic era)가 논구되기 시작한 것으로 보입니다. 윌리엄 미첼(William J. Mitschell)과 같은 경우에 자신의 저서 《디지털 이미지론: 포스트-포토그래픽 시대에서 시각적 진실》에서 '포스트-포토그래피 시대'라는 용어를 사용하고 있기도 하고요. 이에 대해서는 어떻게 생각하시는지요?

물론 오늘날 이러한 과정에서 사진의 지표성이 쟁점화되기도 했습니다. 하지만 이는 엄밀히 말해 사진을 지표성과 분리하여 바라보려는 시도가 아니라, 사진의 지표성이 디지털화로 인해 어떤 변화를 겪고 있는가에 대한 논쟁으로 보입니다. 다시 말해 디지털화로 인해 사진 원본의 조작이나 변조가 용이해진 현상에 대한 일종의 문제 제기라고 할 수 있는데, 이것은 지금까지 이어져온 사진 이해의 근본적인 변화라기보다는, 디지털화로 인한, 즉 디지털화된 이미지가 갖게 되는 위·변조 가능성이 사진의 가치변화에 미치게 될 영향에 대한 문제 제기로 보는 것이 더 타당할 것입니다. 그러므로 여기서 촉발되는 논의들이 지표성을 탈피한 사진에 대한 고찰이라고 할 수 있는지, 다시 말해 지금까지의 사진에 대한 논의의 진정한 의미로서의 다음(post-) 단계라고 할 수 있는지에 대해서는 선뜻 동의하기는 쉽지 않을 것 같습니다. 그러므로 오늘날 사진에 대한 고찰은 여전히 지표성의 국면을 벗어나 있다고 할 수 없을 것 같아요. 사진을 논함에 있어 지표성은 여전히 생략될 수 없는 중요한 개념으로 인정되고 있다는 것입니다. 플루서가 사진을 통해 이미지에 대한 새로운 존재론적 고찰을 시도하고 있는 것은 결과적으로 바로 이러한 사진의 지표성에 대한 반성이자, 이의 제기라고 할 수 있습니다.

이차원 평면이라는 이유로 사진을 전통적 그림처럼 간주하는 것은 일종의 고전물리학적 세계의 위치 개념이나 운동 개념을 무비판적으로 수용하여, 양자물리학의 세계에 그대로 이식하는 오류와 같은 것이라고 할 수 있겠군요?

그렇습니다. 플루서에게 전통적 그림은 이차원 평면의 세계이지만, 사진은 영차원 점의 세계이거든요. 그러므로 그 이미지와 지시대상의 관계를 전통적 그림에서와 같은 방식으로 이해하려 한다는 것은 앞서 언급한 것과 같은 그런 오류를 범하는 것이라는 할 수 있을 것입니다. 그 시작을 1970년대로 거슬러 올라가야 하는 플루서의 이러한 이의 제기는 미첼이 포스트-포토그래픽 시대를 언급한 1992년에는 물론이고, 그가 예상했던 것과는 비교도 안될 정도로 디지털화된 현재에도 여전히 유효하다 할 수 있습니다. 아니 오히려 그 당시와 비교해 더 디지털화된 것만큼 실제적이라고 해야 할 것 같아요. 왜냐하면 디지털화된 이미지야말로 플루서가 사진을 영차원 점의 세계로 정의하고 있는 것과 사진을 기술영상으로 간주하고 있는 이유를 가장 선명하게 보여줄 수 있는 예기때문입니다.

> 플루서는 사진을 영차원 점의 세계로, 기술영상으로 정의함으로써 기술영상으로서의 사진의 존재 층위를 재조명하고 있는 것으로 보이고, 사진에 대한 담론을 지표성으로부터 전환함으로써 이른바 '포스트-포토그래픽 시대'를 논하고자 한다는 것이라고 정리될 수 있을까요?

네, 정확합니다. 그의 사진에 대한 담론은 인화된 이미지로서 개별적 사진에 한정되어 있는 것이 아니에요. 바로 사진 그 자체라고 할 수 있습니다. 다시 말해 지표성으로부터 벗어난 단지 인화된 이미지로서 사진이 아닌 사진의 전반, 즉 사진을 생산하는 도구, 그 도구를 조작하는 사람, 그리고 사진과 관련된 모든 요소들, 다시 말해 이 모든 것들이 유기적으로 관계 맺고 있는 사진이라는 우주에 관한 탐구라고 할 것입니다. 그는 이러한 탐구를 통해 철학의 정신으로 사진이라는 주제에 대한 새로운 논의가 촉발되는 것에 기여하고자 했을 뿐만 아니라, 더 나아가 사진을 통해 새로운 철학하기의 가능성을 타진하고 있는 것입니다. 이를 위해 플루서는 자신의 사진에 대한 철학적 고찰을 후설의 전통 속에 위치시키고자 했는데, 바로 사진을 촬영하는 행위가 이미지라는 수단을 이용한 현상학의 한 종류일 수 있다는 가능성을 발견하고자 했던 것이죠. 그는 이것이 다가올 미래 시대, 어쩌면 이미 그 모습을 드러내기 시작한 새로운 패러다임에 대한 대안이 될 수 있다고 기대했기 때문이라고 볼 수 있습니다.

| 플루서의 '사진 촬영의 몸짓' 개념의 의미

그렇다면, 플루서가 자신의 철학에서 사진을 어떻게 정의하고 있는지에 대해 간략하게 설명을 부탁드려도 될까요?

이미 서두에 잠깐 언급한 바 있듯이 그는 사진을 기술이미지(Techno-bild) 혹은 기술적 이미지(Technische Bilder)라고 정의하고 있습니다. 기술적 이미지는 '기술과 결합한 그림, 즉 이미지'라는 의미인데요. 플루서는 사진을 이미지라고 명명함으로써 사진 역시 이차원 평면의 이미지임을 분명히 하고 있는 것이라고 할 수 있습니다. 조금 더 자세히 설명하자면, 플루서는 사진이 이전에 존재하지 않았던 새로운 기술의 산물이라는 사실과 함께, 그럼에도 불구하고 여전히 이미지라는 범주를 벗어나 있지 않다는 것을 분명히 하고 있다는 것이죠. 그러므로 사진이라는 이미지가 다른 이미지들과의 비교에서 갖는 그 의미의 차별성, 즉 일의적이라는 특성은 적어도 그것이 사실이라면, 다른 것에 기인하는 것이 아니라, 바로 이 새로운 기술, 엄밀히 말해 이 기술로 인해 탄생되어 사진이라는 이미지를 생산하는 어떤 도구에 기인하고 있다고 할 수 있을 것이다.

플루서 사진철학에서 이미지 개념은 '비질료적 물질성의 현출(Er-scheinung unstofflicher Materialität)'이라는 의미로 사용되고 있다고 이전 강연에서 말씀하셨는데요. 질료성과 물질성은 어떤 의미에서 상관관계 있는 개념이라고 할 수 있을 것 같습니다. 물질성이 비질료적이라는 것은 어떤 의미일까요? 이에 대해 조금 더 자세한 설명을 부탁드리고 싶습니다.

예를 들어 플루서가 '전통적 그림'과 관련하여 언급하고 있는 그림은 그림 생산자의 비물질적 관념이 평면 위에 물질로 드러나 그 각각의 요소들의 관계성을 통해 어떠한 사태를 상징적으로 보여주고 있는 매개물을 의미하고 있습니다. 그러므로 그림을 해석한다는 것은 바로 이 사태와 그 요소들의 상징적 의미와 그 관계가 주는 그림 생산자의 비물질적 관념을 해석하는 것이라고 할 수 있는 것이죠. 이러한 관념을 파악하기 위해서 그림 관찰자의 시선은 그 그림의 표면 위를 순환하는데, 그 시선이 타고 흐르는 시간은 시작과 끝이 정해져 있는 선형적이며, 역사적인 시간이 아니라, 그 속에서 영원히 반복되는 순환하는 시간이라고 할 수 있습니다. 그러므로 그림으로서 사진의 의미가 일의적이라는 점은 그림 생산자의 비물질적 관념들의 의미가 너무나 명확하여, 더 이상 해석의 여지가 없음을 의미한다고 할 수 있을 겁니다. 비질료적 물질성을 매개하는 수단으로서 전통적 그림과 사진은 모두 도구를 사용한 결과라는 공통점이 가지고 있습니다. 하지만 플루서는 그 도구가 가진 특성에서 커다란 차이점이 존재하고 있음을 발견하고 있어요. 그리고 그 차이를 명확히 하고자 사진을 생산하는 도구를 기구(Apparat)라는 이름으로 구분 짓고 있는 것입니다. 왜냐하면 기구 또한 기술과 결합된 호모 파베르의 손에 들린 도구의 한 종류임은 틀림없지만, 다른 도구들이 신체의 연장으로서 인류의 신체적 기능의 확장이라는 형태로 정의될 수 있는 것과 달리, 카메라와 같은 기구가 다른 도구들처럼 신체적 기능의 확장으로 정의될 수 있는가에 대해서는 이론의 여지가 있다고 판단했기 때문입니다. 다시 말해 카메라가 시각과 관련된 도구이며, 눈보다 더 멀리 있는 것을 볼 수 있게 하고, 혹은 더 크게 볼 수 있게 하지만, 그렇다고 하여 카메라가 시각 기능의 확장으로서 대상을 더 멀리 보기 위한, 혹은 더 크게 보기 위한 도구로 정의될 수는 없다는 것이죠.

답변하시는 중에 기구에 대해 언급하셔서 그럼 기구에 대한 질문으로 넘어가도록 하겠습니다. 이 기구 개념은 플루서 철학에서 없어서는 안 될 개념인데, 읽기에 따라서는 조금씩 다른 의미로 사용되고 있다는 인상을 받기도 하거든요. 이에 대해 조금 더 자세히 설명해주실 수 있으신지요?

이 기구 개념은 플루서 사유 속에서 가장 빈번하게 사용되는 개넘 중 하나입니다. 브라질 망명 시절인 1957년에 발표된 그의 첫 번째 논문에서 사용되기 시작한 이래로 4개의 주요 국면을 따라 조금씩 변화된 개념이에요. 다시 유럽으로 돌아와서 활동을 이어가던 1970년 후반, 그가 이 개념을 자신의 커뮤니케이션 이론 속에 정박시킨 이후로 더 이상의 개념적 변화가 발생하지는 않았지만, 불의한 사고로 찾아온 그의 갑작스러운 죽음으로 인해 명확하게 정리되지 못한 개념이라는 평가가 일부 남아 있는 것도 사실입니다. 그러나 그의 사진철학에서 사진과 함께 이 개념을 논구하는 데에 있어, 이러한 논란이 크게 문제 되지는 않습니다. 플루서는 신체의 확장으로 인간이 사용하고 있는 장비나 장치를 문화 인류학적 맥락에서 크게 3가지로 구분하고 있는데, 첫 번째는 도구(Werkzeug), 두 번째는 기계(Maschine), 마지막 세 번째가 기구예요. 플루서는 인류가 자신을 둘러싼 세계를 변화시키는 데 사용한 것의 총체를 도구로 지칭하고 있는데, 그런 의미에서 플루서는 도구를 노동과 분리될 수 없는 개념으로 파악하고 있습니다. 도구의 사용은 곧 노동이고, 노동은 언제나 산물(Produkt)이라는 결과를 도출하죠. 이러한 맥락에서 보자면, 기계는 기술과 결합하여 더 능률적이고 더 빠르게 세계를 변화시키는, 즉 생산하는 도구라고 정의될 수 있으며, 같은 맥락에서 기구 또한 기계와 마찬가지로 기술과 결합된 도구로서 역시 생산물이라는 결과를 도출하는 도구의 일종이라고 할 수 있습니다.

그러나 기계의 산물과 기구를 사용한 결과로서의 산물이 노동이라는 범주에서 이해될 수 있는지에 대해서는 조금 의문이 따를 수 있을 것 같습니다. 이에 대해서는 어떻게 생각하시는지요?

좋은 지적입니다. 일반적으로 카메라로 사진을 촬영하는 행위를 우리는 노동이라고 부르지 않죠. 카메라를 사용한 노동이 존재할 수는 있지만, 일반적인 의미로 그러하다는 것입니다. 조금 더 명확히 하자면, 자연으로부터 대상을 찢어내어 그것을 변형시킨다는 의미에서 노동은 세계를 변화시키는 행위라고 할 수 있지만, 기구를 사용하는 행위는 이러한 의미의 변화를 목적으로 하지 않는다는 것입니다. 그래서 플루서는 사진을 촬영하는 행위를 노동이 아닌 체스 게임과 같은 놀이(Spiel)에 비교하고 있어요. 그러므로 플루서에게 사진 촬영자나 체스 게임의 플레이어와 같이 기구로 행위하는 사람은 노동자가 아니라, 놀이하는 자(Spieler)입니다. 왜냐하면 노동은 세계를 변화시키는 것을 목적으로 하지만, 놀이는 세계에 의미를 부여하는 것을 목적으로 하는 행위이기 때문이죠.

노동이 세계를 변화시키는 것을 목적으로 한다는 것은 충분히 이해가 되는 것 같습니다. 그런데 세계에 의미를 부연한다는 것은 쉽게 이해가 되지 않는데요. 놀이를 한다는 것이 어떻게 세계에 의미를 부여하는 것이 될 수 있는 건가요?

세계에 의미를 부여한다는 것은 세계에 변화를 초래하는 것이 아니라, 세계의 의미에 변화를 초래한다는 것입니다. 노동은 세계를 변화시키죠. 열매를 채집하거나 경작하는 것은 세계를 변화시키는 행위입니다. 그리고 그 변화는 언제나 엔트로피를 증가시키는 자연의 법칙에 순행하는 행위이죠. 하지만 사진을 촬영하는 행위와 같은 놀이는 의미 없음과 개연성을 극복하여 의미를 복원하거나 이제까지 알려져 있지 않은 숨겨진 필연성의 길을 찾아내어 그것을 노출하는 행위입니다. 엔트로피의 증가가 필연이라는 자연의 법칙을 역행하는 행위라고 할 수 있겠죠. 그러므로 사진을 촬영하는 행위와 같은 놀이는 네겐트로피(Negentrophy)라는 특성을 지니고 있습니다. 물론 과거의 체스 경기의 기록을 보고 그 경기를 복기하는 것은 새로운 의미를 복원하거나 숨겨진 필연성의 길을 찾아내는 행위라고 할 수 없을 것입니다. 다시 말해 체스가 놀이로서 네겐트로피라는 특성을 가지고 있다고 하여 체스로 하는 모든 행위가 네겐트로피적이라는 것은 아니라는 의미입니다. 마찬가지로 모든 사진 촬영자의 사진을 촬영하는 행위 또한 플루서가 의미하는 놀이는 아닌 것입니다. 물론 이러한 주장이 체스의 경우와 달리 직관적으로 와닿지 않을 수 있는데, 이것은 기구가 가진 특수한 상황을 이해할 때 쉽게 해결될 수 있습니다.

기구가 가진 특수한 상황이라는 것은 어떤 것인가요?

그것은 기구가 특별한 규칙을 따르는 도구이고 기구를 조작하는 사람들은 이 규칙을 따라야만 한다는 것입니다. 이 규칙을 우리는 프로그램이라고 부르죠. 카메라를 들고 촬영을 하려는 사람은 이 프로그램을 자유롭게 설정(Einstellung)할 수 있고, 카메라는 그 설정을 충실히 실행합니다. 사실 카메라가 프로그램을 통해 제공하는 설정의 범주, 예를 들어 조리개 값이나 셔터스피드 값은 조합할 수 있는 경우의 수가 거의 무한대에 가깝죠. 그러므로 카메라를 사용하는 사람의 자유는 거의 보장되어 있다고 해도 과언이 아닌 것처럼 느껴져요. 이러한 이유로 그 사람의 자유가 프로그램으로부터 허가된 자유라는 사실은 쉽게 망각됩니다. 그러나 실제로 카메라를 사용하는 사람은 언제나 카메라가 할 수 있는 것, 즉 프로그래밍된 것만을 원할 수 있습니다. 이러한 의미에서 보자면 카메라의 프로그램, 즉 그 카메라를 프로그래밍한 그 의도에 충실하게 설정하고 셔터를 누르는 카메라 사용자는 그저 카메라의 의도, 정확히 말하자면 카메라에 프로그램을 프로그래밍한 그 의도를 그대로 수행하는 수행인(Funktionär)에 불과하며, 그렇게 생산된 사진은 정보로서 전혀 새로울 것이 없는, 언제든 재생산될 수 있는 잉여적 정보에 지나지 않습니다. 그러므로 체스의 경우와 마찬가지로 모든 사진이 네겐트로피적이지 않다고 할 수 있습니다.

좋은 사진 촬영자와 그의 몸짓,
지향성과 판단중지

그렇다면 플루서적 의미에서 사진 촬영자는 카메라로 촬영하는 모든
사람을 의미하는 것이 아니겠군요?

맞습니다. 플루서는 이를 '좋은 사진 촬영자'라고 부르고 있는데
요. '좋은 사진 촬영자'는 프로그래밍된 기구의 의도와 투쟁하며,
잉여적 정보에 새로운 의미를 부여하거나 기구의 프로그램을 프
로그래밍한 사람조차 발견하지 못한 숨겨진 길을 찾아내려는 놀
이를 하는 자를 말합니다. 전통적 이미지의 생산자는 자신의 의
도를 실현하기 위해 자신의 도구, 예를 들어 붓과 같은 도구를 만
든 사람의 의도와 투쟁하지 않아도 되었습니다. 단지 이차원 평면
위로 현상을 불러내기 위해 스스로 하나의 관념을 만들어내는 것
에 몰두하면 되었죠. 그러나 사진의 경우 사진을 촬영하는 사람들
을 위해 카메라 자체에 어떠한 관념을 이차원 평면에 생성해내도
록 이미 프로그래밍되어 있기 때문에, 사진 촬영자의 몫은 자신의
카메라에 프로그래밍된 그 의도와 투쟁하여 그저 그 의도를 수행
하면서도 그 사실을 알지 못하는 그런 수행인이 되지 않도록 하는
것입니다.

말씀해주신 의미에서 플루서의 '사진 촬영의 몸짓(Geste des
Fotografierens)' 개념과 사진은 바로 이러한 사진 촬영자의 투쟁을

전제하고 있는 개념이라고 할 수 있는 것이군요.

네, 그렇습니다. '사진 촬영의 몸짓'은 《몸짓 : 현상학의 시도 (Gesten : Versuch einer Phänomenologie)》(이하 몸짓)에서 자세히 다뤄지고 있는데, 이 책의 부제를 통해 짐작할 수 있듯이, 이 책은 인간의 몸짓에 대한 현상학적 고찰을 목적으로 하고 있습니다. '사진 촬영의 몸짓'은 플루서가 현상학적 고찰의 대상으로 선택한 몸짓 중 하나인데, 이 개념은 후설의 현상학적 맥락 속에서 해석되고 이해되어야 합니다.

플루서는 《몸짓》 9장에서 '사진 촬영의 몸짓'을 다루면서 사진과 사진을 촬영하는 행위, 즉 이미지적 수단을 통한 철학하기의 가능성을 타진하고 있습니다. 그런데 이때 이 철학하기는 보편적 의미의 철학하기가 아닌 특정한 철학하기, 즉 현상학적 철학하기를 의미해요. 그는 몸짓에서 '사진 촬영의 몸짓'에 대해 설명하면서 한 예를 우리에게 제시하고 있는데, 카페 의자에 앉아 파이프 담배를 피우고 있는 사람 주위로 카메라를 든 다른 남성이 담배를 피우고 있는 그 남성의 주위를 선회하고 있는 예입니다.

플루서가 이 예를 통해 말하고자 하는 바는 카메라를 든 남성의 몸짓, 즉 '사진 촬영의 몸짓'이 그 공간에 함께 있는 다른 사람들의 몸짓과 구분되는 특별한 몸짓이라는 것입니다. 그것은 행위자 자신이 무엇을 하고 있는지 스스로 인식한 상태에서 이뤄지는 행위라는 것이죠. 그러므로 사진 촬영자의 행위는 의식적이고 의도적인 행위이고, 그 행위의 본질은 다름 아닌 보는 행위(Sehen)라는 것입니다. 이는 아테네인들의 테오리아(theoria), 즉 관조적 탐구를 떠올리게 하는데, 테오리아의 가능 조건이 현실적 유용성이 아니라, 여가를 허용하는 문화적 삶이라는 점을 고려할 때 더 그렇습니다. 이는 '사진 촬영의 몸짓'이 도구를 사용한 인간의 행위임에도 불구하고 노동이 아니라, 놀이라는 플루서의 주장과도 맞닿아 있는 것이죠.

만약 '사진 촬영의 몸짓'과 테오리아 사이의 유사성이 인정된다면, '사진 촬영의 몸짓'을 철학적 행위로 간주하고자 하는 플루서에게 동의하지 못할 이유는 없어 보인다고 할 수 있습니다. 게다가 아테네인들에게 테오리아는 사유와 분리된 것이 아닌, 즉 구분되어 있지 않던 개념으로, 이를 통해 그들은 실재의 모사(Abbildung)에 다다르는 데 그쳤지만, '사진 촬영의 몸짓'은 관조를 통해 모사가 아닌 실재에 다다른 것처럼 보이기도 해요. 생각해보세요. 사진 촬영자의 관조를 통해 얻어진 사진, 이것보다 대상이나 현상을 구체적으로 보여줄 수 있는 개념이 존재할 수 있을까요? 그러므로 '사진 촬영의 몸짓'은 미메시스(Mimesis)가 아니며, 관조의 대상을 다만 객체 또는 지각의 형식으로만 인간의 감성적인 행위로서 파악하고 있는, 그런 철학하기도 아닌 것이죠.

테오리아는 보는 행위로서 하나의 몸짓이고, 이 몸짓은 어딘가를 향하고 있는 행위이므로, 이 행위는 의도를 표출하는 일종의 방식이라는 말씀으로 이해됩니다.

정확합니다. 테오리아와 마찬가지로 '사진 촬영의 몸짓' 또한 어딘가를 향하고 있는 행위, 즉 의도를 가지고 무엇인가를 향하는 행위인 것이죠. 그리고 '사진 촬영의 몸짓'의 의도는 그저 관조하는 것은 아닙니다. 사진 촬영자는 뷰파인더로 피사체(대상)를 관찰(관조)한 후 피사체와의 거리를 정하고, 여러 차례의 시도(반성)를 통해 조리개 값과 셔터스피드 값 등을 결정합니다. 그리고 이 과정을 통해 얻어진 것을 자신의 의도대로 고정시켜 인화하는 것을 목적으로 하고 있어요. 그러므로 모든 '사진 촬영의 몸짓'은 의도를 가지고 각기 다른 특정한 방식으로 대상을 향하는 행위이며, 사진 촬영자는 이 행위를 통해 피사체가 자신에게 주어지는 방식에 집중하고 있는 것입니다. 후설은 이러한 행위를 지향적 작용(intentionaler Akt)이라고 했죠.

'사진 촬영의 몸짓'에서 사진 촬영자의 시도를 통해 뷰파인더에 포착되는 피사체는 결코 그 사진 촬영자의 어떤 심적 구성물과도 동일하지 않습니다. 그것은 그의 완전한 지향 대상 그 자체이지, 그 피사체의 심적 이미지이거나 복사물이거나 또는 표상이 아니라는 의미입니다. 이러한 사실들을 고려해볼 때, 플루서의 '사진 촬영의 몸짓'과 후설의 지향성(Intentionalität) 개념 사이에 개념적 유사성이 발견된다고 볼 수 있습니다. 비록 플루서의 '사진 촬영의 몸짓'과 그 결과물로서 사진이 인과적으로 항상 설명될 수 있는 것은 아니라고 하더라도, 이러한 몸짓을 통해 촬영자의 지향성이 그 몸짓으로 드러난다는 사실만큼은 부정할 수는 없을 거예요.

후설의 지향성은 인식을 위해 충족되어야 하는 경험적 조건들과 관련된 것이 아니라, 경험의 속성, 특히 '무언가에 대해 의식함', 즉 '대상을 향함'이라는 특징을 갖는 경험의 속성에 대한 개념입니다. 플루서의 '사진 촬영의 몸짓'이라는 개념 또한 피사체를 경험하기 위한 조건에 집중하고 있는 것이 아니라, 피사체가 사진 촬영자에게 주어지는 방식에 집중하는 것을 의미해요. 이것은 사진 촬영자가 피사체를 자신으로부터 독립된 대상, 즉 객관적인 대상으로 관조하는 것이 아니라, 자신에 대하여 어떠한 대상으로 관조하고 있음을 의미합니다. 자신에 대하여 어떠한 대상이란 자신이 경험하고 있는 대상에 대해 의식함을, 그 대상을 향하고 있음을 전제하는 것이죠. 그러므로 사진 촬영자는, 적어도 그가 '좋은 사진 촬영자'라면, 마치 현상학자들처럼 실재의 소여(Gegeben) 내지 현출(Erscheinung)로 주의를 돌려 자신에게 그 실재가 주어지는 방식, 즉 지향적 대상의 소여방식(Gegenbenheitsweise)에 대해 고찰하고 있는 것이라 할 수 있습니다. 살롱의 의자에 앉아 파이프 담배를 피우고 있는 남성이 사진 촬영자가 들고 있는 카메라 속 뷰파인더에 포착되는 순간, 뷰파인더 속 그 남성은 더 이상 실재로서 다뤄지는 게 아니라, 사진 촬영자에 대한 피사체로서 다뤄지는 것이며, 이것은 그 사람이 현상으로 다뤄지고 있음을 의미하는 것입니다.

| 이미지로 하는 철학하기에 대한 비판

선생님께서 설명하시는 것을 통해 볼 때, 이러한 현상학적 관찰자인 '좋은 사진 촬영자'를 통해 플루서가 현상학적 방법론을 사용하여 사진과 현상학 사이의 구조적 유사성을 발견해냈다는 사실은 이제 확실해 보입니다. 그러나 그렇다고 하여 플루서의 사진철학을 현상학이라는 범주에 포함시킬 수 있는가에 대한 의구심은 여전히 남아 있는 것 같습니다. 이에 대해서는 어떻게 생각하시는지요?

후설은 객관적이고 명증한 인식 가능성을 증명하기 위해 우리의 자연적 태도에 괄호를 침으로써 사물의 본질을 구성하는 원천인 의식의 내부로 되돌아가려 했습니다. 그리고 이러한 절차를 형상적 환원이라고 불렀어요. 그러나 플루서의 이 현상학적 관찰자의 행위, 즉 '사진 촬영의 몸짓'은 판단중지라는 현상학적 방법을 통해 자연적 태도에 괄호를 치는 것에는 성공한 것처럼 보이지만, 여기서 형상적 환원으로까지 나아가고 있는 것처럼 보이지는 않는 것은 사실입니다. 다시 말해 '좋은 사진 촬영자'는 피사체에 대한 지금까지의 자연적 태도에 괄호를 치고 판단중지를 함으로써, 마치 그 대상이 처음인 것처럼 바라봄으로써 이전에 눈치채지 못한 측면을 발견하고자 하고는 있지만, 피사체를 마치 처음인 것처럼 바라보는 것이 그 대상의 본질을 직관하기 위한 것으로 필연적으로 이어진다고 할 수는 없으니까요. 그렇다고 하여 플루서가 이를 통해 인식된 것을 명석·판명한 인식으로 간주할 수 있는지에 대한 논리적 필연성을 명확히 제시하고 있는 것도 아니에요.

이러한 이유로 플루서가 사진을 통해 보여주고 있는 현상학적 철학하기의 가능성은 현상학을 현상들에 대한 논리적 고찰로서 보여주고 있는 것이 아니라, 그저 이미지를 사용한 현상들의 기술에 그치고 있다는 비판이 존재하고 있습니다. 이러한 비판을 하는 사람들은 그래서 플루서 사진철학의 현상학적 방법론은 '페노메노그라피(Phänomenographie)'이지 '페노메놀로기(Phänomenologie)'는 아니라고 주장하고 있는 것이죠. 이러한 비판의 입장에 있는 사람들은 후설의 현상학적 환원의 길은 철학의 고전적 상을 따르고 있지만, 플루서의 사진철학은 이와는 다른 원칙, 즉 문화학적인 기본원칙을 따르고 있다고 지적하면서 그 차이를 강조하고 있습니다. 그러므로 플루서의 사진철학을 엄밀한 의미의 현상학이라고 볼 수는 없다는 것이죠.

> 후설의 현상학이 '엄밀학으로서의 철학'이라는 별칭이 항상 따르고 있다는 점에서 이미지가 문자와 같이 이러한 엄밀성이라는 규준을 만족시킬 수 있는가에 대한 의구심은 일면 이해가 되는 것 같습니다. 그럼 선생님께서는 이러한 비판에 대해 어떻게 생각하시는지요?

물론 이러한 비판이 터무니없다고 생각하지는 않습니다. 후설 현상학이 현상에 대한 논리학이라는 점에서 충분히 비판적 시각을 가질 수 있다고 생각합니다. 그러나 이러한 비판은 아마도 플루서의 사진철학의 목적에 대한 부족한 이해에서 비롯된 것처럼 보이는 것도 사실입니다. 다시 말해 플루서의 사진철학의 목적을 사진과 철학에서 동일한 정도로 관찰되는 몸짓을 세계-내-존재의 공통적인 방식으로 기술하는 데 있는 것으로 파악함으로써 비롯된 오해로 볼 수 있다는 것입니다.

그러나 플루서의 사진철학의 목적은 사진과 철학, 즉 사진과 현상학 사이에 동일한 정도로 관찰되는 몸짓을 발견하는 데 있는 것이 아니라, 이를 통하여 플루서가 블랙박스로 간주하고 있는 현대의 사회발전과 기술발전, 즉 이러한 발전에 내포되어 있는 '구분할 수 없는 통일성(indistinguishable unity)'이라는 이면의 원인으로서 '기구연산자 복합체(apparatusoperator complex)'를 파악하는 데 있습니다. 조금 더 자세히 설명하자면, 플루서는 들여다볼 수 없는 블랙박스와 같은 프로그래밍된 기구의 속성에 대한 이제까지의 자연적 태도에 괄호 침으로써, 그 블랙박스 속에서 일어나고 있는 일들의 본질로 나아가야 함을 사진과 현상학 사이에 존재하는 유사성을 통해 분석하고자 한 것이라는 말이죠.

플루서에게 있어 블랙박스는 단순히 카메라 루시다(camera lucida)의 반대개념으로 사진 이론에서 사용되고 있는 카메라 옵스큐라(camera obscura)를 의미하는 것이 아닙니다. 그에게 블랙박스는 기구, 프로그램과 결합되어 있는 자신의 사진철학의 중심개념으로 프로그래머와 같이 특별한 사람들만이 접근할 수 있는 공개되지 않은 공간을 의미하는 거예요. 그러므로 우리는 이러한 의미의 블랙박스로 구성된 기구로 놀이하며, 블랙박스의 무한한 가능성을 사용할 수는 있지만, 그 블랙박스 속에서 무슨 일이 일어나는지에 대해서는 전혀 알 수 없는 것이죠. 플루서의 사진철학의 목적은 바로 이러한 블랙박스의 프로그래밍된 타자의 규정(Fremdbestimmung) 속으로 사라지고 있는 인간 의지의 해방을 도모하는 데 있는 것입니다.

그렇다면, 플루서는 현재 인간이 이러한 기구를 벗어나 존재할 수 없다는 것을 전제하고 있는 것인가요?

그렇습니다. 플루서는 현재 인간이 기구를 벗어나 존재할 가능성은 없다고 보고 있습니다. 그러므로 오늘날 인간실존의 유형을 수행인(Funktionär)이라고 진단하고 있는 것이죠. 플루서는 '좋은 사진 촬영자'가 아닌 사진 촬영자를 수행인의 전형으로 보고 있습니다. 수행인은 기구와의 관계 속에서 상수도 변수도 아닌 그 윤곽이 흐릿해져 있는 존재를 의미하는데, 이러한 수행인은 기구에 대해 존재론적 질문, 예를 들어 무엇을 생산하는지, 그리고 무엇을 생산해야 하는지와 같은 의무론적 질문도 던지지 않으며, 자신의 행위에 대해 어떠한 도덕적·윤리적 판단을 내리지 않는 상태에 머물러 있는 존재입니다. 그러므로 플루서는 기구의 내부구조로 잠입해 들어가, 수행인으로서 사진 촬영자가 아닌 '좋은 사진 촬영자'로서 기구에 잠식되어 있는 인간실존의 회복을 도모하고자 하는 것이죠.

플루서의 사진철학은 앞서 언급한 비판자들이 비판하고 있듯이 단순히 현상을 이미지로 기술하고자 하는 것만을 목적으로 하는 것이 아니라, 블랙박스의 내부를 들여다봄으로써 인간실존을 회복하고자 함에 있는 것입니다.

> 지금까지 말씀을 통해 매체철학으로서 플루서의 사진철학에서 사진은 단순히 기호로서 파악되고 있는 것이 아니라, 지금 주어지고 있는 피사체의 현상을 파악하기 위한 철학적 수단으로 파악되고 있다는 것을 분명히 해주신 것 같습니다. 그리고 이때 사용되고 있는 것이 바로 현상학적 방법론이라는 사실 또한 명확해졌다고 생각됩니다. 마지막으로 지금까지의 말씀을 정리해주시는 것으로 인터뷰를 마무리할까 합니다.

플루서가 지표성의 관점에서 벗어나 사진을 고찰하려고 했던 것이 아마도 지각에 대한 표상이론과 배치되었던 후설의 입장을 수용한 결과인지는 플루서가 밝히고 있지는 않습니다. 그러나 그러한 맥락 속에 있다고 보는 것에 무리는 없어 보여요. 물론 플루서의 사진철학이 인식 자체에 대한 연구로서 후설의 이러한 입장을 수용하고 있다고까지 주장하는 것은 아닙니다. 그러나 적어도 갈수록 점점 더 디지털 이미지에 의해 형성되고 있는 현재, 아마도 이것은 패러다임의 변화를 의미하는 것일 텐데요. 이러한 현재의 상황, 즉 이미 여러 분야에서 질문되어왔던 이러한 변화에 대한 하나의 철학적 시도로 이해되기에는 충분하다고 할 수 있습니다. 다시 말해 플루서는 현상학적 방법론을 사용하여 디지털 이미지와 같은 기술발전의 이면을 들여다보기를 시도한 것이며, 그렇게 들여다본 디지털 이미지에 의해 형성되고 있는 세계의 이면을 마치 처음인 것처럼 바라봄으로써, 이전에 눈치채지 못한 측면을 발견하고자 한 것이라고 할 수 있습니다. 그러므로 플루서는 이렇게 '사진 촬영의 몸짓' 개념을 통해 자신의 사진철학을 후설 현상학에 위치시켜 사진과 현상학 사이의 구조적 유사성을 발견해냈다고 할 수 있으며, 이는 지표성을 기반으로 하고 있는 기존의 사진 이론과 차별된 새로운 사진의 존재론적 층위를 발견해낸 것이라고 평가될 수 있을 것입니다. 또한 사진을 통해 플루서가 바라던 새로운 방식의 철학하기, 적어도 그에 대한 가능성만큼은 보여주고 있다고 할 수 있겠습니다.

이렇게 마지막 질문까지 드렸는데요. 저로서는 다시 석사과정 재학 중이던 시절로 돌아간 것 같아, 많은 감정이 교차했던 시간이었습니다. 오늘 귀한 시간 내주셔서 감사드리고, 이후로도 오늘 같은 자리를 자주 가질 수 있으면 좋겠다는 생각을 해봅니다. 선생님, 다시 한번 감사드리며 오늘 시간 마무리하도록 하겠습니다.

네, 저도 많은 감정이 교차하는 시간이었어요. 귀한 시간 마련해주셔서 감사합니다.

8장

무엇이 예술을
예술답게 하는가

대화자 고주연

▌현대 예술의 등장과 예술철학의 새로운 물음

제가 대학원에 입학하고 나서 처음 들었던 선생님의 수업이 헤겔과 단토의 미학을 주제로 한 수업이었습니다. 아서 단토는 헤겔의 역사철학과 미학을 현대 예술의 지평에서 재해석하며 수용했다고 할 수 있는데, 둘을 함께 강독했던 세미나 수업을 통해 단토의 헤겔 수용이라는 하나의 주제가 제 석사 논문의 중요한 부분으로 자리 잡게 되기도 했습니다. 우선 오늘 대담을 시작하면서 드리고 싶은 질문은, 선생님께서는 단토가 해명하고자 했던 현대 예술의 양상에 대해 어떻게 생각하시는지에 대한 것입니다. 1917년 뒤샹이 소변기 하나에 〈샘〉이라는 제목을 붙여 독립전시회에 출품한 사건이 벌어진 이후, 오늘날 예술의 양상은 다양해지고 변화되어왔습니다. 특히 시각 예술의 영역에서 '개념미술'이라고 하는 새로운 흐름이 나타난 것인데요. 개념미술은 미술에서 물질적 대상을 제거하려는 시도였고, 이에 따라 예술작품은 아이디어 그 자체로 옮겨가게 되었죠. 이 과정에서 예술을 설명해왔던 기존의 철학적 규정들은 그 영향력을 상실하게 되었습니다. 가령 전통적 관점에서 예술을 설명하는 주요한 키워드가 '미', 즉 작품이 지닌 아름다움이었다면 뒤샹이 예술작품이라 명명한 소변기에 어떤 미적 특질이 존재할 것이라고는 생각하기 어려워 보입니다. 선생님께서는 20세기 이후 등장하기 시작한 이러한 예술의 현상을 두고 어떻게 생각하시는지 궁금합니다.

뒤샹의 〈샘〉은 현대예술의 시작을 알리는 기념비적인 작품이지요. 오늘날까지도 많은 사람들이 〈샘〉을 두고 예술작품이 맞는지 반문할 정도로 여전히 논란 속에 있기도 하고요. 그런데 우리가 해야 할 질문은 "〈샘〉과 같은 작품을 예술로 받아들여야 하는가?"가 아닙니다. 오히려 〈샘〉을 작품으로 받아들이면서, 기존의 예술 개념에 대해 다시 물어야 할 것입니다. 왜냐하면 제 생각에 그 작품의 본질은 바로 그동안 당연히 예술에 속할 수 없을 것 같은 대상을 예술이라고 선언한 데에 있기 때문이에요. 뒤샹은 변기가 원래 가지고 있는 일상적인 가치, 도구적 가치를 제거하고 새로운 맥락에서 그 대상의 새로운 정체성을 창조해냈죠. 〈샘〉이 예술 자체에 대해 반문하고 있다는 점에서 좋든 싫든 그것은 예술에 속할 수밖에 없는 것이고, 우리는 그 작품이 던지는 물음을 다룰 필요가 있는 것입니다. 그렇다면 〈샘〉과 같은 작품을 예술이라고 할 때, 이제 우리는 '아름다움'이라는 예술을 설명하는 하나의 틀을 넘어 새로운 방식으로 예술을 설명해야만 할 것입니다. 이로써 오늘날 예술은 우리를 새로운 사유의 영역으로 이끌고 있다고 할 수 있겠습니다.

　　선생님 말씀이 맞습니다. 저도 석사과정에 들어와 "예술을 어떻게 다시 규정해야 하는가?"라는 궁금증을 안고 선생님과 공부를 시작했던 것이 기억에 납니다. 그래서 제가 예술의 현대성으로부터 제기된 "예술이란 무엇인가?"라는 질문을 철학적으로 다루고 있는 아서 단토와 만나게 되었죠.

고 선생이 갑자기 분석미학, 그것도 단토를 다루겠다고 하여 의아했던 기억이 납니다. 그렇지만 우리가 오늘날 마주하는 새로운 양상의 예술작품들을 다루는 것 역시 예술철학의 과제가 될 수밖에 없고, 단토를 통해 현대 예술작품들을 이해하는 것은 필요하다고 생각합니다. 단토의 예술철학은 모든 형식적 시도가 무의미한 현대예술의 특성을 잘 포착해내고 있다고 할 수 있을 거예요. 단토는 "예술이란 무엇인가?"라는 질문을 그의 예술철학적 사유 속에서 보다 구체화하고 있는데요. 여기에 대해 고 선생이 한번 설명해주었으면 합니다. 어떻게 구체화할 수 있을까요?

　　단토가 예술의 현대적 특성으로 설명하고 있는 '식별 불가능성'을 통해 그 물음이 구체화되고 있다고 생각합니다. 뒤샹의 〈샘〉도 중요하지만, 단토 사유에서 매우 두드러진 역할을 하고 있는 앤디 워홀의 〈브릴로 상자〉를 통해 이 '식별 불가능성'이 무엇인지 쉽게 설명할 수 있습니다. 먼저 작품 〈브릴로 상자〉는 1964년, 앤디 워홀이 당시 만들어진 지 1년쯤 된 상업용 포장상자의 형식을 그대로 본떠서 제작한 것이었습니다. 그런데 이 상업용 포장상자의 제작자는 제임스 하비로, 그 역시 당대의 미술가였어요. 하비가 현대 추상회화의 양식적 패러다임에 의존해 그 상자를 디자인했다는 점에서, 〈브릴로 상자〉는 우리에게 시각적 만족을 제공할 만한 것이었다고 볼 수도 있습니다. 그런데 문제는 만일 이 〈브릴로 상자〉가 일정한 형식적 디자인을 통해 우리에게 감각의 만족을 제공하고 이 때문에 예술작품이라고 한다면, 그것과 외관상 완전히 동일한 판지 상자 역시 예술이 아닐 이유가 전혀 없게 되죠. 그러니까 '식별 불가능성'이란 바로, 예술작품과 일상적인 단순한 사물이 지각적으로 구분되지 않는다는 현대 예술의 특성을 이야기하는 것이라고 할 수 있어요. 이 때문에 단토에게 "예술이란 무엇인가?"라는 물음은, "예술작품과 그것과 지각적으로 식별 불가능한 대응물이 있을 때 양자의 구별을 낳는 차이가 무엇인가?"라는 형식으로 구체화되고 있습니다. 언뜻 보기에 구분할 수 없는 두 가지가 상이한 철학의 범주, 즉 사물의 영역이냐 예술의 영역이냐에 따라 각각 다른 범주에 속한다고 할 때 그 둘 간의 존재론적 차이는 예술의 본질과 매우 깊은 연관이 있을 테니까요.

맞아요. 현대 예술의 작품들에서 발생하는 근본적 문제는, 예술 정의에 있어 우리 감각을 만족시키는 아름다움은 물론이고 작품이라고 하는 대상이 지닌 외적 형식 자체가 고려 대상이 될 수 없다는 데에 있어요. 이 때문에 단토는 예술이 무엇인지 밝히려는 일을 다시 단순한 사물과 작품, 이 둘을 구분하는 차원에서 시작하고 있습니다. 그리고 이 둘을 구분하기 위해서는 이제 지각적 차이가 아닌 새로운 근거, 즉 '개념적 차이'를 찾고자 하죠.

> 맞습니다. 단토의 문제의식은 그가 말한 것처럼 '감각의 만족이 전혀 없는 지적인' 오늘날의 예술로 향하고 있어요. 그러니까 예술은 단순한 감각적 대상인 사물과 달리 지적인 산물로서, 그 사이에는 지각적인 차이에 불과하지 않은 보다 중요한 차이가 존재한다는 것이 단토의 기본적인 아이디어였습니다. 그래서 단토가 예술의 존재론을 기획할 때, 단순한 사물과의 지각적 차이가 아닌 개념적 차이를 통해 밝히는 것이 다음의 목표가 되었던 것으로 보입니다.

이와 관련하여 단토는 자신의 예술존재론 기획에 속하는《일상적인 것의 변용》에서 예술을 정의하는 조건 두 가지를 확인해내고 있습니다. 첫 번째는 어떤 것이 예술작품이기 위해서는 그것이 하나의 의미를 가져야 한다는 것이에요. 그리고 두 번째는 그 의미가 어떤 식으로든 물질적으로 작품 속에 구현되어야 한다는 것이죠. 여기서 알 수 있듯, 예술에서 본질적인 것은 대상의 감각적 성질이나 미적 형식이 아니라 작품에 담긴 의미입니다. 다시 말해 예술을 예술로 만드는 것이, 오히려 '개념적 사고'를 통해 이해되고 해석될 수 있는 의미에 달려 있는 것이에요. 오늘날 우리가 예술작품을 예술작품으로 알아보기 위해서는 예술이론이나 예술사에 대한 지식 등을 알아야 하고, 직관적으로는 알 수 없는 작품의 의미를 파악해야 하죠. 예술작품이 이처럼 의미의 장에 놓이게 될 때, 단순한 사물과는 완전히 상이한 존재론적 지평에서 다루어질 수 있는 것입니다. 단순한 사물은 지니고 있지 못한, 그리고 우리 눈에 곧바로 보이지 않는 '의미', 바로 이것이 앞서 말한 개념적 차이에 해당합니다.

> 그런데 여기에는 의미란 개념적 사고에 의해 파악되는 것이라는 단토의 시각이 전제되어 있는 것으로 보입니다. 그런데 작품이 지닌 의미가 과연 개념적 인식에만 연관되어 있다고 할 수 있나요? 단토는 또 '예술계'를 통해 작품에 해석이 주어질 때, 그러니까 작품에 담긴 의미를 해석해낼 때 그것이 작품으로써 존재할 수 있다고 말하고 있습니다. 그러나 과연 작품을 이처럼 이론적 대상으로만 파악하는 것이 예술에 대해 타당한가 하는 생각이 듭니다.

고 선생의 지적이 아주 정확해요. 이것이 바로 단토 초기 예술존재론이 지니고 있는 한계라고 할 수 있을 거예요. 감각적 대상에서 그 의미를 표현하고 있는 작품을, 과도하게 사고의 영역에서만 파악하고 있다는 점에서 단토의 초기 예술론에 대한 비판의 여지가 존재하죠. 작품이 지닌 의미가 과연 개념적 인식에만 연관되어 있느냐 하는 문제는 이후 살펴보아야만 할 것입니다. 오늘 우리가 함께 이야기를 나누면서, 진정한 예술다운 예술이 무엇인지에

대해 다시 생각해볼 기회가 되었으면 좋겠습니다. 그러나, 그럼에
도 우리가 단토의 예술존재론을 읽을 때 단토 시대가 지닌 역사
성을 고려할 필요가 있습니다. 항상 제가 강조하는 것이기도 하지
만, 먼저 내재적 해석에 충실한 뒤에 비판적 해석을 통해 이론을
보다 확장시켜나가야 할 것입니다. 우리는 먼저, 예술 형식을 완
전히 파괴하는 현대 예술의 현상을 해명하기 위해 단토는 개념적
차이를 말할 수밖에 없었을 것이라는 사실을 고려해야 할 거예요.
또 워홀의 〈브릴로 상자〉와 그저 단순한 사물일 뿐인 브릴로 상자
는 동일한 것으로 보이지만 그 사이에 사실은 어마어마한 존재론
적 간극이 놓여 있다는 단토의 통찰은 분명 우리에게 시사하는 바
가 크죠.

▌단토 예술종말론이 지닌 주요한 의미 두 가지

단토 예술존재론은 이론 의존적이고 개념 의존적인 동시대 예술의 특
성을 잘 포착하고 있다고 평가할 수 있을 것 같습니다. 그런데 선생
님, 제가 단토와 예술철학과 관련된 여러 논문을 읽으면서 이 예술존
재론이 예술종말론과의 긴밀한 연관 속에 놓여 있다는 생각을 하게
되었는데요. 먼저 단토 예술종말론은 크게 두 가지 의미를 함축하고
있는 것으로 보입니다. 하나는 예술에서의 본질주의와 다원주의의 양
립이고, 또 하나는 예술의 해방이라고 할 수 있을 것 같아요. 그런데
이 두 번째 의미인 예술의 해방과 관련해서 단토는 많은 비판을 받고

있습니다. 단토가 예술의 해방을 주장하는 것과 달리, 그의 예술종말론의 결과라고도 할 수 있는 예술존재론에서 예술은 철학적 형식화로 나아가면서 오히려 예술이 지닌 고유성을 제대로 포착하지 못하고 있는 것처럼 보이기 때문에요. 이와 관련하여 선생님께서는 어떻게 생각하시는지요?

고 선생이 잘 지적했습니다. 바로 답하기보단, 먼저 예술종말론이 무엇인지 그리고 어떤 의미를 지니고 있는지 차근차근 이야기하는 것이 좋을 것 같아요. 먼저 예술종말론이 두 가지 함의를 지닌다고 했는데, 그중 본질주의와 다원주의의 양립은 무엇을 의미하죠?

이것은 단토가 예술을 정의하는 프로젝트인 예술존재론의 기획을 시작했을 때, 예술철학을 지배하던 두 가지 주요한 명제와 관련이 있습니다. 바로 예술 정의는 불필요하다는 명제와, 그런 정의는 불가능하다는 명제인데요. 전자는 대체로 비트겐슈타인 학파의 반응이었어요. 비트겐슈타인의 견해에는 어떤 정해진 용어로 불리는 사물들에 속하는 사례들을 해당 언어의 사용자들이 알아볼 것이라는 예상이 깔려 있었죠. 바로 '가족유사성'에 의해서요. 그래서 집합의 공통적 속성을 통해 그 용어를 정의하는 것은 불필요하다고 생각했어요. 그런데 이후 예술에서 유행하기 시작한 거대한 다원주의는 너무 많은 것들을 예술작품에 속할 수 있게 하였고, 이는 어떠한 정의도 가능할 것 같지 않다는 생각으로 이어지게 됩니다. 후자가 바로 이러한 배경에서 등장하고 있습니다. 대표적으로 모리스 웨이츠(Morris Weit)의 경우 예술은 새로운 사례들이 계속 등장하는 '열린 개념'이기 때문에 고정된 정의를 내리는 것은 불가능하다고 이야기하죠. 예술의 새로운 것을 추구하고 끊임없이 변화하려는 성질에 의해, 모든 사례를 포괄하는 일련의 속성을 확정 지을 수 없다는 것입니다.

예술 정의 불가론의 아이디어에는 기본적으로 예술이 지닌 다원성으로 인해 예술을 개념적으로 정의할 수 없다는 생각이 깔려 있는 것이네요. 따라서 예술에서의 다원주의는 예술의 정의를 확립하려는 본질주의와 기본적으로 양립할 수 없고, 반대될 수밖에 없는 입장이고요. 그런데 이와 달리 단토는 예술의 본질적 정의를 세우려고 시도했고, 따라서 단토는 예술의 다원성을 자신의 본질주의적 예술 정의에 의해 적절히 포섭할 필요가 있었겠네요. 그렇다면 예술종말론에서 그 양립 가능성은 어떻게 마련될 수 있죠? 고 선생이 이에 대해 잘 설명할 수 있을 것 같은데요.

우선, 단토에게 예술의 종말이란 예술사의 종결을 의미합니다. 그리고 현대 예술의 특성인 다원주의가 이러한 예술사의 종결을 보여주고요. 이미 모든 것이 예술에서 가능하게 된 다원주의 시대에는 예술작품이 되기 위한 어떠한 제약도 존재하지 않아요. 특정한 방식으로 예술의 내적인 발전을 이끌어왔던 모든 서사가 끝을 맺는다는 의미에서 예술은 종말하게 된 것이죠. 예술에 관해 이러한 초역사적인 시각을 가정할 때, 예술의 정의는 모든 예술작품을 포괄하는 완결성을 지닐 수 있게 돼요. 이 경우 예술의 일반적 정의에 대해 미래에 등장할 예술작품들이 반례가 될 수 있는 가능성은 존재하지 않습니다. 모든 예술은 '현재' 가능하기 때문이죠. 이렇게 보면, 단토가 제시하는 예술존재론은 예술의 종언 논제와 함께 이론화가 가능하다고 할 수 있을 거 같아요. 예술 종말 시기에 예술의 완전한 개방성이 확보됨으로써 오히려 그 모든 것을 포괄하는 예술의 보편적이고 본질적 정의가 가능해진 것이에요. 그렇다면 본질주의와 다원주의의 결합이라는 시각을 제공하는 예술종말론이, 예술존재론과 연관을 맺으면서 예술의 본질을 규명하려는 단토의 철학 체계를 함께 구성하고 있다고 생각합니다.

짧게 이야기했지만, 핵심적인 내용을 잘 이야기했네요. 이것만 보더라도 단토 예술종말론과 예술존재론은 중요하게 연관되어 있다고 볼 수 있을 것 같아요. 그런데 고 선생은 예술종말론이 지닌 두 번째 의미인 예술의 해방과 관련해서 문제 삼고 있는 거죠? 일단 그러면 예술종말론에서 이야기하는 예술의 해방이 정확히 어떤 의미를 지니는지 먼저 밝혀보아야겠네요.

단토는 자신의 논문 〈예술의 철학적 권리박탈〉에서 기존의 예술사에 대한 비판 작업을 통해, 예술에 수동적으로 덧붙여진 철학의 규정들을 고발하고 있습니다. 이러한 비판의 대상으로는 플라톤, 칸트, 쇼펜하우어, 헤겔 등이 있어요. 이 비판의 핵심은 예술이 진리라고 하는 권역에 철학과 동일하게 놓여 있음에도 철학에 의해 그것을 인정받지 못했다는 것이에요. 단토는 이러한 철학의 전략에 대해 폭로하면서 예술의 해방적 서사로 나아가기 위한 기초 작업을 마련하고 있습니다. 이처럼 예술사에 대한 경험적 분석을 제시한 뒤, 단토는 예술종말론을 통해 현대 예술을 정점으로 하여 예술이 자신의 자유를 획득하게 되는 과정으로서 예술사를 재구성해요. 여기서 중요한 것은 단토가 헤겔을 이중적으로 평가하고 있다는 것인데요. 단토는 헤겔을 예술에 대한 철학적 권리박탈의 한 사례라고 보면서 동시에 자신의 예술종말론 구성에 있어 헤겔의 역사철학적 주제들을 가지고 받아들이고 있기도 하거든요. 그래서 말인데요. 선생님, 어떻게 단토는 예술에 대한 철학사의 일방적 규정과 관련하여 혐의가 짙어 보이는 헤겔에게서 예술 해방의 가능성을 발견할 수 있었을까요?

단토가 독해하는 헤겔에 대해서 저보다는 고 선생이 더 잘 알 수도 있을 것 같지만, 제가 짐작하는 한에서 대답을 하면 다음과 같이 말할 수 있을 것 같습니다. 앞서 고 선생이 이야기했듯이, 단토는 기존의 예술사를, 진리 인식이라고 하는 권리를 예술이 박탈당해온 역사로 파악하고 있잖아요. 그런데 이 헤겔이라고 하는 사람을 보면 예술에 대해 인식적 역할을 강조하는 측면이 있어요. 왜냐하면 헤겔은 예술을 절대정신의 영역에 두면서, 진리 인식의 한 방식으로 파악하고 있기 때문이에요. 이것은 우리가 이미 함께 강독한 헤겔의《미학강의》에서 이야기한 바 있죠. 그리고 이 절대정신의 영역에는 예술과 종교, 그리고 철학이 함께 위치하고 있습니다. 그리고 각각은 '직관', '표상', '사유'라고 하는 방식으로 진리 인식을 성취하고 있어요. 이는 달리 말해, 예술의 형식적 양태가 직관성에 한정되어 있다는 것이기도 하죠. 이 때문에 단토는 헤겔을 이중적으로 평가할 수밖에 없었을 것 같아요. 헤겔이 예술을 진리 인식의 역할을 수행할 수 있다고 보았다는 점에서 단토로부터 긍정적인 평가를 받을 수 있겠지만, 결국 헤겔은 예술을 그 감성적인 제약에 따라 종교와 철학의 잠정적 단계로만 파악하고 있기 때문이에요. 헤겔의 생각을 쉽게 말하자면, 정신이 일정한 수준을 넘어서면, 예술적 감각성은 진리를 표현하고 포착해내기에 불충분하다는 거예요. 이에 진리 인식의 과제는 점차 사유의 방식인 철학에게 넘어가게 되는 것이고요. 바로 이것이 헤겔의 기본적인 예술에 관한 시각이라고 볼 수 있어요. 예술은 진리 인식의 역할을 수행할 수 있지만, 충분하지 못하다는 것이죠.

헤겔은 진리 인식과 관련하여 철학의 완전한 배타적 권리를 주장하고 있는 것이 아니네요. 최종적 목표가 예술에서는 성취될 수 없긴 하지만요. 아무튼 단토가 헤겔을 부분적으로 긍정할 수 있었던 이유, 또 헤겔을 두고 "미학의 역사상 예술개념의 복합성을 제대로 파악한 유일한 인물"이라고 말했던 이유를 이제 알겠습니다. 선생님, 그러면 제가 다음으로 궁금했던 질문을 좀 드리겠습니다. 단토는 헤겔의 역사 철학적 주제인 정신의 '자기인식'이라는 논리에 주목하여, 이 관점을 예술사에 그대로 적용하고 있어요. 그리고 진리로 향하는 여정의 주인공으로 예술을 내세우면서 예술의 해방을 주장하고 있습니다. 단토는 이와 관련하여 예술사가 "정신은 자기 자신을 의식하게 된다고 말한 역사에 관한 헤겔의 교훈"을 재연해왔다고 이야기하는데, 이것이 예술의 해방과 어떻게 연관되는 것인가요?

확실히 헤겔의 역사철학에 관한 이해가 선행되어야 할 것 같네요. 여기서는 헤겔 역사철학의 대략적인 구도에 대해서만 이야기할게요. 먼저 헤겔에게 있어 역사란 정신이 스스로를 실현하면서 스스로에 대한 참된 인식을 획득하는 과정입니다. 즉, 정신의 발전사에 다름 아닌 것이죠. 이 정신의 발전사는 또 주객 분리 극복의 과정으로 간단히 말할 수 있어요. 그리고 주관과 객관의 분리는 일반적으로 '사유주체와 사유대상' 혹은 '인식주체와 인식대상'의 구분을 의미합니다. 그렇다면, '자기인식'이란 이 '사유주체와 사유대상이' 동일한 상태로, 앞서 말한 정신의 발전사의 완성이자 최고의 인식에 다름 아니라고 할 수 있어요. 그렇기 때문에 정신이 무엇인가 하는 것에 대한 인식, 즉 정신의 자기인식이 이루어지고 나면 원칙적으로 더 이상 진보란 존재하지 않게 돼요. 이제 이러한 헤겔의 철학적 관점을 예술사에 적용해볼 수 있을까요?

아, 선생님 이제 조금 단토가 하려는 말이 이해가 됩니다. 그러면 헤겔에서 자기인식이 이루어지는 순간은 인식적 진보가 완성되는 역사의 종말을 의미하는 것이잖아요. 결국 '자기인식'이라는 최종 목적에 달성한다는 차원에서, 그 목적을 향한 여정에서는 비로소 해방되는 것이기도 하고요. 헤겔이 예술을 단지 역사의 잠정적인 한 단계로 여긴 것과 달리, 단토는 예술을 이 '자기인식의 주체'로서 파악하고 있잖아요. 그러면 예술의 역사적 과제는 "예술이란 무엇인가?"라는 자기인식에 도달하는 것으로 구체화되고, 예술이 이에 도달한다면 그 역사의 완성이라는 의미에서 예술 종말이 이루어지죠. 그래서 단토는 뒤샹의 〈샘〉을 예술 종말의 징표로서 이해하고 있는 거예요. 이 예술 작품은 지각에 의존하지 않는 새로운 형식의 정의, 즉 개념적 정의를 요구하면서 '예술의 자기정체성'이라는 문제의식을 파고드니까요. "예술이란 무엇인가?"라는 질문을 던지는 작품들은 스스로에게 "나는 무엇인가?" 묻는 자기반성적 형식 속에서 인식의 주체임과 그 대상인 상태에 도달하게 되죠.

그러면 단토에게 예술의 해방은 먼저, 예술이 부여받았던 진리 인식이라고 하는 목적으로부터의 해방, 즉 역사 자체로부터의 해방을 의미하겠네요.

네, 그리고 기존의 철학과 예술 사이에 놓여 있던 인식적 위계로부터 벗어난다는 의미에서 해방될 수도 있어요. 철학이 아닌 예술을 통한 진리 추구가 가능하다는 것은 예술의 주권에 대한 시작을 의미하고, 따라서 평가절하되어왔던 예술은 인식론적 위계에서 한 눈금 올라서게 된 것이죠.

▎예술종말론을 '예술의 해방'으로 읽을 수 있는가?

우리가 앞서 이야기 나눈 대로, 단토는 기존 예술사를 비판적으로 재구성하면서 그동안의 예술의 역사가 억압의 역사였다는 점을 고발하고 있어요. 그런데 예술종말론의 두 번째 의미인 예술의 해방과 관련해서 예술존재론을 살펴보면 문제가 복잡해지죠. 고 선생은 이러한 예술 해방이라고 하는 단토의 의도가 그의 예술존재론에서 오히려 그 반대의 방향을 향하고 있다고 보는 입장인 것 같은데, 왜 그렇게 생각하는지 들어볼까요?

> 결국 단토 예술존재론은 매우 지적인 예술, 그러니까 "물질적 재료의 얼마나 많은 부분이 예술작품의 일부로 간주되어야 하는지조차 알기 어려운" 이론적인 작품을 염두에 두고 있잖아요. 또 그의 예술종말론이 보여주듯, 이러한 현대의 개념적 예술을 정점으로 하여 예술이 비로소 해방될 수 있던 것이고요. 그런데 제가 볼 때, 단토가 기존 예술사를 예술을 철학의 수동적인 대상으로 다뤘던 역사로 비판하고 있으면서 동시에 이로부터 벗어나기 위해 오히려 예술을 철학 그 자체로 만들어버린 것 같아요. 다시 말해, 철학의 대상으로부터 벗어나 예술의 독자성을 확립하려는 시도가 결국 예술에서의 개념적 차원을 과도하게 강조하면서 예술의 고유성을 훼손시킨다는 거예요. 단토 예술존재론이 주장하는 것처럼, 예술작품이 이론적 지식과 개념적 사고에 의해 해석되기만 하면 되는 종류의 것이라면 예술은 철학으로 대체될 뿐이잖아요. 예술종말론에서의 예술 해방이라고 하는 의미는, 예술존

재론을 확립하는 과정에서 굴절되고 있다고 할 수 있을 것 같아요.

고 선생은 예술 해방 기획이었던 예술종말론이 오히려 예술을 철학적 귀결로 이끌고 있다고 보고 있네요. 단토 예술종말론을 비판적으로 바라보는 연구자들은 대체로 비슷한 시각을 공유하고 있다고 알고 있습니다. 가령 캘리(Michael Kelly)는 자신의 논문 〈단토 예술철학의 본질주의와 역사주의〉에서, 단토의 예술종말론에서 나타나는 예술의 자기이해가 사실은 예술철학의 자기이해일 뿐이라고 비판하고 있어요. 예술은 자신의 정체성 문제를 떠오르게 했지만 그에 스스로 답할 능력이 없었고, 그 답을 철학이 대신하고 있다는 것이죠. 예술이 새로운 형식의 정의, 즉 지각에 의존하지 않는 개념적 정의를 요구하는 것은 자신이 오랫동안 추구해온 정체성을 철학이 제공하도록 허용하는 것과 마찬가지라는 것이에요. 또다시 예술은 철학에 의해 정의되고 변경된다는 것이 이러한 비판의 요지라 할 수 있습니다. 고 선생도 이 관점에 동의하나요?

예술을 개념적으로 정의하는 것 자체가 문제가 되지는 않는다고 생각해요. 오히려 저는 그러한 예술에 대한 정의가 예술의 존재론적 구조를 철학의 구조와 동일시하고 있다는 것이 더욱 문제라고 봅니다. 또 다른 관점 하나를 여기서 언급하면서 제 생각을 자세히 말씀드릴게요. 가령 힐머(Brigitte Hilmer)와 같은 연구자는 단토의 예술종말론을 두고 오히려 철학의 특권이 박탈당했다고 말해요. 철학은 '직관'을 통해 예술을 정의해왔지만, 예술작품이 그 반성성과 개념적 구조에서 철학과 더 비슷해지고 있어 이제는 철학이 예술의 본질을 확립하고 둘 사이의 차이를 확립할 특권적인 위치에 있을 수 없게 되었다는 거죠. 저는 힐머의 이러한 분석이 단토의 생각을 제대로 파악하고 있다고 봅니다. 단토는 예술의 해방을 예술작품의 '자기이해'라고 하는 반성적 형식을 통해 설명하고, 또 예술존재론의 핵심을 바로 개념적 층위에서 마련되는 의미라고 보고 있으니까요. 그러나 이러한 분석의 핵심은 바로 예술이 철학과 비슷해졌다는 것이죠. 이를 과연 예술을 철학과는 구분되는 하나의 자존적 형식으로 파악하고 있는 것이라고 볼 수 있는 것일까요? 저는 예술의 철학적 형식화라는 결과에 대해 부정적으로 생각합니다. 그것은 예술의 예술적 구조를 밝히지 못하고, 오히려 철학적 구조에 예술을 끼워 맞추고 있다는 인상을 계속해서 주고 있어요. 그리고 만약 제 생각이 어느 정도 타당하다면, 예술 해방이라고 하는 기획이 결국 실패로 돌아갈 수밖에 없던 이유는 무엇일까요? 저는 이 지점에 많은 궁금증을 가지고 있습니다.

아이러니하네요. 철학의 일방적 대상에서부터 벗어나려는 시도가 예술을 오히려 철학과 점차 닮게 만들면서 오히려 철학 그 자체가 되어간다는 점이요. 제 의견이 도움이 되길 바라면서, 먼저 이 부분을 지적하고 싶네요. 앞서 보았듯 헤겔에게서 예술, 종교, 철학은 모두 절대정신이라고 하는 동일한 영역에 위치하고 있습니다. 헤겔은 이 세 가지가 다만 형식적 차원에서만 구분된다고 말하죠. 이를 달리 말하면, 예술, 종교, 철학은 모두 절대정신을 표현한다는 점에서는 동일한 것이지만, '직관', '표상', '사유'라고 하는 차이 나는 형식들이 각각에 고유한 차원을 구성하고 있다고 볼 수 있을 것 같아요. 한편 헤겔은 미를 통해 예술을 규정하기도 하는데, 헤겔에게 미란 '진리의 감각적 현현'으로서 진리와 불가분의 관계에 놓여 있습니다. 그래서 예술은 예술미를 통해 이 최고의 진리를 감성적으로 표현하고, 그것을 우리의 감각에 접근시키는 것이죠. 문제는 보다 고차원의 지적 단계에 이르게 되면 감각적 형식으로는 그처럼 심오한 내용을 전부 표현하지 못한다는 점에서, 헤겔은 예술의 직관성을 한편으로는 예술의 한계로 보고 있다는 거예요. 그래서 결국 예술은 철학으로 지양되어야 하는 것이고요.

> 헤겔의 이러한 생각은 사실 완전히 새로운 것은 아니잖아요. 플라톤에게서는 예술이 모방의 모방이라는 점에서 인식론적으로든 존재론적으로든 가장 낮은 위치를 차지했고, 플라톤 이래로 예술과 철학 사이에는 진리 소유의 문제를 두고 촉발된 불화가 존재해왔죠. 특히 서양철학의 전통에서 감성과 지성의 이원론적인 구도 아래 예술과 철학의 관계가 다뤄져왔던 만큼, 지성중심주의가 승리해온 역사에서는 예술이 철학에 비해 가치 없는 것으로 평가절하되어왔고요.

제가 이 이야기를 꺼낸 것은, 아무튼 예술이란 감각을 통해 우리에게 진리 내지 의미를 전달한다는 점이 중요하다는 것을 말하고자 했던 거예요. 고 선생이 문제 삼는 지점이 바로 예술의 철학적 형식화였잖아요. 단토는 감성과 이성의 위계구도를 직접 비판하는 것이 아니라 헤겔의 전제로부터 출발하면서, 예술 해방을 주장하기 위해 오히려 감각성이나 직관성을 예술로부터 축출하고 있는 것처럼 보인다는 것이죠. 예술의 고유한 형식을 철학의 개념적 구조로 대체시키는 방식으로요. 헤겔의 예술 종언 논제는 정신의 가장 포괄적인 진리를 인식하려는 과제가 예술에서 철학으로 넘어가는 것을 의미한다면, 단토의 예술종말론은 감성적 차원이라고 하는 예술의 고유성을 포기하면서까지 그 진리 인식이라는 과제를 예술로부터 달성시키려고 하고 있다는 거예요. 다시 말해, 헤겔에게서 예술의 직관성은 그 자체가 포기되어야 하는 것이 아니라 다만 진리 인식의 과제를 수행함에 있어 예술이 불충분하다는 한계로 남아 있을 뿐입니다. 그렇지만 단토에게서 예술의 직관성은 그 자체가 철학적 형식화로 나아가버리는 것이죠. 실제로 단토가 예시로 들고 있는 작품들은 직관을 통해서는 그 의미를 파악하기는 어려워 보이긴 합니다. 고 선생이 이야기해준 내용들을 토대로 볼 때, 단토 예술 해방 기획이 실패할 수밖에 없었던 이유를 이렇게 파악해볼 수 있을 것 같아요.

제가 말로 표현하지 못한 부분을 선생님께서 대신해주셨어요. 또 단토는 예술의 존재론적 구조를 밝히려는 시도에서, 예술적 형식을 최대한 축소시키고 개념적 의미를 강조하고 있잖아요. 거칠게 이야기하자면, 예술에서의 감각적인 형식의 차원은 의미를 담아내기 위한 최소 조건으로 전락하고 있는 것이죠. 이렇게 보자면 단토가 "플라톤의 공격"이라고 표현한 예술의 합리화 또는 이성의 감정 영역에 대한 식민지화가 사실상 그의 예술종말론과 그 결과로서 나타난 예술존재론에서 반복되면서, 단토의 예술 해방이라고 하는 시도는 실패로 돌아간 것이라고 할 수 있을 것 같습니다.

단토의 예술존재론, 예술계와 해석학적 층위에 놓인 예술

앞서 고 선생이 예술종말론과 그 귀결인 예술존재론을 예술의 철학적 형식화라는 차원에서 비판한 바 있어요. 그리고 그 비판의 핵심은 예술의 고유한 특성인 감각적이고 감성적인 차원이 배제된 채 예술을 과도하게 개념적 사고의 층위에 두고 있다는 것이었죠. 그래서 단토의 예술존재론이 말하는 예술 개념이 무엇인지 살펴보고 여기에 구체적으로 철학적 형식화가 어떻게 드러나는지 한번 이야기해볼 필요가 있습니다. 우선 우리가 앞서 확인한 두 가지 조건에서 예술은 '체현된(embodied) 의미'였어요. 즉, 예술은 감각적 대상이라는 점에서 몸을 지닌 것이고, 어떤 것을 지향한다는 점에서 의미를 지닌 것이었죠. 그래서 단토의 예술 개념을 비판하고자 한다면, 예술에서의 감각적이고 감성적인 차원에 해당하는 '형식'이 어떻게 그 중요성을 잃게 되었는지를 먼저 이야기해볼 필요가 있습니다. 이에 대해 함께 이야기를 나눠보면 도움이 될 것 같은데, 먼저 고 선생이 생각하는 예술존재론의 핵심은 무엇인지 말해주었으면 합니다.

단토는 예술존재론에서, 예술이 예술형식으로만 작동하는 것이 아니라 그 형식을 통해 어떤 의미를 지향해야 한다는 점을 지적한 바 있습니다. 즉, 단토는 예술을 감각적 대상물로서가 아니라 의미론적 실재로 파악하고 있어요. 그래서 의미가 존재하지 않는 감각적 대상물은 사물의 세계에 속하지만 그 대상물에 의미가 존재하게 되는 순간 그것은 작품으로서 예술의 세계에 속하게 되는 것이죠. 그렇다면 이제 한 대상이 단순한 사물의 영역에서 예술의 영역으로 옮겨가는 존재론적 변용이 어떻게 일어나는가 하는 문제가 중요해집니다. 쉽게 말하자면 작품에서의 '의미'란 대체 무엇이며, 어떻게 예술작품 안에 존재하게 되느냐는 거예요. 그리고 단토는 물리적 대상을 의미의 영역으로 진입시키는 이러한 변형을 '예술계'를 통해 설명해요. 예술계란 예술론의 분위기나 예술사에 대한 지식 등 한 대상이 예술이 될 수 있는 이유의 담론이라고 할 수 있습니다. 중립적 기술 아래 놓인 단순한 사물과 달리 예술계의 담론 아래 해석이 주어질 때 우리는 한 대상을 비로소 예술작품으로서 볼 수 있게 되는 거예요.

정리하자면 단토에게 예술계란 단지 어떤 대상을 예술로서 식별할 수 있게끔 하는 차원은 아니라는 것이네요. 오히려 단토는 예술계를 예술작품의 존재를 가능하게 해주는 하나의 실제적 세계로 상정하고 있어요. 오직 예술계의 해석 아래서만 한 대상은 의미의 영역으로 진입함으로써 비로소 예술작품이 될 수 있기 때문이죠. 단토 예술존재론의 핵심은 바로, 예술을 이론적 구성물로 치환하면서 그 존재론적 지위를 예술계의 해석을 통해 확보하고 있다는 것이라 할 수 있겠네요.

네, 맞습니다. 그래서 단토는 예술의 형식 역시 예술이 이 해석학적 지평에 놓인 이후에야 드러나게 된다고 보고 있습니다. 해석 이전에 즉각적으로 경험되는 대상이라는 측면 역시 예술 개념에 분석적이지만, 그것으로는 불충분하다는 거예요. 왜냐하면 이때 경험되는 대상은 작품의 형식으로서 대상이 아닌 단지 단순한 사물일 뿐이기 때문이죠.

맞아요. 단토는 작품의 형식에 대해 해석이 선별적으로 택하는 대상을 재조직한 부분들이라고 말하고 있죠. 해석이 없다면, 그 부분들은 보이지 않거나 사라져버릴 수도 있는 거예요. 결국 해석 이전의 대상은 아무것도 아니지만, 해석이 주어져야만 그 의미를 체현하고 있는 방식에 의해 작품의 형식이라는 차원에서 드러날 수 있는 것입니다. 이렇게 보자면 단토는 형식과 내용이라는 전통적 구분을 넘어서면서 예술의 존재론적 조건을 온전히 해석에 내맡기고 있는 것과 같다고 말할 수 있습니다. 이러한 단토의 생각은 마치 예술에서 중요한 것은 오직 의미라고 이야기하고 있는 것처럼 보여요.

또 단토는 예술작품에 대해 I(o)=W라는 해석공식을 제시하고 있잖아요. 이 공식은 대상 o는 오직 해석 I 아래서만 예술작품이며, 이때 I가 o를 하나의 작품으로 변화시키는 일종의 함수라는 것을 의미해요.

그런데 이러한 공식은 물리적으로 완전히 동일한 대상 또한 전혀 다른 예술작품이 될 수 있다는 것을 보여줍니다. 동일한 지각적 대상에 대해 해석이 달라진다면, 작품을 구성하는 의미 역시 달라지면서 상이한 작품을 산출하게 되기 때문이에요. 다시 말해, 만일 두 예술가가 각기 다른 의도를 가지고 동일한 외양의 작품을 만들어냈다고 할 때, 이 두 작품은 상이한 작품이 된다는 거예요. 그러한 예술가의 의도는 작품이 지닌 지향성, 즉 그 작품이 무엇에 대해 말하고 있는지를 결정하기 때문이죠. 그렇다면 단토에게 '해석'이란 한 대상을 예술로 만드는 일종의 존재론적 이행을 가능케 하는 조건이면서 동시에 작품들 간의 종차를 낳는 요소이기도 한 것입니다. 이처럼 단토는 예술을 언제나 해석학적 지평에서 다뤄져야만 하는 종류의 것으로 파악하고 있고, 단순한 사물의 예술작품으로의 이행 그리고 동일한 물리적 대상으로부터 상이한 작품들의 산출이라는 두 가지 층위에서 예술계가 제공하는 해석의 중요성을 매우 강조하고 있습니다.

제가 고 선생에게 묻고 싶은 질문이 하나 있습니다. 앞서 살펴보았듯 예술작품은 해석의 매개물이면서, 최소한 무엇인가에 대해 말한다는 점에서 일종의 언어죠. 또한 작품이란 해석학적 지평에 놓여 있다는 점에서 화자와 청자를 필요로 합니다. 이와 관련하여 단토는 작품에서 예술가의 중심적 지위를 인정하고 있고, 미술관, 언론, 비평가 등의 작품을 받아들이는 해석자들 역시 예술계의 주요한 구성요소들로 파악합니다. 물론 단토가 예술계를 어떤 하나의 실체적 요소로만 치환하고자 하지 않기 때문에 예술계에 대해 "예술사나 예술 이론 등의 분위기"라는 모호한 표현을 사용하고 있긴 하지만요. 아무튼지 중요한 것은 예술계가 예술작품 바깥에서 주어지는 외재적인 것이면서 동시에 예술작품을 규정하는 포괄적인 조건이 되고 있다는 점입니다. 이처럼 해석을 부여하는 주체가 예술 바깥에 존재한다면 이러한 의미란 본질적으로는 비실체적인 인식론적 요소에 해당할 거예요. 그런데 문제는 단토가 '해석'을 통해 예술로의 존재론적 변용이 일어난다고 보고 있다는 점에 있어요. 즉, 예술에 내재적으로 존재하지 않는, 단지 바깥에서 부여되는 속성을 통해 예술의 존재론적 속성을 해명하고 있는 것으로 보입니다. 예술계라는 지평에 의해 포착될 때 대상이 의미를 부여받는다고 할 때, 이러한 의미는 그것 안에 내재된 어떤 본질은 아닐 텐데 과연 예술계를 통해 예술의 존재론을 세우는 시도는 타당하다고 볼 수 있을까요?

하하, 선생님께서 제게 난처한 질문을 주셨습니다. 이 질문은 바로 예술계 개념이 예술 내재적이냐 혹은 외재적이냐 하는 문제와 관련되어 있는 동시에, 예술계가 예술 외재적이라면 그를 통해 예술의 존재론적 속성을 확립할 수 있는가 하는 단토 예술론에 대한 근본적인 문제제기라 할 수 있겠습니다. 이미 말씀하셨다시피 만일 예술계가 예술 바깥에서 그 대상에 의미를 부여하는 것이라면, 의미 또한 작품에 내재적이라 보기는 어렵습니다. 그런데 이처럼 예술계 개념이 쉽게 예술 외재적 요소로 우리에게 파악되고 있음에도 불구하고, 단토가 예술에 관한 정의를 단순히 인식론적 문제가 아닌 존재론적 문제로 파악하고 있다는 점에서 예술계 개념이 지니는 외재성은 극복되어야 하는 것으로 보입니다. 그러니까 예술계 개념에 대해 그것이 예술 내재적 요소라고 주장하는 것이 차라리 일관적이라는 거죠. 일전에 세미나에서 선생님께서도 이 부분을 지적하시면서 제게 질문을 주셨던 것으로 기억합니다. 그래서 더 공부를 하다 보니 알게 된 것이 예술계의 예술 외재성을 극복하려는 시도가 이미 있었다는 것입니다. 한 연구는 단토의 예술종말론 이후 모든 예술 현상이 예술 내재성의 영역으로부터 설명이 가능해졌다고 보고 있습니다. 예술종말론을 통해 드러난 것은 예술이 자기의식에 도달했다는 사실인데, 이때 의식의 대상이 되는 '자기' 또한 곧 작품이 지닌 의미라고 할 수 있을 것입니다. 그리고 자기인식에 도달한 작품은 이 의미를 반성적인 방식으로 스스로에게 덧붙이고 있는 것이죠. 즉, 작품이 지닌 자기반성적 형식 속에서는 의미가 작품에 내재한다고 볼 수 있다는 것입니다.

작품이 어떤 것에 대해 존재하면서 동시에 항상 자기 자신에 대해서도 말한다면, 예술작품에서 의미는 내재적이라고 볼 수도 있겠네요. 그런데 저는 고 선생이 이러한 분석에 동의하고 있는지에 대해서, 그리고 이러한 입장과 별개로 예술계의 외재성 논쟁에 대한 고 선생의 개인적 의견을 물어보고 싶어요. 한번 이야기해볼 수 있을까요?

먼저 저는 예술계의 외재성이 예술종말론을 통해 극복되었다는 입장이, 단토의 예술론을 일관적으로 파악해보려는 시도였다고 생각하지만 완전하지는 않다고 봅니다. 제가 보기에 이 입장은 단토가 예술의 인식론적 역할을 강조하기 위해 사용하고 있는 자기인식을 통해 마치 예술이 실제 자의식을 지닌 인격체인 것처럼 파악하면서 의미와 작품을 내재적으로 관계시키고 있기 때문입니다. 그리고 무엇보다 저는 예술계가 예술 외재적 요소라고 하더라도, 예술의 본질주의적 기획에 어긋나 있지 않다고 생각합니다. 이러한 논쟁이 발생하게 된 배경에는, 작품에 외재하는 의미를 통해 어떻게 예술의 존재론적 기획을 달성시킬 수 있는가 하는 문제가 깔려 있었습니다. 그리고 이러한 문제는 예술의 존재론이 형이상학적 기획에 속하기 때문에 우리 인식과 별개여야 한다는 오해로부터 비롯합니다. 그러나 예술은 인간의 행동양식이자 실천이며, 따라서 인간 활동과 무관하게 스스로 존재하는 것이 아닙니다. 저는 예술계 개념이 예술의 존재론적 기획을 위해 내재적인 것으로 설명되어야 한다고 보지 않고, 오히려 그 외재성에도 불구하고 이것이 예술의 존재론적 기획과 일치할 수 있다고 보고 있습니다. 예술은 이미 존재하면서 우리에게 발견되는 것이 아니라, 작품을 생산하고, 인정하고, 해석하는 실천들 속에서 비로소 발생됩니다. 작품 바깥에서 그 대상을 바라보는 시선, 즉 예술계 없이 예술은 존재하지 않는다는 점에서 예술작품에서 인식론적 속성과 존재론적 속성은 일치하고 있습니다. 이러한 관점에서는 예술계가 내재적이냐 외재적이냐 하는 문제는 별로 중요하지 않은 것이죠. 단토의 예술존재론은 우리의 인식틀을 통해서만, 말하자면 해석학적 층위에서 가능하다는 점이 보다 강조되어야 할 것입니다.

예술을 예술답게 하는 것,
예술에서 '미'를 다시 사유하다

이제 주제를 다시 돌려서 이야기를 나눠보고자 합니다. 저는 개인적으로 단토의 예술 개념에 대해 가할 수 있는 비판들에도 불구하고 한편으로 이런 의문이 들기도 합니다. 단토가 자신의 예술철학을 구상할 때 예술계의 상황을 생각해보면, 실제로 개념 예술은 감각경험이 지배하는 예술이 아니라 사유가 지배하는 예술이었잖아요. 그러니까 "예술이 무엇인지 알기 위해 감각경험으로부터 사고로 방향을 돌려야 한다. 간단히 말하면 철학으로 향해야 한다"고 말한 단토의 생각은 타당하다고 볼 수 있고요. 그러면 사실 예술의 철학적 형식화라고 하는 문제는 단토 예술존재론이 지닌 한계라기보다, 오히려 오늘날 예술이 스스로 자처한 위험을 드러내는 것이 아닐까요?

여기에 대해서는 제 개인적인 생각을 밝히면서 이야기를 해보고자 해요. 고 선생의 지적대로 개념 예술은 미술작품 자체를 제거하고자 시도했던 하나의 비약이었습니다. 저는 이러한 비약적인 변이가 바로 예술의 한계를 지적하면서 동시에, 그를 통해 예술다운 예술이 무엇인지 다시 사유할 수 있게 해주었다고 봅니다. 이미 개념 예술 이후의 예술에 대해서도 담론이 형성되고 있을 뿐 아니라, 한국만 하더라도 우리의 예술 경험에 있어 있는 그대로의 감각 경험에 집중할 수 있도록 하기 위해 부산에서 전시 서문을 포함한 어떠한 텍스트도 존재하지 않는 전시회가 진행되기도 했습니다. 개념 예술이라는 과도기를 거쳐서 단순히 감각적 대상으로서의 예술도, 아이디어 그 자체로서의 예술도 아닌 그 중간자로서의 예술에 대해 우리가 말할 수 있게 되었다는 것이 제 생각입니다. 그리고 이러한 중간자로서의 예술에 대해 말할 때 단토의 예술에 대한 분석을 새롭게 주목해보아야 합니다. 'embodied meaning', 말 그대로 의미가 물질적으로 구현되어 있다는 점에서 예술작품의 의미를 파악하는 일과 관련하여서 우리의 인지적 과정이 전제되지만, 동시에 예술은 사물성의 조건에서 해방되지 않았기에 우리의 감각과도 연관된다는 것이 바로 핵심입니다. 그러니까 이제 우리는 예술이 우리의 감각과 어떻게 연결되고 있는가로 나아가야 하고, 이러한 차원에서 예술에서 미를 다시 사유할 뿐만 아니라 미 자체에 대해서도 다시 고찰해볼 필요가 있습니다.

제가 단토를 공부하면서, 그의 마지막 예술철학 저서인 《미를 욕보이다》를 어떻게 읽어야 할지 조금 난감했습니다. 단토는 분명히 자신의 예술존재론에 있어 '미'란 아무런 역할도 하지 못한다고 밝혔음에도 불구하고, 후기에 이르러 자신의 예술철학을 미학으로 확장시키려고 하고 있는데 이러한 이행을 어떻게 설명할 수 있을지 고민되기도 했습니다. 그런데 이렇게 말씀을 듣다 보니, 《미를 욕보이다》서론에서 "예술적 의식에서 미 개념을 제외하는 것은 그 자체로 일종의 위기"라는 느낌을 받았다는 단토의 고백이 떠오릅니다. 그리고 왜 단토가 미학으로 나아갈 수밖에 없었는지 이해가 됩니다. 예술철학을 미학으로 확장시키려는 단토의 시도 속에는, 단토 스스로가 자신의 예술존재론이 지닌 한계를 인식하고 있었다는 사실이 엿보입니다. 이제 단토는 다음과 같은 차원에서 예술에서 미를 다시 사유하고 있습니다. 만약 예술이 우리 감각에 호소하지 않고, 그러한 감각적 차원들을 지적인 면으로 완전히 대체할 수 있다면 그러한 예술은 왜 필요한가 하는 문제에 맞닥뜨리게 될 것입니다. 헤겔의 말을 다시 한번 빌리자면, 이미 철학만으로 "인간의 가장 깊은 관심사"들과 "정신의 가장 포괄적인 진리들"을 충족시킬 수 있는데 예술은 무엇 때문에 필요하냐는 거죠. 이처럼 자신의 고유성을 상실한 예술은 존재이유 또한 상실하게 될 위기에 놓입니다. 따라서 단토는 미와 예술이 왜 우리 삶에 그토록 중요한가 하는 차원에서 미학으로 나아가면서 동시에 예술이 지닌 감각적 대상이라고 하는 존재론적 조건에 주목하기 시작하는 것입니다.

철학이 모든 것을 형이상학적 언어로 간결하게 표현한다면, 예술은 감각적 대상에서 어떤 것을 구체적으로 표현하죠. 단토는 미에 관한 사유를 진척해나감에 있어서도 마찬가지로 헤겔을 곳곳에서 인용합니다. 특히 단토는 자연미와 예술미의 구분에 입각하여 미를 설명하고 있는 헤겔의 생각을 받아들이고 있고, 이를 통해 내재적 미라고 하는 자신만의 개념을 세우기도 하죠. 이에 대해 고 선생이 한번 설명해볼 수 있을까요?

헤겔에게 예술미란 "정신에서 태어나고 다시 태어나는 미"였고, 여기에는 예술미가 자연미와 달리 지적 생산물이라는 그의 생각이 드러납니다. 그리고 단토는 이러한 자연미와 예술미의 구분을 헤겔 미학의 핵심으로 보고 있죠. 단순한 사물이 심미적으로 아름다울 경우에 우리가 자연미를 느끼는 것은 단지 감각경험일 뿐이지만, 예술작품이 지닌 예술미는 통찰과 비평적 지성을 필요로 한다는 것에서 차이를 보입니다. 단토에게 예술적 형식이란 단지 작품의 감각적 대상의 측면을 의미하는 것이 아닙니다. 작품이란 쉽게 말해 생각 더하기 대상이고, 그 대상의 어떤 성질들을 작품에 포함시킬지는 그 생각에 의해 좌우되죠. 따라서 작품이 지닌 대상적 측면이 아무리 아름답다고 하더라도 우리가 작품의 의미를 해석해내지 못할 경우 즉, 우리가 앞에 놓인 대상을 예술의 작품인지도 모를 경우, 그러한 미적 경험은 단지 자연미에 속할 뿐입니다. 이에 단토는 감각 경험과 예술적 경험을 구분하기도 하죠. 단순한 사물이 심미적으로 아름다울 경우의 자연미는 작품에 외재적인 것과 상반되게, 예술미의 경우 작품이 표현하는 생각과 연결되어 있다는 점에서 내재적입니다. 바로 이것이 단토가 말하는 내재적 미 개념이에요. 자연미는 경험들의 비개념적 내용이지만, 예술미는 작품의 개념적 의미를 우리의 감각과 연결시켜준다는 점에서 작품에 포함시킬 수 있는 것이죠. 예술은 이성적인 것이지만, 동시에 감각적이라는 단토의 생각은 이처럼 감각적 성질들이 작품의 이성적 내용과 연결되어 있음을 보여주는 방식에서 나타납니다.

맞습니다. 단토는 헤겔의 예술미를 내재적 미라는 자신의 개념으로 전환하고 있습니다. 그러면서도 동시에 헤겔의 예술미 개념의 한계에 대해서도 지적합니다. 왜냐하면 헤겔의 예술미는 작품이

지닐 수 있는 수많은 미학적 특질들에도 불구하고 심미적으로 아름다운 것만을 이야기하고 있기 때문이었어요. 단토는 그러한 차원에서 벗어나 예술에서 의미가 우리 감각에 모습을 드러내는 수많은 양상들에 관해 이야기합니다. 즉, 아름다움으로서 미란 그러한 양상들 중 하나에 불과하다는 것이에요. 미학적 특질에는 미, 추, 숭고함, 비속함 등등 매우 여러 가지가 포함됩니다. 가령 너무나 지적이어서 우리 감각과는 무관해 보였던 뒤샹의 레디메이드는, 단토의 표현을 빌리자면 "미에 무관심한 태도를 이끌어내도록 굴절된 오브제"로서 오히려 의도적으로 감각을 만족시키지 않는 방식으로 우리의 감각과 관계하죠. 그렇다면 여기에는 평범함이라고 하는 미학적 특질이 존재한다고 말해도 좋을 것이며, 시각적 무관심성을 불러일으키는 작품이 가진 이러한 특질은 우리에게 미와 예술의 결별이라는 이 작품의 의미를 더욱 와닿게 만듭니다.

단토는 예술에서 감각적 성질들이 반드시 미적일 필요가 없다고 말하면서, 다양한 미학적 특질들에 대해 이야기합니다. 그리고 이러한 특질들은 우리의 예술 경험을 보다 풍부하게 만듦으로써, 감각을 환시키는 방식으로 의미에 가닿을 수 있도록 도움을 주는 것이죠. 단토가 초기 예술존재론에서 예술의 정체성에 대해 논의하며 의미론적 속성을 강조했다면, 이제는 작품의 미학적 특질과 그것이 우리에게 미치는 효과에 대해 탐구하고 있습니다. 즉, 예술에서의 좁은 의미에서의 미가 아닌 더욱 확장된 미의 자리를 다시 마련하면서, 우리의 감각과 직접 연결될 수 있는 예술의 대상적 차원을 새롭게 부각시키고 있다고 할 수 있겠습니다. 저는 이러한 단토의 예술철학으로부터 미학으로의 전환에 대해, 이로써 의미의 영역만을 과도하게 강조하여 예술의 철학적 형식화로 나아갔던 예술존재론의 한계를 넘어설 수 있는 가능성이 발견되고 있다고 생각합니다. 오늘의 대담을 마무리하는 의미에서 선생님께서는 이에 대해 어떻게 생각하시는지 여쭤보고자 합니다.

단토가 이러한 미학적 특질들에 대해 '굴절인자'라는 용어를 도입할 때, 이러한 굴절을 필요조건으로 만들기 위해 예술의 정의를 확장해야 하는지에 대해서는 다소 조심스러운 태도를 취하고 있습니다. 그러나 예술에 대해 진지하게 고찰해온 이 철학자가 보여주는 사유의 궤적을 통해, 우리는 예술을 진정으로 예술답게 만드는 것에 대해 생각해볼 수 있게 되었습니다. 그가 말하는 미학적 특질들이 예술의 존재론적 방정식 안에 명시적으로 포함되어 있지 않다고 하더라도, 예술이 애초에 우리에게 왜 필요한지를 말해주고 있다는 점에서 주목할 만하다는 거예요. 우리는 단지 사유적으로만 인식하지 않습니다. 인간은 동시에 감정에 이끌리는 존재이고, 예술은 여전히 의미에 다가서려는 인간적 노력의 한 방식인 거예요. 이에 단토의 예술존재론이 지닌 한계를 단토가 스스로 온전히 극복하지 못했다고 하더라도, 그의 미학적 사유로의 전환은 우리에게 시사하는 바가 크다고 생각됩니다. 예술은 감각의 언어로 우리에게 말을 걸어오고 있고, 바로 이것이 예술을 예술답게 하는 것이겠죠. 그리고 저는 앞으로 우리가 그렇다면 예술은 이론적 사고의 한 보조적 수단에 불과한 것인지, 아니면 그보다 더욱 중요한 역할을 스스로가 떠안고 있는 것인지 이야기해볼 필요가 있다고 봅니다. 이제는 고 선생이 단토의 사유 속에서 드러난 중요한 시사점들을 가지고, 스스로가 예술의 역할과 우리 인간 삶에서 지니는 의미에 대해 모색해보았으면 합니다.

네, 선생님. 오늘 대화 너무 즐거웠고 감사합니다.

9장

예술철학의
의미와 경계

대화자 이수연

▌철학적 사유와 예술

안녕하세요? 선생님, 이번 대담을 기회로 선생님에 대한 기억과 함께 제가 미술을 시작할 때의 시간을 되돌아보게 되었습니다. 제가 고등학교를 졸업하고, 20살이 되기 전이었네요. 그때 막 학교를 졸업하고 매일 여행길을 걷듯 해방감에 젖어 진정한 자유에 대한 생각들로 머리가 꽉 차있었습니다. 그리고 뭔가 세상과 싸울 준비가 되어 있었던 거 같아요. 학교생활에 적응하려는 생각보다는 수업을 들으면서도 비판적인 시각이 앞서 있었습니다. 그때 선생님의 교양철학 수업을 접했습니다.

아, 그랬군요. 저도 이수연 학생과의 만남을 기억합니다. 그때 이 선생의 모습이 인상 깊었어요. 여러 여학생들 사이에 한 명의 여학생이 아주 짧은 머리에 밝은 노란색으로 염색을 하고 있어 매우 눈에 띄었거든요. 그런데 수업을 듣는 태도는 인상과는 많이 달랐어요. 항상 맨 앞자리에 앉아서 성실하게 임했던 것으로 기억합니다.

네, 고등학교 시절 매우 모범생이었거든요. 요즘도 가끔 그 이야기를 해주시지요. 굳이, 그때의 제 외모에 대해 해명을 하자면, 모범 이미지로 감춰 있었던 일탈의 표현이었던 것 같습니다. 청소년 시절까지 전 이해가 안 되는 부분들이 너무 많았어요. 대가족에다 다소 가부장적인 부모님 밑에서, 봉사와 예의범절을 중요하게 생각하는 가정환경에서 자랐습니다. 그런데 이름까지 붙이고 키우던 개를 개장수에게 팔고, 잘못 유무와 상관없이 어른이라는 이유로 기존에 만든 규칙을 무조건 순응해야 했던 것에 불만이 많았어요. 어른들이 말하는 정당함과 타당함 그 모든 것들에 분노가 있었던 거죠. 외모에 변화를 준 건 나름대로 매우 소극적인 반사회적 표현들이었던 것 같습니다. 그런 모습에도 편견 없이 가르침을 주셨고, 어쩌면 철학 수업을 들으면서 사회에 대한 어떤 희망을 가졌던 것 같습니다. 그리고 저만의 반사회적 표현들을 미술작품으로 표현할 수 있지 않았을까 생각했습니다.

1980년대 통기타와 청바지, 장발은 저항의 표현들이었지요. 확실히 1990년대 이 선생의 외모는 반사회적인 표현이었네요. 1960~1970년대부터 저항정신을 표현하는 히피적 표현이라고 볼 수 있는데, 히피는 전쟁이나 물질문명, 사회제도, 기존 체제와 가치관을 부정하고 자연과 인간성을 회복해야 함을 주장하지요. 지금까지도 이런 이 선생의 모습과 닮아 있는 부분들이 있네요.

하하. 아무튼 저는 선생님을 만나 삶의 방식과 방향이 많이 달라졌다고 할 수 있습니다. 그렇기에 이번 대담 자리는 미술을 하는 학생이 철학연구자인 선생님을 왜 쫓아다녔을까 하는 물음에 답을 하고, 선생님을 만나 제 인생이 달라졌음에 감사를 표하는 시간이 될 것 같습니다. 선생님을 처음 만났던 첫 수업시간은 아직까지도 생생하게 기억으로 남아 있는데요. 그 시간에 선생님께서는 한 부부의 이야기를 들려주셨습니다. 남편이 회사에서 권고사직을 당했을 때, 부인의 행동에 대한 이야기였습니다. 1990년대 당시에는 지금과 같이 부당해고에 대한 구제신청 자체가 어려운 시기였어요. 그때, 부인의 대처행동에 대한 다양한 관점들을 설명해주셨어요. 철학은 뭔가 이론에 갇혀 있을 거란 선입견과는 다르게, 제시해주신 다양한 예시들은 아침 방송 프로그램에서나 나올 법한 것들이었습니다. 너무 현실과 맞닿아 있어 현실을 직시한다는 점에서 불편한 부분도 있었지만, 또 사람들이 겪는 고통과 그 해결방안에 대해서는 공감을 불러일으키기도 했습니다.

오래전 일인데 아직 그런 이야기를 기억하고 있었네요. 철학은 현실에서 동떨어진 학문이 아니라 우리의 일상적 삶에서 일어나는 사건·사고들을 통해 살아가는 현실을 바라보고 이성적으로 탐구하는 학문이라고 생각합니다. 철학적 사유라 함은 학창 시절 이수연 선생이 불편해했던 문제들을 비판적인 사고로 질문하고 근본적인 문제들을 탐구하면서 재점검하는 일련의 과정입니다. 이런 일상의 모습을 살펴보면서, 사회적 제도와 기존의 관습들, 기존의 진리라고 믿었던 것들을 의심하고 새로운 시각을 제시할 수 있는 것이지요. 그렇게, 인간사회의 모습을 관찰하고 분석하면서 비판적 사유로써 현실을 탐구하고 이해하는 것입니다. 미술학도들에게 철학적 사유는 세계를 이해하고 주체적 행동으로 이행하는 데 필요하다고 생각합니다. 예를 들어, 이 선생에게 트라우마처럼 기억되고 있는 개장수의 사건을 이해하기 위해, 개인의 행동으로만 판단하는 것이 아니라, 가부장제와 권위주의 등 공동체의 사회적 행동으로 분석하고 비판하는 것처럼 말이에요.

네, 덕분에 저는 다른 시선을 가질 수 있었던 것 같습니다. '함께 사는 사회'라는 슬로건 옆으로 주변의 불편한 상황을 보면서도 모르는 척 하고 지나가는 사회의 모습들을 찾아보고 분석하는 연습할 수 있었는데요. 이 방법이 마치 현대미술의 정신과 맞닿아 있다고 생각합니다. 과거의 미술은 대상의 재현에 초점이 맞춰져 있었다면, 현대미술은 존재와 사물을 분리시키고 사건과 상황, 해석과 의미 등을 파편화한다는 특징을 지닙니다. 제가 현대미술을 하는 이유는 바로 여기에 있었습니다.

그렇군요. 결론적으로 저를 만나고 철학을 공부하면서 이 선생

스스로도 기존의 질서를 강요하는 틀로부터 자유로울 수 있었고 또 그것을 예술로 표현할 수 있었다는 말로 이해해도 되겠지요? 하하.

네, 맞습니다.

선택과 표현

다음으로 선생님과 나누고 싶은 주제는 '선택'입니다. 순수미술을 공부하는 데에는 많은 관문들이 있었습니다. 가족의 반대, 순수미술에 대한 가족과 사회의 시선, 그리고 돈.

기억합니다. 유학을 결정할 때, 굉장히 고민이 많았지요? 합격을 하고도 가족의 반대에 결혼자금으로 딱 2년만 공부하고 오겠다고 부모님을 간신히 설득했었지요?

네, 지금 생각해보면, 선생님께서 제 입장에서 많이 이해해주셨어요. "자신이 사랑하는 가족이라고 해서 모든 것을 이해할 수는 없다. 어떤 선택에는 용기와 어쩜 희생이 필요하다."면서 유학을 결정하기까지 힘을 보태주셨어요. 그리고 결국 직장을 다니면서 저축한 돈과 부모님의 지원으로 대학원 유학을 떠날 수 있었습니다. 고등학교 시절까지 그림을 잘 그린다는 것은 마치 다른 사람들에게는 없는 재능을 갖고 있는 것처럼 꽤 매력적인 것이었어요. 그런데 왜 죄를 짓는 기분이 드는 것일까? "예술은 무엇일까? 예술은 선택일까?"라는 질문들이 생겼습니다. 지금은 약간 헛웃음이 날 정도로 유치한 질문으로 느껴지지만, "Art is necessity(예술은 불가피한 것이다)"라는 구절을 작품에 쓰면서 대학원 수업에서 화제가 되기도 했습니다. 그리고 또 하나의 에피소드로는 컬럼비아대 물리학 박사들과 미술 학우들과 이 주제로 논쟁을 펴기도 했고요. "돈이 있으면 아프리카의 가뭄과 기아 문제를 해결하는 데에 써야 한다. 예술은 생존 다음의 문제다"라는 주장을 둘러싸고 예술의 존재 이유와 가치에 대한 논쟁이었습니다. 몇몇 친구들은 물리학도들과 논쟁한 후 격양되어 다시는 그들을 만나지 않겠다고 선언하거나 오랜 시간 동안 우울해했습니다. 여기서 제가 놀란 점은 많은 미술가들이 전공을 선택하는 데 있어, 다른 분야를 선택한 거 이상으로 예술의 사회적 의미와 존재의 필요에 대한 정당성이 필요해 보였습니다. 예술가는 창의적인 작품활동을 위해 타자의 시선으로부터 자유로워야 함을 알고 있기 때문에, 스스로 감춰왔던 것이 아닐까? 누군가가 대신 이야기해주었으면 하는 바람도 있지 않았을까? 제 주제 "Art is necessity"는 수업에서 꽤 진지하게 다뤄졌던 거 같아요.

미술이라는 분야는 정부와 학교의 지원 없이 개인이 부담하는 구조여서 가족들에게 환영을 받긴 어려운 일이라 생각해요. 모든 학문이 그렇지만, 미술학도들이 예민하게 미술의 존재이유와 의미에 대한 질문을 품고 자신의 선택에 대해 많은 고민을 한다는 것은 당연한 일입니다.

네, 말씀을 듣다 보니, 어쩜 작가는 미술가가 되려는 '선택'에 의미를 부여하고, 그 순간부터 스스로에게 어떤 색을 부여하는 것 같아요. 색칠할 때도 어떤 색을 쓸지, 이 색들을 어떻게 조합할지 매 순간 선택하고 자신의 스타일을 찾고 만들어가잖아요. 제가 집안의 반대에도 순수미술을 선택할 수 있었던 것은 어릴 적 본 전시에서 "이 정도면 가족의 걱정을 물릴칠 만큼의 물질적 성공까지도 가능하겠다"라는 가능성을 봤기 때문이기도 합니다. 그때 봤던 작품의 크기, 형상 등은 당시에 시선을 끌 수 있을 만큼 관람객을 압도했고, 관람객과 소통이 가능하면서 자신의 생각을 온전히 담아낼 수 있어 보였기에 도전할 만한 매력적인 일이라고 생각했습니다. 하지만 철학 수업시간에 주체적 자유, 삶과 존재에 대한 의미 등에 대해 고민한 이후에는 "그림을 잘 그리면 좋은 예술가가 될 수 있을 것이다"라는 생각에서, "예술은 무엇인가?", "나는 어떤 미술가가 되고 싶은가?", "작품은 어떤 존재로 남고 싶은가?" 등의 질문들로 매번 선택의 기로에 서게 되었습니다. "art is necessity"라고 표어처럼 미술을 선택한 것은 어쩔 수 없는 일이며, 필수라 외쳤지만, 선택의 고통에 대한 투정이었던 것 같습니다. 혹시 기억하실지 모르겠지만 《포스트모더니즘의 이해와 소외의 사회학》이라는 책을 선생님께 선물받았었습니다.

네, 당시 이 선생이 포스트모더니즘에 대해 질문을 했던 기억이 있어요. 수업 외 시간에 찾아와서 포스트모던이 뭔지 물어봤었지요? 그리고 졸업 후에 이 선생의 첫 개인전을 갔을 때, 그런 느낌의 작품들이 전시되어 있었어요. 축사를 부탁받아 열심히 봤거든요. '소외'라는 전시제목으로 도시 풍경에 외롭게 서 있는 사람의 모습을 표현한 판화 작품들이었지요?

네, 기억해주셔서 감사합니다. 그때 선생님을 길거리에 세워둔 채 여쭸습니다. 지금 생각해보니 죄송하네요. 그리고 1년 동안 일본에서 판화 공부를 하고 와서, 선생님 계신 학교로 찾아가 대학원 추천서까지 부탁드렸습니다. 대학원에 입학한 후 담당 어드바이저를 통해 알았는데요. 미술학도가 전공 교수가 아닌 철학과 교수의 추천서를 가져온 것은 이례적인 일이었다고 합니다. 지금 돌이켜보면, 그때부터 작품을 하면서 질문과 생각이 많았던 거 같아요. 회화과를 지원했지만, 그림이란 설정된 형식을 벗어나서, 원초적 창작의 표현방법을 찾는 것부터 시작하고 싶었어요. 그래서 굳이 판화를 다시 공부해서, 대학원 포트폴리오를 만들어본 거고요. 삶 속의 질문들을 어떠한 형식, 즉 무엇으로 만들 것인가, 영상으로 찍을 것인가, 설치할 것인가, 매체에 대한 질문부터 시작해서 무엇을 왜, 어떻게 표현할 것인가, 어디까지가 예술(표현)에 포함되는 것인가 등등 스스로 선택하고 표현하였던 것 같아요.

이수연 선생이 철학에 관심을 갖고 있는 것은 알았지만, 대학원 추천서를 부탁했을 때 미술을 하는 데 철학을 상당히 중요한 부분으로 생각하고 있음을 확인할 수 있었습니다. 이 선생의 질문은 철학적으로 중요합니다. 이 작가의 고민과 질문을 이끌었던 존재, 자기와 타인, 시간과 공간 등은 철학에서는 핵심적인 용어들이에요. 철학과 미술은 이성과 감성처럼, 독립되고 개별적인 것처럼 보이지만, 사실 서로 밀접한 관계에 있습니다. 미술을 고민하는 주체는 인간이고, 인간이 사유하는 현실을 이해한다는 것은 필수 요건이니까요. 예술은 현실의 전환이고, 예술가는 현실의 이야기들을 파악하기 위해 사유하고 창작합니다. 창작을 위해 끊임없이 호기심을 갖고 관찰해야겠지요. 그것이 이 선생이 유학을 결정한 이유라고 생각합니다. 하지만 그렇게 매 순간 미술을 하면서 철학적 사유가 관여할 거라고는 미처 생각하지 못했네요. 이 선생에게 '질문'과 '선택'은 미술작품을 만드는 작가의 태도로 읽힙니다.

▌재현에 대하여

네, 제가 작업을 하는 데 있어서, 삶에 대한 태도는 작품을 만드는 데 길잡이 역할을 하는 것만이 아니라 작품 그 자체가 되기도 합니다. 선생님의 강의법은 현대미술, 특히 21세기를 풍미한 키치 아트의 어떤 면모와도 닮아 있는데요. 사회적 주류에 속하지 않거나 유치하고 중요하지 않은 내용, 또는 쓸모없어 보이는 내용들을 수면 위로 끌어올려 작품의 소재나 주제로 설정하고 분석해보는 점에서 말이에요. 이는 기존에 고정적으로 제시되고 옳다고 강변되던 모든 기준과 조건들을 해체하는 첫걸음이라고 생각합니다. 그래서 선생님의 수업은 미술사의 흐름을 이해하는 데 길잡이가 되었다고 말씀드릴 수 있겠네요. 그리고 지금까지도 미술작업을 하면서 가끔씩 정처 없이 표류할 때 이러한 방식은 길잡이의 나침판이 되고 있습니다. 앞서 말씀드렸듯이 대학 졸업 당시에는 그러한 고민들이 미술을 하는 데 여러 고통을 안겨주었다고 투정을 부리기도 했지만, 표현 형식과 방법에서는 변화를 가져다준 것은 확실합니다. "있는 그대로를 그린다"라는 개념이 변한 것인데요. 입시미술을 공부할 때처럼 사물이나 상황을 재현하거나 고흐나 모네, 피카소처럼 자신의 스타일을 집중하고 표현하는 것으로는 만족스럽지 않았습니다.

아리스토텔레스는 예술이란 인간 삶에 대한 모방이고, 작품은 현실을 재구성한 것, 또는 예술적으로 형상화된 것이라고 이야기합니다. '있는 그대로'의 재현 개념은 항상 변화하고 있는 것은 아닐까요? 앤디 워홀의 〈브릴로 상자〉를 보아도 미술이 추구하는 재현능력은 시각적 미적 재현이 아닌 듯하고, 20세기 회화는 동일성을 끊임없이 해체하는 태도가 작품으로 전환되는 것으로 보입니다.

네, 당시에는 거기까지 생각이 미치지는 못했고, 단지 '있는 그대로 그리는' 재현 너머의 무언가에 대한 고민을 했습니다. 그래서 여러 물음들을 지녔던 것 같습니다. 예술은 무엇인가? 미술은, 나는 어떤 것을 추구하고 있는 것일까, 현대미술에서 '현대'란 무엇인가, 예술가는 무엇을 하는 사람일까, 이 사회에서 어떤 역할을 하고 있을까 등등.

1968년 스웨덴 스톡홀름 현대미술관에서 촬영된 앤디 워홀과 〈브릴로 상자〉.
https://commons.wikimedia.org/wiki/File:Andy-Warhol-Stockholm-1968.jpg

단순히 용어의 정의에 대한 물음이 아니라, 선생님께서 철학으로 세
상을 바라보고 분석하여 의미를 이끌어내듯이 사회 속 작가들, 현실
속의 생각들이 궁금했습니다.

네, 이 작가의 질문들은 예술철학적인 내용들입니다. 들어봤을
텐데요. 《예술의 종말(After the end of art: contemporary art and the pale of
history)》을 쓴 미국 철학자 아서 단토(Arthur Danto)는 예술을 제한적
으로 해석하는 체계에 대하여 의구심 이상의 거부감을 표시하면
서, 제목 그대로 '예술의 종말'이라는 암시적 단어로 기존의 예술
비평이 따르던 해석체계를 따르지 않겠다는 입장을 표명했습니
다. 그리고 자신을 예술 비평가가 아닌 '예술철학가'로 불러지기

를 요구하며, 예술은 철학으로 설명되어야 함을 앤디 워홀의 〈브릴로 상자〉를 설명하며 주장했었습니다. 예술을 이해하는 데 있어, 미적 내용만이 아닌 사회적, 역사적, 심리적, 비미학적인 부분까지 살펴보면서, 미적 가치들을 본질적으로 살펴보고자 한 것입니다.

> 제게도 앤디 워홀의 〈브릴로 상자〉는 재현에 대한 색다른 깨달음을 주는 작품이었는데요. 그림을 통해 저 자신의 정체성을 재현하려고 시도하고 있음을 깨닫게 한 것이었습니다. 이것은 미술 자체를 주제로 삼고 탐구했던 모더니즘 작가들의 순수 정체성의 재현과 같은 것이었습니다. 단토는 자신의 철학을 〈브릴로 상자〉 작품의 해석으로 담아내며 작가가 하나의 가치로서 규정되기를 원치 않았는데, 이는 열린 해석을 원하는 예술가들에게는 큰 힘을 실어주게 된 것입니다. 이런 생각에 미칠 즈음 저는 무모할 만큼, 여러 작가와 선생님께 직접 물어보기도 하고 책으로 답을 구하러 다녔습니다. 그런데 어느 순간 이 질문들은 고정되어 있는 것이 아니라는 생각을 했습니다. 시공간의 흐름과 함께 작업을 하며 계속 변화하는 유동체로서 인정하게 되었습니다.

이 선생에게 무언가에 대한 '질문'은 숙명처럼 느껴지기도 하네요. 하나의 질문은 현실과 예술의 사유과정의 틈에서 지속적인 개입과 간섭으로 새로운 창작을 위해 답을 찾는 것이 아닌 새로운 질문을 생성시키는 것이라는 생각이 드네요. 질문은 새로운 회화의 존재방식을 탐구하는 작가의 의지를 표현하는 것이자, 세계 탐구에 대한 작가의 의구심을 실천적으로 표현하는 것일 겁니다. 그래서 미술작품들이 풍경화, 인물화, 추상화 등 대상이나 스타일로 구분된다고 하더라도 그 이면에는 작가의 많은 이야기들이 담겨 있을 수밖에 없겠네요. 요즘의 미술작품은 작품 그 자체만으로 감상하기 어려운 것들도 많잖아요?

네, 그렇습니다. 관람자의 입장에서 미술작품은 시각예술로서 본다는 개념이 우선합니다. 하지만 미술사적 변화를 살펴보면 말씀하신 풍경화, 인물화, 추상화는 작품 그 자체로 평가되었습니다. 이러한 전통적 미학관은 인간의 사유와 행위를 분리시키고 삶과 세계를 단절시키는 이원론적 시각이라 할 수 있습니다. 하지만 19세기 중후반 이후 근대 질서가 붕괴되고 미술에서는 반미적·비미적이고 규범위반적인 미적 가치들이 생겨나기 시작합니다. 그 이유는 기존의 이원론적 시각은 현대 디지털 기술발전과 예술가들의 사유방식들에 의한 변화들을 담아내지 못했기 때문인데요. 앤디 워홀의 〈브릴로 상자〉와 같은 작품을 보더라도 작품 자체를 평가하기는 어렵게 된 겁니다. 재현의 관점에서 보면 현실의 사물을 그대로 옮겼다고 할 수 있겠지만, 재현은 하나의 도구일 뿐 아름다움을 추구하지 않았습니다. 즉, 미적 대상이 아닌 그냥 사물의 표현에 불과한 것입니다. 모더니즘 이후 미술은 전통미학에서의 절대적 가치나 아름다움의 상을 고수하는 것이 아니라, 다양한 가치들과 시선들을 받아들일 수밖에 없게 된 것입니다.

네, 동의합니다. 이러한 역사적 변화들을 보면 작가가 처한 삶과 현실세계에 대한 사유가 그 결과물에 영향을 미칠 수밖에 없다는 점을 보여줍니다. 이 선생이 앞서 말했듯이, 있는 그대로 그린다는 재현의 관점이 변화한 것은 사물과 상황을 바라보는 생각과 태도가 변화했기 때문입니다. 예술을 이해하는 사유방식이 변화했다고도 말할 수 있을 것입니다. 예술이 외형의 아름다움에 집중하였다가 시대가 바뀌면서 아름다움에 대한 본질적인 문제를 제기하고 아름다움의 의미가 변화하면서 예술에 대한 생각까지 바뀌고 확장된 것으로 볼 수 있습니다. 그리고 오늘날 급속도로 발전한 디지털 대중매체는 '주체', '시공', '복제', '다중' 등 새로운 개념을 현실화시키면서 생활 깊숙이 영향을 미치고 있습니다. 디지털의 환경은 도시환경 전체, 가령 건축, 자연, 시스템을 변화시키고 대중들은 디지털의 속성에 스며들어 인식과 감각의 구조 또한 변화하게 된 것이지요. 근대 이후 미술은 예술 자체의 독자적인 창조물이 아닌 시공간의 현실적인 흐름과 밀접하게 관계하고 있고, 그에 따라 예술을 감상하는 관점 또한 변했다고 보는 것이 맞을 거예요.

| 모호에 대하여

네, 선생님과 이야기를 주고받다 보니, 대학원 수업 때가 떠오릅니다. 유학을 떠날 즈음에 한국은 포스트모던 미술이라는 단어가 아직 정립되지 않았던 것 같습니다. 제가 한국에서 다녔던 대학은 포스트모던 미술을 잠깐의 유행이라고 생각했는지 다루지 않았을뿐더러 수업의 과제주제로도 선정해주지 않았어요. 그 반발심으로 깊이 있게 공부할 수 있었지만, 2000년도 초반 미국은 이미 수십 년간 포스트모더니즘 미술이 하나의 양식으로 예술계를 휩쓸고 난 후였고, 더구나 포스트모더니즘 미술에 대한 성찰과 아울러 그 이후의 미술을 찾아가고 있었습니다. 유학을 간 학교가 한국과 다른 점은 수업시간에 학생들 사이에서 정말 말이 많다는 것이었어요. 점 하나 찍어놓고 오랜 시간 동안 의미를 부여하고 해석을 하면서 난리법석이었습니다. 밖에서 보면 정말 터무니없는 시간 낭비, 재능 낭비로 보였을 거예요. "미술은 쓸모없는 짓을 하는 것이다"는 깨달음을 얻게 되는 시간이지요. 하하.

네, 웃음이 나네요. 쓸모없는 행동에서 새로운 가치와 의미를 발견하는 것이 창작으로 이어지기도 하죠.

네, 그렇다고 생각합니다. 그러면서도 쓸모없는 일을 한다고 인정하기 어려운 것이 제가 가진 딜레마이기도 하고요. 이제 또 다른 주제에 대한 이야기를 나누었으면 합니다. 대학원 이후 지속적으로 관심을 갖고 있는 것이 '모호'라는 개념이었습니다. 이것은 제가 현실을 이해하는 사유의 방식이고, 미술작품에서는 하나의 장치로서도 사용되는데요. 우선, 모호는 어떤 존재와 상황을 파악하는 데 있어 개체의 차이를 인정하고 해석의 다양성을 존중하며 동시에 수용 가능성의 방법에 대하여 탐구하는 방식입니다. 미술작품을 창작하는 실천과정뿐만 아니라 결과물을 다원적으로 해석하도록 유도하는 형식이 되기도 하고요. 예를 들면, 설치 작품에서 조각품을 하나의 주체-부분으로 제작하는 것에서 끝내는 것이 아니라 관람자의 해석까지 포함하는 결과물로 이해하기도 합니다. 그리고 그 과정에서 발생될 수 있는 다양한 요소들을 수용하는 전체적인 해석까지 예술에 포함하려는 시도들입니다.

이 선생이 들었던 예를 보면, 미술을 해석하고 이해하는 것도 다양한 시각이 필요하겠네요. 이 선생이 관심을 갖고 있는 모호성이라는 부분은 포스트모더니즘의 담론에서도 주요한 특징입니다. 그런 흐름에서 본다면 이 선생은 대학 시절부터 그에 대해 지속적인 탐구를 하고 있다고 보이네요. 앞서 모호성과 관련하여 해석의 다양성에 대해 이야기했었는데요. 철학에서 이 연구에 대한 관심은 근대철학의 과학과 주체에 대한 비판에서 시작되었어요. 19세기까지 서양을 지배했던 이성중심주의적 논리·사고체계와 보편성과 동일성의 철학은 현대 물리학의 발견과 더불어 그 힘이 상실되어가면서, 사물의 현상을 파악하고 자연과 우주를 바라보는 인식에도 혁신적인 변화가 일어나기 시작했어요. 어떠한 현상을 자신과 동일화하는 동일성과 보편성에 대한 사유는 더 이상 수용되지 못하고 해체되어갔던 것입니다. 그러면서 기존의 우주의 질서, 존재를 이해하는 세계관과 가치관에 대한 논의는 다각적, 다층적으로 전개되고 있습니다. 이 선생은 이러한 생각들을 모호성이라는 주제로 풀어가고 있는 것으로 생각됩니다.

네, 그렇습니다. 그리고 미술실천가로서 모호라는 큰 형식 아래 가령 존재에 대한 질문, 시공에서의 있음과 없음, 생성과 소멸, 정지와 움직임 등의 소주제들을 찾아가면서 작업을 진행합니다. 이러한 테마에 대한 생각들을 구현할 수 있는 미디어와 드로잉에 적합한 매체 표현들을 찾고, 배우면서 실험해나가고 있습니다. 예술가가 표현 기술, 자신의 스타일들을 찾아가는 것은 언제나 중요한 부분입니다. 그런데 저는 현실의 삶과 미술을 같이하는 것이 편한 것 같아요. 모든 작가들이 자신의 삶과 미술의 주제를 일치시키는 것은 아닙니다. 저는 분리되지 않아서, 모호라는 창으로 주제를 선택해서 작업으로 연계하고 있습니다.

▌ 모호– 정체성에 대하여

이 선생과 이야기를 하다 보니, 몇 가지 색다른 점을 발견하게 됩니다. 감상자의 입장에서 작품을 볼 때, 물론 작가가 어디에서 영감을 받았는지, 작가는 어디에서 태어났는지 등에 대한 단순한 호기심은 있지만, 작품을 이해할 때는 작가의 삶과 예술이 얼마나 관계하고 있는가보다 시각적인 부분에 집중해서 감상하는 것이 익숙했어요. 그런데 이야기를 하다 보니, 물론 작가에게 정체성이 세계를 이해하는 근원적인 질문들로 창조적인 표현에 영향을 미치는 것은 당연한 이치겠지만, 작가가 작품을 만드는 동기가 작가나 작품의 어떠한 정체성으로 이어질 수도 있다는 생각을 하게 되네요. 그래서 이 선생이 '모호'라는 주제에 관심을 갖게 된 계기가 궁금해지네요.

제가 모호라는 주제에서 관심을 갖게 된 이유는 열린 결말, 열린 해석이 가능해서였습니다. 저는 블랙코미디와 같이 모순과 역설, 우연성 등이 혼재하고 관람자의 해석이 다양하게 이루어지는 영화를 좋아하는데요. 미술에서는 은유와 상징들을 회화, 음악, 조각, 영상 매체들로 자유롭게 활용하면서 표현하고 다양한 해석 가능성을 열어놓을 수 있습니다. 이런 점 때문에 모호성에 관심을 가지게 된 것 같습니다.

네, 모호성은 열린 해석 즉, 변화의 가능성, 유동적 해석을 가능하게 합니다. 물리학이 시공에 대한 기존의 이해를 변화시켰듯이, 미술에서도 신비와 절대적인 미를 추구했던 아름다움에 대한 고정관념들이 물리학의 새로운 발견과 철학적 성찰과 함께 변화해왔죠. 이 선생은 이미 이러한 학문 간의 연계성을 이해한 듯 보입니다. 그래서 이 선생의 미적 호기심이 지적 호기심으로 전환되어 간 것 같아요.

네, 고정되어 있는 뭔가를 부수고 해체하는 것, 고이지 않고 유동적으로 유연하게 변화하는 것이 매우 흥미로웠습니다. 현실 사회라는 틀에서, 일반적이지 않은 생각이나 미적 직감들로 실험해보고 미술로 표현할 수 있다는 점 때문에 모호에 더 애정이 생겼습니다. 그리고 모호성을 지속적으로 고민했던 한국 사회에서 느낀 미술의 흐름과 사람들의 인식 때문입니다. 한국 미술은 타 지역의 미술사 흐름과는 행보를 달리하는 것 같습니다. 과거 연회나 공연, 그리고 미술, 음악들을 돌아보면 한국인은 예부터 예술과 문화를 매우 사랑하는 민족이라고 생각합니다. 그 덕분인지 한국인 모두가 흥이 많고, 모두 예술인으로 '미'에 대해 나름의 관점이 있다고 생각됩니다. 그와 동시에 보편타당한 미의 이미지가 견고하게 자리하고 있는 것 같습니다. 이것은 서양의 모더니즘미술과 그 이후의 미술사적 비평으로 설명할 수 있을 것 같지 않습니다. 한국의 독특한 역사와 행보로 한국인이 갖고 있는 예술에 대한 정체성이 자리하고 있다고 생각됩니다. 한국미술은 전통적인 진선미, 정신세계를 매우 중요시하는 사군자의 아름다움에 근대 서양미술의 역사적 내러티브가 접목되면서, 새로운 미의 정체성이 생기고 있다는 생각을 합니다. 그래서 한국미술만의 독특한 특징으로서 '모호'를 수용하고 있는 것 같아요. 동양사상의 자연과 순환구조에 대한 이해, 그리고 지금의 디지털 환경까지 모두 복잡하게 얽혀 '모호'라는 주제 안에서 놀고 있는 것 같습니다.

▎모호성의 심미성에 대하여

이 선생은 한국 사회에 대한 관찰과 성찰로서 고정관념들을 탈피하고자 하는 다양한 노력 중 하나로 모호성이라는 주제를 선택했다고 보는데요. 모호성은 현실을 이해하는 사유방법으로서 어떤 논의점들을 발견했고, 어떻게 미술로 구현되었을지 궁금해집니다.

선생님의 물음에 답변을 드리기 위해서 '모호성의 심미성'에 대한 학술적 논의가 예술적인 환경에서 어떠한 형태로 드러나고 해석되는지 살펴볼 필요가 있습니다. 우선은 물리학이 미술에 미친 영향을 이야기해야 합니다. 이것은 인상파 화가들에게 그리고 미술사적으로도 큰 변화를 가져왔기 때문입니다. 그 이후 양자물리학으로 인해 미술은 혁명적일 만큼 매체와 표현방법이 다양해졌습니다. 그래서 물리학이라는 학문으로, 특히 양자역학에서의 불확정성에 대한 사유를 모호성의 성질로 이해해보면서 이 물리학에 의한 사고와 관점의 변화가 예술가에게 시공간에 대한 사유에 어떻게 작용하는지 알아봤으면 하는데요. 그리고 시간이 허락하면 (비)존재와 (비)진리에 대한 이야기를 나눌 수 있길 바랍니다.

네, 이 작가가 물리에 대한 관심을 가진 것은 당연할 수 있습니다. 물리학은 사물의 이치를 탐구하는 학문이잖아요. 특히 빛의 본성에 대한 탐구는 자연과 세상의 이치를 밝혀내는 근본적인 연구이고, 여기서 고전물리학은 자연현상을 기술하는 데 있어 실체와 현상을 구별했어요. 당대의 미술에서 시공간의 이해는 고전역학의 이론으로 이해했겠지요. 고전물리학은 세계를 이해하는 데 있어, 순간에 포착되었던 감각이 실재의 모습이라고 보는 관점을 취했습니다. 그리고 양자역학은 자연과학, 인문학, 사회과학, 미학 분야에도 사유의 근간을 흔들었던 것은 분명합니다. 양자역학을 통한 불확정성의 원리는 근대 이후 철학의 근본 문제의식과 일맥상통하거든요. 양자역학은 다들 알다시피 독일의 물리학자 막스 보른이 만들어졌다고 알고 있어요. 그런데 우선 양자역학을 설명하기 전에 물리학의 발견으로 미술에 어떤 변화가 있었는지 알아보면 좋을 거 같은데요. 인상파 화가들이 많은 영향을 받은 것으로 알고 있습니다. 특히 17세기 중반 뉴턴이 빛의 입자를 발견하는 순간은 초기 인상파 미술과 관련이 깊지요?

네, 그래서 저도 미술과 관련하여 기초적인 물리공부를 해봤는데요. 고전 역학은 인과율과 결정론적 해석에 근거하여 절대 시공간에서 물체의 운동을 설명하고, 이 근본 원리는 뉴턴의 운동법칙과 같이 입자의 질량이 일정하기 때문에 그 운동이 결정된다는 방법으로 대부분의 거시적인 역학 현상을 설명할 수 있었고, 이에 따라 일상생활에서 일어나는 현상을 논리적으로 예측할 수 있게 되었습니다. 특히 이러한 과학적 논증들은 인간의 논리적, 합리적, 이성적인 사고체계 형성에 영향을 미쳤고 형이상학적 형태의 보편적 체계를 지닌 지식 형성으로 나아갔습니다. 그리고 선생님의 말씀처럼 17세기 중반 뉴턴이 빛의 입자를 다양한 색의 스펙트럼으로 발견한 것은 많은 미적 대상에 대한 예술가들의 관심과 작업 태도에도 큰 영향을 미쳤습니다. 특히 화가들은 물질 자체에 고유의 색상이 있는 것이 아닌 비물질적-비가시적인 빛에 의해 가늠된다는 현상에 관심을 갖게 되거든요. 미술사적으로도 중요한 전환이었습니다. 그래서 이제 화가들은 화면에 빛을 색의 입자로 표현하며 다양한 실험을 하기 시작합니다. 이를테면 모네는 〈인상: 해돋이〉 작품에서 고향에서 바라본 항구의 풍경을 응시하고 순간 포착한 인상을 빛의 변화와 움직임에 따라 색의 입자로 표

모네(Claude Monet), 〈인상: 해돋이(impression: sunrise)〉, Oil on canvas, 48x63cm, 1873.

현합니다. 그림을 준비했는데요.

당대 인상파 화가들은 작업실에서 그림을 그리지 않고 화구통을 들고 밖으로 나가게 됩니다. 해 질 무렵 나가서, 해가 지기 전까지 그 장면을 포착하고 그림을 마치기 위해 아주 빠른 속도로 그림을 그려나갔다고 합니다. 이것은 선생님의 말씀대로 순간 포착되었던 감각이 실재의 모습이라고 보는 태도이고, 인상파 화가가 보는 실재의 표현이기도 합니다. 미술사적으로 인상파 화가들의 위대한 업적은 평면에 시간을 담으려는 노력과 빛의 움직임을 색으로 표현한 데 있습니다. 지금은 영상매체로 시간을 담는 표현이 가능합니다만, 그럼에도 회화에 시공간을 담아내는 것은 숙제로 느끼는 것 같아요. 인상파 이후, 평면이라는 화면 안에서 시공간을 어떻게 표현하고 있는지를 살펴보

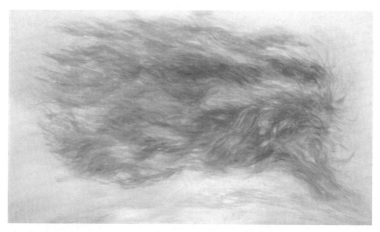

이수연, 〈흔들리는 나무〉, acrylic and pencil on canvasm, 145.5x89.4cm, 2014.

고자, 비교 작품으로 제 그림 작품을 들고 왔는데요.

보시는 작품은 '바람을 그리다'라는 전시에서 〈흔들리는 나무〉라는 제목으로 출품한 회화입니다. 사막에 간 적이 있었습니다. 너무 거센 바람에 몸이 흔들거릴 정도였는데요. 물 한 방울 없을 것 같은 광활한 사막에서 시들고 죽어 있는 나뭇가지가 거센 바람에도 부러지거나 꺾이지 않더라고요. 나뭇잎들 사이로 흩날리는 바람을 보면서, 이 움직임이 나무가 흔들리는 것인지 나무가 흔들면서 바람이 움직이는 것인지, 이 사막에서 살아남아 있는 생명들의 낯선 공간 때문인지 이성적이거나 인과적인 생각들이 모두 무의미해지는 경험을 했습니다. 제목을 이렇게 정한 것도 바람을 그린 것인지 흔들리는 나무를 그린 것인지 불확정적 태도를 취한 데에서 연유합니다. 그리고 덧붙이자면 나무의 일반적인 초록 이미지를 하늘색으로 구현하면서 관람자가 관찰하는 입장에 따라서 상대적으로 변할 가능성을 열어두었다고 볼 수 있고요. 자연과 사물을 통해 현실에서의 정형화된 생각들을 벗어나, 나뭇가지나 눈으로는 보이지 않는 바람의 존재들을 형상화해보면서 나름 본질을 찾아가려는 흔적들이라고 할 수 있을 텐데요. 옛날에 이런 그림을 그렸다면 색맹이라는 소리를 들었겠지요. 하지만 작품 자체로서의 미적 가치만을 강조하는 형식주의 비평방법은 오늘날 예술이 지닌 복잡한 성격과 상황들을 담아낼 수 없게 되었습니다. 이에 많은 발견과 성찰로 새로운 미술해석의 지평을 찾게 되었고, 그중 물리학의 발견, 특히 양자역학과 불확정성에 대한 사유는 해석의 다양성을 존중하며 동시에 수용 가능성의 방법에 대하여 다원적 해석을 가능하게 해주었습니다.

인상파를 거치면서 작업방식에 변화가 있었으니, 20세기 이후 작가들은 지속적으로 물리적 변화에 관심을 가졌겠네요. 그리고 예시로 보여준 작품들을 보면 모네의 〈해 질 무렵〉이라는 작품에서는 장소와 시간을 예측할 수도 있고, 그것이 감상의 핵심요소였다면, 두 번째의 작품에서는 장소, 시간과 관계없이 형상된 것이 나무인지 바람인지 공방이 펼쳐지겠네요. 철학의 성찰과 물리학의 발견들은 어떠한 존재와 상황을 파악하는 데 있어 개체의 차이를 인정하고 해석의 다양성이 가능해졌습니다. 이 선생의 작품만 보더라도 〈흔들리는 나무〉는 은유적 표현일 뿐, 그림의 지시대상은 바람인지, 나무인지, 마음인지, 소리안자, 흔들림인지 명료하지 않네요. 이것은 마치 한정되어 있는 것에 대한 저항이고 습관화된 자신에 대한 성찰의 흔적이 아닐까 합니다. 그림에서 바람, 공기,

시간성을 담으며 시작과 끝의 결과를 담지 않고 불확정적이고 비결정적인 유동의 궤적을 남긴 듯하네요.

| 불확정성

철학에 관심이 많다고 했지만, 무슨 이야기를 어떻게 해야 하는지 여러모로 조심스러웠는데, 이렇게 깊이 있는 해석까지 해주셔서 감사합니다. 물리학의 발견 중 하이젠베르크의 불확정성에 대해 짧게 공부를 했는데요. 선생님, 보충 설명 가능할까요?

네, 물리학의 입장에서 보면, 뉴턴의 이론에 기대어 거시역학과 세계에 대한 현상을 파악할 수 있었지만 미시적 세계까지는 설명할 수 없었습니다. 고전역학에서는 입자와 파동이 다른 성질을 갖지만, 하이젠베르크의 불확정성 원리에 의하면 원자 이하의 세계에서는 모든 입자가 파동의 성질과 입자의 성질을 동시에 보이게 됩니다. 즉, 빛은 파동의 성질과 입자의 성질을 동시에 갖게 되는 거죠. 이러한 미시적 세계에서의 입자와 파동의 이중성의 발견은 고전물리학의 결정론적 해석체계를 붕괴시키게 됩니다. 관찰자와 관찰 대상 사이에 항상 어느 정도의 불확정성이 존재한다는 내용인데요. 완결적·결정론적 해석에 반(反)하는 불확정적 원리는 철학적 인식과 실천에 있어서 변화의 배경이 되기도 합니다. 그 측정 행위 자체가 그 측정 대상에 어떤 영향을 미친 결과라고 볼 수 있어요. 하이젠베르크의 해석은 관찰자의 의도대로 정확하게 측정될 수 있다는 고전 역학적 사고의 근본적 축대를 붕괴시켰습니다. 역학에서 어떤 입자의 물리적 상태는 위치와 운동량 모두를 정확히 결정하여 나타낼 수 없고 위치와 운동량 모두에 어느 정도의 오차, 즉 불확정도(uncertainty)를 가지고 기술할 수밖에 없다는 것이 불확정성 원리입니다. 만일 운동량을 정확하게 측정하면 입자가 어느 곳에 있는지 말할 수 없고, 위치를 정확하게 측정하면 입자의 운동량이 얼마인지 전혀 알 수 없다는 것이지요. 관찰자가 어떠한 조건을 설정하고 관찰을 행했는지가 입자 또는 파동으로 다르게 나타난다는 것이 입자-파동의 이중성입니다. 물질의 위치와 운동량에 대한 정보가 동시에 정확히 알려질 수 없기 때문에 확률적인 분포 범위 안에서만 해석 가능하다는 것이지요. 그리고 양자물리학의 슈뢰딩거 고양이라고 들어본 적이 있을 텐데요. 1935년 독일에서 발간된 《자연과학》이라는 잡지에서 한 실험을 통해 코펜하겐의 해석에 '관측'이라는 새로운 관점을 제시한 내용으로 우리가 살고 있는 세계의 불확정성을 시사합니다. 실험은 다음과 같습니다. 고양이와 방사선 원소를 감지할 수 있는 가이거 계수관을 철로 만들어진 상자에 넣어 한 시간 동안 방치해 두었는데, 한 시간 안에 핵이 붕괴될 확률은 50%이며 만약 핵이 붕괴되면 독가스가 든 유리병이 깨지면서 고양이는 죽는 것이지요. 하지만 코펜하겐의 해석대로라면 상자 안에는 죽은 고양이와 산 고양이가 중첩되어 있는 상태로서, 상자를 열어야지만 살았는지 죽었는지를 판단할 수 있다는 실험입니다. 상자의 안과 밖은 잠재되고 중첩되어 있는 의미 있는 관계인 것이지요. 또한 상자를 열고 닫는 행위가 고양이의 죽음에 상관하지는 않는다는 것이 재미있는 지점입니다.

네, 긴 설명 감사합니다. "관찰행위 자체가 관찰결과에 영향을 미친다"라는 말은 자연은 자연 그 자체가 아니라 자연에 대한 우리의 질문 태도와 관점에 의해서 해석되는 자연이라는 의미로 이해되는데요. 미술작품을 만들면서, 양자물리학으로 설명하는 게 어렵지만, 재미있습니다. 예술에서의 미시적인 세계를 상자 안에 비유할 때 상자 안에서 일어나는 상황이나 사건은 관측되기 전까지는 확률적으로 계산할 수밖에 없게 되고, 우리가 파악할 수 있는 것은 기껏해야 서로 다른 상태들이 공존 가능하다고 말하는 것입니다. 슈뢰딩거의 실험은 우연적으로 일어나는 미시적인 사건이 거시적 세계에 어떻게 영향을 미치는지 보여주는 것 같은데요. 이러한 접근들은 저에게 가끔 미술이라는 가상의 공간에서 무게를 잡지 못하고 떠도는 순간, 또 다른 상상력을 갖게 하는 데 도움이 됩니다. 가상에서의 현실감이라고 할까요? 미술을 해석하다 보면, 망상을 너무나도 진지하게 하는 것 같다는 생각을 합니다. '말하는 사람도 이런데, 듣는 사람은 어떨까?'라고 생각하면 음… 지금도 마음 한 켠이 복잡하고 무겁습니다. 하지만 긴 설명에 대해 감사한 마음으로 용기를 내어, 미적 실천의 표현을 설명하기 위해 작품 하나를 더 소개하고자 합니다.

▎유동과 중첩

이수연, 〈Meditation〉, 비디오 설치장면, 비디오 영상, 4 min 44sec, 2005.

그림은 제 작품 〈Meditation〉의 부분 이미지입니다. 사면이 막힌 갤러리 중앙에 세 개의 스크린이 일정한 간격을 두고 설치되어 있습니다. 스크린은 얇은 면소재의 천을 낚싯줄로 천장에 매달아, 프로젝터로 비추고, 첫 영상이 다음 스크린으로 투과되면서 세 개의 영상이 만들어지는 구조입니다. 여기서 짚어볼 내용은 하나의 영상은 관람자의 시점에 따라서 세 개로 분리되어 보이거나 중첩되어 보인다는 점입니다. 앞서 이야기한 불확정성 원리로 이야기하자면, 화면을 분리한 의도는 한순간을 포착하려는 화려한 촬영기법이나 서사구조로서이야기를 전달하는 것이 아니라는 데에 있습니다. 그리고 저는 작업을 할 때 중첩의 표현들을 좋아해서 관람객에도 그런 관람방법을 제시하기도 하는데요. 천을 중첩하여 매달기도 하고, 관람객이 천들을 볼 때 중첩된 이미지를 볼 수 있도록 유도하기도 합니다. 중첩은 관람객, 공간과 작품 등의 여러 관계들을 맺어주는 매개로서 작용하는 것입니다. 중첩의 사이에는 공간과 시간이 포함이 되어 있고, 가변적인 상황이 개입 가능하거든요. 거기에 작은 바람에도 움직이는 천을 이용함으로써 잠재된 우연적 상황의 긴장을 덧붙입니다. 하나의 장면에서 공간과 시간, 분위기 등 수많은 의미-요소를 담아낼 수 있도록 간격을 두고 관람자의 시선을 포함시키게 되는 것이지요. 관람자는 각자 작품을 경험하면서 얻은 재료에 대한 기억을 감상에 포함시킬 수도 있고, 고정되어 있지 않은 화면 또한 관람자가 움직일 때마다 바람에 흔들리는 시간을 감각하기를 바라는 것입니다. 그리고 비디오 내용을 설명드리면, 분홍빛 물속에 담겨 있는 얼음들이 부딪치는 모습을 매우 느리게 촬영한 것입니다. 저는 마치 무중력의 우주를 정처 없이 표류하는 물체의 속도감으로 공간적인 깊이를 표현하기 위한 장치로서 제작했습니다. 그래서 얼음이 서로 중첩되고 서로 다른 리듬으로 움직임이고, 그 이미지가 화면에 투과되면서 실제 사이즈보다 크게 보이게 하였습니다. 그래서 실제 얼음은 얼음으로 식별되기 어렵습니다. 영상 속 얼음으로서 물자체가 물리적 실체로 설명할 수 없게 되는 겁니다. 작가가 전하고자 하는 메시지 혹은 의미를 불확정함으로서 관람객 각자가 의미를 만들어내게 한 겁니다.

이수연 선생이 방금 이야기한 부분을 짚어보면, 중첩된 상태를 우리는 단순한 인과관계에 따라 확정적으로 단정할 수 없습니다. 이러한 중첩과 얽힘의 불확정적인 상태가 앞서 논의했던 '모호성'과 일맥상통한다고 생각합니다. 그래서 매개로서의 중첩과 양자물리학에서의 중첩에 대한 이야기를 보충 설명할 수 있겠네요. 철학에서는 해당 영역의 사물들 사이를 전달하여 접합시킨다는 의미로, 헤겔에 따르면 매체는 물질계에서는 물(物)이며, 정신계에서는 기호, 특히 언어입니다. 그리고 들뢰즈의 유동의 철학에서 매개는 단순히 물질적 도구로만 생각할 수 없으며, 그것은 현실의 사유와 실천과정에서 곳곳에 깊이 스며있는 것입니다. 들뢰즈는 사물이 다른 것들과의 관계 속에서 존재하는 것이라 설명합니다. 이러한 점에서 예술에서의 매개는 단순히 물질적 도구로만 생각할 수 없습니다. 이 선생의 작품은 그것을 잘 보여주는데, 작품은 관람자가 어떤 경험을 갖고 있고, 어떠한 상황에서 작품을 관람했는지, 수용자의 관점과 태도에 따라 다의성을 지니도록 창작된 것 같습니다. 물리학에서 관찰행위 자체가 관찰결과에 영향이 미친다는 해석을 미술에서 이렇게 구현될 수 있다는 것을 볼 수 있었습니다.

아쉽지만 시간이 많이 지났네요. 현대미술에 대해서는 참 말이 많습니다. 의미를 부여하고 해석하는 데 많은 시간을 쓰니까요. 여러 전시들을 통해서 주제나 상황에서 자신의 정체성을 만들어내고, 그리고 만들어낸 자신의 세계관이나 정체성으로부터 끊임없이 미끄러져야 한다고 생각합니다. 부여한 의미를 제거해야 한다는 것입니다. 그렇게 모호라는 큰 틀의 주제도 미끄러질 날이 오기를 바라면서 삶과 예술 그리고 철학을 분리하지 않고 작업하려고 합니다.

미술사적 흐름의 변화를 알고 있었지만, 이 선생과 직접 이야기하다 보니 모든 것을 이해하기 어려울 만큼 현대미술 작품들이 다양해지고 작가의 생각이 중요해진 이유를 그나마 이해할 수 있었어요. 그리고 이 선생이 처음 이야기했듯이 왜 철학에 지속적인 관심을 갖고 있었는지까지 알 수 있었습니다.

네, 시간이 더 있으면 '부재'에 대한 이야기로 존재, 비존재에 대한 내용까지 다루었으면 했지만, 아쉽게도 다음으로 미루겠습니다. 오늘 소중한 시간 내주셔서 너무 감사합니다.

지은이 소개 (게재순)

김성민

건국대학교 문과대학 철학과 교수로 재직 중이다. 건국대학교 학생복지처장과 문과대학장 그리고 한국철학회, 한국철학사상연구회, 인문한국(HK)연구소협의회 회장을 역임했으며 현재 건국대학교 인문학연구원 원장과 통일인문학단장을 겸하고 있다. 30여 년 동안 대학에 몸담고 정치·사회 철학을 연구하면서 한국적인 철학 연구의 풍토를 세우기 위해 고심했으며, 남북의 통일은 '사람의 통일'이라는 관점에서 '통일인문학'이라는 학문분야를 개척했다. 국제고려학회 서울지회장과 민족화해협력국민협의회 정책위 위원장을 맡아 통일인문학의 이론을 사회실천적인 차원에서 확산하는 데에도 심혈을 기울이고 있다. 대표적인 논저로는 〈분단과 통일, 그리고 한국의 인문학〉(2010), 〈통일학의 정초를 위한 인문적 비판과 성찰〉(2013), 《소통, 치유, 통합의 인문학》(2009. 공저), 《통일을 상상하라》(2017. 공저) 등 다수가 있다.

박민철

건국대학교 인문학연구원에서 교수로 재직 중이다. 〈헤겔철학의 '한국적 수용'에 대한 연구〉라는 논문으로 박사학위를 받았다. 가려지거나 희미해져버린 한국 현대철학의 다양한 사상적 흐름을 주로 연구하면서 한국 근현대사상사, 통일인문학과 통합적 코리아학의 방법론 등으로 연구주제를 확장하고 있다. 주요 논문으로는 〈한반도 분단극복과 생태주의의 결합〉(2017), 〈2000년대 이후 북한철학계의 연구경향과 그 특징〉(2018), 〈식민지 조선의 역사철학 테제〉(2021), 〈식민지/해방조선의 맑스주의 역사철학〉(2022) 등이 있다. 저서로는 《통일인문학》(2015. 공저), 《한국 지성과의 통일대담》(2018. 공저), 《길 위의 우리 철학》(2018. 공저), 《텍스트로 보는 근대한국》(2020. 공저) 등이 있다.

김종곤

건국대학교 통일인문학연구단에서 HK연구교수로 재직 중이다. 〈'역사적 트라우마' 개념의 철학적 재구성〉이라는 논문으로 박사학위를 받았다. 분단과 전쟁이 남긴 상처가 아물지 못하고 오늘날까지 이어지면서 발생하는 각종 사회적 문제를 포착하고 이를 해결하기 위한 방안으로서 사회적 치유에 관심을 가지고 연구를 하고 있다. 주요 논저로는 〈5·18 사후노출자의 트라우마와 이행기 정의로서 사회적 치유〉(2022), 〈분단폭력 트라우마의 치유와 '불일치'의 정치〉(2018), 《비판적 4·3연구》(2023. 공저), 《사회적 재난의 인문학적 이해》(2023. 공저), 《5·18 다시 쓰기》(2022. 공저) 등이 있다.

김지니

건국대학교 통일인문학연구단 연구원으로 재직 중이다. 〈조선민주주의인민공화국 문화공간 연구〉라는 논문으로 박사학위를 받았다. 주요 논문으로는 〈북한의 언어 정책과 대중매체를 활용한 언어 교양 사업〉(2019), 〈루돌프 폰 라반의 '라바노테이션'과 북한 '자모식 무용표기법' 비교 연구〉(2020), 〈해방 후 남북 문화정책 연구〉(2020), 〈김정은 시기 무용연구〉(2021), 〈김정은 시대, 통치공간의 형성과 그 전략들〉(2023), 〈유일체계로의 전환과 통치공간의 재구성〉(2023) 등이 있다. 저서로는 《북한예술의 창작지형과 21세기 트렌드》(2009. 공저), 《간첩, 밀사, 특사의 시대》(2022. 공저) 등이 있다.

박종성

한국철학사상연구회 회원이며 건국대학교 초빙교수로 재직 중이다. 건국대학교
에서 〈슈티르너의 유일자 개념에 대한 비판적 고찰〉로 박사학위를 받았다. 사회
적 소외와 정치적 이데올로기에 대한 비판을 중심으로 연구하고 있다. 지은 책
으로 《철학자의 서재》 1, 2(2011. 2012. 공저), 《B급 철학》(2016. 공저), 《청춘의 고전》
(2012. 공저), 《코뮌의 미래》(2022. 공저) 등이 있으며, 옮긴 책으로는 《이데올로기와
문화정체성》(2009. 공역)이 있다. 단독 번역으로는 국내 최초 독일어 원전 번역인
《유일자와 그의 소유》(2023년 대한민국학술원 우수학술도서)가 있으며, 논문으로는 〈슈
티르너의 '자유주의' 국가 비판의 현대적 의미〉(2011), 〈유일한 사람의 사랑〉(2021),
〈슈티르너의 '변신' 비판의 의미〉(2020. 제8회 소송학술상 수상. 한국철학사상연구회), 〈식
민지 조선에서 슈티르너 철학의 변용과 그 의미 및 한계〉(2022), 〈철학자를 조롱하
는 철학자〉(2023) 등이 있다.

박민경

건국대학교 철학과 강사로 있으면서 예술과 미학을 공부한다. 〈'탄츠테아터', 해
방을 위한 감성적 기억으로서 예술〉이라는 논문으로 박사학위를 받고, 예술과 비
평의 실천성에 주목하여 20세기 독일 비판이론의 미학적 성찰을 연구주제로 삼고
있다. 또한 공연예술 현장에서 무용평론가로 활동하며 산문집 《춤, 말하다》(2013)
를 출간하는 등, 주로 작품을 분석하고 평가하는 글을 쓴다.

이원혁

한국철학사상연구회 회원이며, 건국대학교 강의초빙교수 및 화성의과학대학교
겸임교수로 재직 중이다. 정치철학을 전공하며, 국가권력과 주권에 대한 개념으
로 박사학위를 받았다. 우리가 일상적으로 법과 권력을 어떻게 수용하고 질서에
편입되는지에 대해 연구 중이다. 주요 논문으로는 〈홉스의 자연상태와 주체로서
생명〉(2021) 등이 있으며, 지은 책으로는 《철학자의 서재》 1, 2(2011. 2012. 공저), 《통
일에 대한 인문학적 패러다임》(2011. 공저) 등이 있다. 서울교육대학교와 서울특별
시에서 언론·홍보담당 공무원으로 10년간 재직했다.

이진욱

플라톤 철학을 공부하던 중 가상과 실재에 대한 연구에 관심을 가지게 되었다. 이후 독일로 건너가 매체라는 관점에서 가상에 대하여 연구하였고, 현상학적 관점에서 이미지에 대하여 연구하였다. 이후 한국으로 돌아와 〈빌렘 플루서의 이미지 현상학에 대한 연구〉로 박사학위를 받았다.

고주연

건국대학교 철학과를 졸업하고 동 대학원에서 석사과정을 밟고 있다. 현대예술이라는 새로운 양상 속 다시금 예술을 정의하는 문제에 천착하여 단토 예술존재론에 관한 연구를 하고 있다. 최근에는 예술의 개념적이고 인지적 측면을 강조하는 예술철학을 넘어서, 미학적 차원에서 감각적 대상이자 은유적 형식으로서의 예술에 대해 관심을 가지고 연구주제를 확장시키고 있다.

이수연

회화, 영상, 드로잉, 설치를 하는 작가다. 〈모호성의 심미성에 대한 연구〉라는 논문으로 박사학위를 받았다. 예술가는 '아름다움에 대한 새로운 질문'을 던지는 사람이라는 생각에서 현실 속 사건이나 상황에서 소재를 찾고 혼돈과 무질서의 질서를 찾아가는 '과정'에 대한 질문을 한다. "Ambiguous reality"(2016), "흔들다, 깨우다"(2014), "부재를 그리다"(2013) 등 개인전과 다수의 그룹전에 참여했다.